“十二五”职业教育国家规划教材
经全国职业教育教材审定委员会审定

会展服务与管理

（第二版）

刘松萍　主　编

苏　英　湛冬燕　刘　勇　副主编

科学出版社

北　京

内 容 简 介

本书为“十二五”职业教育国家规划教材，立足于会展服务与管理的特点和过程，以会展服务与管理的内在逻辑为主线，列举了大量国内会展城市、行业协会、会展企业的案例。主要内容包括会展服务与会展管理概述、会展服务与管理对象、会议服务、展览服务、会展辅助服务、会展信息管理、会展营销管理、会展人力资源管理、会展项目管理、会展品牌与创新管理、会展风险管理、会展行业管理。

本书既可作为职业院校、普通高等院校会展专业及职业培训教材，也可作为会展从业人员的自学教材和会展管理者的参考书籍。

图书在版编目（CIP）数据

会展服务与管理/刘松萍主编．—2 版．—北京：科学出版社，2017
（“十二五”职业教育国家规划教材）
ISBN 978-7-03-053579-5

Ⅰ．①会…　Ⅱ．①刘…　Ⅲ．①展览会-商业服务-高等职业教育-教材
②展览会-商业管理-高等职业教育-教材　Ⅳ．①G245

中国版本图书馆 CIP 数据核字（2017）第 131945 号

责任编辑：沈力匀 / 责任校对：马英菊
责任印制：吕春珉 / 封面设计：耕者设计工作室

科学出版社 出版
北京东黄城根北街 16 号
邮政编码：100717
http://www.sciencep.com

新科印刷有限公司 印刷

科学出版社发行　各地新华书店经销

*

2009 年 6 月第　一　版　开本：787×1092　1/16
2017 年 7 月第　二　版　印张：15 1/2
2020 年 1 月第十三次印刷　字数：365 000

定价：38.00 元

（如有印装质量问题，我社负责调换〈新科〉）
销售部电话 010-62136230　编辑部电话 010-62135235

第二版前言

随着中国会展业的快速发展，加强会展专业人才的培养势在必行。专业人才是会展业发展中的最重要、最活跃的因素，他们的素质、能力、管理水平的好坏，直接影响着会展业发展的质量和持续性。目前全国已有近 200 所高校开设会展经济与管理专业，另有 300 多所职业院校开设会展专业。在这些专业的课程设计中，“会展服务与管理”是一门重要的专业核心课程。

通过学习本书，学生不仅能够掌握会展服务与管理的专业知识，也能够了解国际会展发展新趋势和新理念。本书作者在理论研究和实地调查的基础上，参考会展服务和管理方面的相关资料，结合会展案例，根据各职业院校对教材的要求，完成了编写工作。本书具有以下特点。

1）理论与实践相结合。编者利用深厚的业界资源，广泛汲取了会展服务与管理的最新资讯，将从事会展研究和培训积累的丰富经验及行业的新技术、新理念融入相关章节，使全书具有先进性和可操作性。课后设有思考与练习，并采纳会展专业教师的意见，增加了实训。

2）针对性与实用性相结合。作者根据职业院校会展专业的培养目标和教学计划，以及会展行业相关岗位的技能需要和会展工作人员应具备的服务管理能力，并采纳教学第一线职业院校教师的宝贵意见，对全书内容进行精准定位，确定全书的知识结构、能力结构，突出针对性与实用性。

3）知识与技能相结合。按照教学规律和学生的认知规律，作者精选会展管理与服务的知识点，并根据职业院校的特点强化技能训练，内容编排合理，易教、易学，设置了大量知识链接。

需要说明的是，本书涉及的“会展业”“会展市场”“展会”“会展”等相关概念，如无特别说明，一般是指“展览业”，涉及部分会议业，不包括节庆产业。

在本书即将出版之际，作者谨向本书中被引用的文献资料的单位和作者、案例提供者，以及给予各种帮助的朋友表示感谢，特别感谢湖北大学旅游发展研究院马勇院长、浙江大学城市学院黄彬教授、广州光亚展览有限公司潘文波董事长、振威集团张学山总经理，以及姜淮、王志发、陈琳、刘春和、贾艳平、胡忠顺、杨玲、张治等会展企业专家。借此机会向关心和支持本书出版的科学出版社的领导和编辑表示衷心的感谢。

本书由广州大学旅游学院刘松萍主编，并负责整体的框架设计，具体编写分工如下：刘松萍、湛冬燕、刘勇（广州大学会展研究生）和赵骏杰编写第 1、2、4、6、7 章，广州大学华软学院苏英编写第 3、9 章，广州科技贸易职业学院罗绮琦、广州轻工职业技术学院许欣编写第 5 章，广东交通职业技术学院陈颖编写第 8 章，杭州科技职业技术学院黎菲、广州城市职业学院刘秋华、广东科学技术职业学院广州学院于洁编写第

10 章，广州市商务旅游职业学校甘静、广州康大职业技术学院舒光美、广州工商职业技术学院高午阳、海口经济学院刘红霞编写第 11 章，岭南职业技术学院叶煦婷、广州工程技术职业学院叶丝敏、广州农工商职业技术学院黄冬梅编写第 12 章。本书的编写得到了广州大学教务处的支持，在此表示感谢。

由于会展业在我国是一个新兴行业，会展学科也是一门新学科，书中不足之处在所难免，恳请广大读者提出宝贵意见和建议，以便再版时完善。作者联系方式：liu20251314@163.com。

第一版前言

《会展服务与管理》是普通高等教育“十一五”国家级规划教材。本书主要面向普通高等院校会展专业或方向的学生，同时也适合从事或拟从事会展业务包括会展组织者、会展场馆、会展工程、会展物流、会展相关行业如酒店、餐饮、交通等从业人员。

本书由广州大学旅游学院刘松萍主编，与广东商学院吴建华、广州大学吴唤群、林瀚共同撰写完成，同时得到了广州大学教务处的支持与资助。全书内容编排合理，难易适度，是一本值得推荐并适合我国普通高等教育的优秀教材。通过学习本书，学生不仅能够掌握会展服务与管理相关的专业知识与技能，同时也可以了解和熟悉国际会展发展的新趋势、新理念。

作者在编写本书期间历经种种艰辛，在对文案进行研究和实地调查的基础上，参考了各专业会展网站、会展书籍对会展服务和管理方面的资料与有关论文，并结合对展览公司、会议公司和展览馆、会议中心进行实际调查的案例，完成了从拟定提纲到成稿的全过程。作者在编写本书的过程中，得到了中国会展经济研究会和广州大学的大力支持，参与审稿的专家也提出了许多建设性的建议。概括而言，全书具有以下三个特点：

（1）理论与实践相结合。本书主编刘松萍教授是“2004、2005年度中国十大会展理论人物”，中国会展经济研究会副秘书长。曾主持商务部、广东省科技厅、广东省、广州市社科规划办等20多项课题，已出版会展方面专著、教材多部，在核心期刊发表会展方面的论文20多篇，是商务部“国际会展策划”、美国CEM认证、澳门大学、香港会展培训主讲师，中国劳动与社会保障部《会展策划师》国家职业标准的主审。作者将从事会展研究和培训所积累的丰富经验以及该行业的新技术、新理念，有机地融入到相关章节中，使本书具有先进性、前瞻性和可操作性。

（2）本书根据会展专业的培养目标和教学计划的要求，以及会展行业相关岗位的需要和会展专业工作人员应具备的服务管理能力，确定了全书的知识结构、能力结构，突出了其实用性。

（3）按照教学规律和学生的认知规律，在精选素材的基础上，合理编排内容，从而易教、易学。尤其是在书中安排了大量相关知识的链接，为学生的入门学习和有关内容的导入铺平了道路。

需要说明的是，本书所研究的会展业对象主要是展览业，即各类综合展览、专业展览和消费展览，涉及部分会议业，不包括节庆产业。

在本书出版之际，我们向在本书中被引用的文献资料的单位和作者以及提供案例和帮助的朋友所给予我们的热情支持和鼓励表示由衷的感谢，特别感谢中国会展经济研究会沈丹阳常务副会长、湖北大学旅游发展研究院马勇院长、广东贸促会白明韶副会长、杭州西博办郭初民副主任、中国会展经济研究会刘宏伟副秘书长、浙江大学城市学院黄彬教授、广州光亚展览有限公司潘文波董事长、广东现代国际展览中心姜淮总监、北京文茵咨询公司冯丹经理、上海师范大学王春雷老师、广州大学陈志平老师、北京第二外国语学院王起静老师、新快报会展黄海昀记者、王卫阅、张学山、王志发、李晓明、秦家义、何凯东、江灏等会展企业总经理，同时借此机会向自始至终关心和支持本书出版的科学出版社的编辑表示衷心的感谢。另外，恳切希望广大读者对书提出宝贵的意见和建议，以便修订时加以完善。

由于会展业在我国是一个新行业，会展学还是一门新学科，本书作为普通高等教育“十一五”国家级规划教材，需要把普通高等教育会展专业培养目标和当前会展实际工作对服务、管理的具体要求结合起来，同时要对密切相关的业务知识加以总结、提炼，而这是一个创新性的工作，要求很高，难度很大，限于编者的水平，书中不足甚至错漏之处，恳请读者批评指正。

目　录

基　础　篇

服　务　篇

管　理　篇

基础篇

第 1 章　会展服务与管理概述

❖ 主要知识点

1. 会展的概念与特征；国内外会展业发展历程与发展现状。
2. 会展服务与管理的概念与特征。
3. 会展服务与管理的评估过程、内容及原则。

❖ 学习目标

1. 理解会展的概念和特征。
2. 了解国内会展业的发展历程与发展现状，以及国内外展览馆与组展商分布格局。
3. 理解会展服务与管理的内涵和外延。
4. 熟悉会展服务与管理的内容。

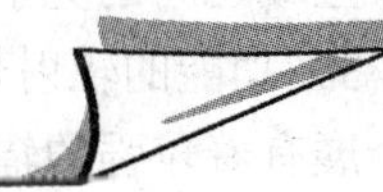

1.1 会 展 概 述

1.1.1　会展的概念与特征

1. 会展的概念

“会展”这一概念目前多用 MICE 来表示。2003 年 12 月，MICE 首次被引入中国。它是由澳大利亚约翰·艾伦在其著作《大型活动项目管理》中首次提出的。MICE 的含义可以分为狭义和广义两个方面。狭义的观点以欧派为代表，一般将会展称为 C&E（convention & exposition）或者 M&E（meeting & exposition），即会议和展览统称为会展。广义的观点以美派为代表，将会展概括为 MICE：meeting（会议），incentive travel program（奖励旅游），convention（协会和团体组织会议），exhibition（展览）。因此 MICE 就是会议、奖励旅游、协会和团体组织会议及展览四个部分的总称。随着会展业的发展，MICE 的内涵逐渐扩大。例如，MICE 中的 E，不仅代表着博览会（exposition）和展览会（exhibition），也代表着节事活动（event），因此也有学者将会展称为 MICEE。

目前，会展一般指在一定地域空间，由许多人聚集在一起形成的，定期或不定期的、制度或非制度的、传递和交流信息的群众性社会活动。它包括三个部分：首先是会展展销活动，诸如各种展销会、博览会、交易会等；其次是国内外各种类型的会议；最后是体育竞技运动、文化活动、大型节庆活动、民俗风情活动等。从会展的三个部分可知，会展与人类社会的进步是密不可分的。人类社会文明进步越快，对物质、文化交流需求越高，会展在人类生活中的地位就越重要。目前，世界性的大型国际会议、体育运动会、文化活动、展览会、交易会等越来越多，对人类社会的经济、文化、旅游活动的影响也越来越大。

2. 会展的特征

（1）综合性与集聚性

会展活动是人类一种综合性的社会、经济、文化活动，可满足各行业多方面的需求，其内涵和形式是十分丰富的。会展是人、信息、产品在时间与空间上的集聚。由于活动人员、专业买家和商品的高度集中，会展能迅速发现和传递诸方面的信息，加强交流，具体表现为以下三个方面。

1）时间的短暂性。与会者要在有限的时间里尽可能多地完成活动内容，搜集有用的商业信息，促进经济文化交流。

2）激烈的竞争性。会展竞争是面对面的竞争，是“真刀真枪”的竞争。其中有参展商品的竞争、项目的竞争、宣传的竞争、服务的竞争、技术的竞争，甚至包括国家之间、区域之间的竞争。

3）功能的辐射性。集聚性与辐射性相辅相成，强集聚性必然对应强辐射性。成功的会展有着较强的辐射能力。

（2）科学性与前沿性

会展能展示最新的商品、技术、项目等。现代会展的特征具体表现为以下三个方面。

1）科技性。会展是否成功，在很大程度上取决于业内顶尖企业的出席率，取决于业内最新技术、最新信息展示和发布的多寡。产品更新换代频繁的IT、汽车、航空等专业会展的科技性表现得更为突出。此外，越来越多的大型国际会展自身的科技水平就很高，如电子识别系统、网上登记、声光电结合布展技术等现代信息技术已被广泛采用。

2）时尚性。会展具有展示时尚、引领时尚的功能，往往成为引领世界潮流的新产品“横空出世”的最佳舞台。蒸汽机、电动机、海底电缆、飞机、汽车、无线电通信、装配式建筑、可视电话、GPS全球定位系统等改变人类生活的重要产品都是从大型会展中走向世界的。推陈出新是人类的健康心理和追求。会展满足了人们的求新、求异的需求。新颖、时尚、前沿的产品得以充分展示，业内最新技术得以广泛交流，是会展的核心功能。

3）前瞻性。会展上常常展出一些新的“概念”产品，有的甚至是“夹生”产品或“图示模型”产品。这是因为，会展上展示的新产品并不纯粹是为了寻求买家，其中有相当一部分是用来“试水”的。在与会展同时举行的会议上，前瞻性表现得更为充分。“年会”“论坛”的听众一般会先期得到相关的文字和图片资源，在聆听业内权威人士高水平的学术报告后，与演讲者可进行直接交流。

（3）直观性与艺术性

“百闻不如一见”“眼见为实”是会展面对面交流的写照。观众可以直接触摸展品、操作机器，亲身感受产品的各种性能，具有很强的直观性和真实性。这是网络会展发展至今仍然只能作为实物展的补充，而不能对实物展形成强烈冲击的根本原因。会展的直观特性还体现在商业客户的谈判中。当面交谈获得的信息远超过其他沟通方式所获得的信息。谈判双方在获得语言信息的同时，还可以从对方的神态和微妙的肢体语言中获取有价值的信息。而且，除了在展台上可以获得各种不同的广告资源以外，通过交谈往往还能获得更多的图文资料。会展的艺术性主要表现为会展的建筑设计、场所的布置等，强调创意性，重视感官对美的追求，所以一个成功的会展必然会给与会者带来美的享受。

（4）互动性与交流性

互动性强是会展的一个显著特点，其表现是多方面的。

1）供求双方的互动。会展具有强大的促销功能。在会展现场，买方可以表明自己的需求，并得到最直接、最确定的回答；卖方可以推介产品的新颖、性能、价格优势，并得到回应。通过相互交流，买卖双方彼此加深了解，互相得到满足。

2）同行之间的互动。“同台竞技”加深了同行之间的了解。通过会展，可以清楚对手在做什么，了解自己在同行中所处的地位。最重要的是，通过与同类产品在生产技术、产品性能、营销策略等方面的比较，可以明确今后的发展方向。

3）组织者与参与者之间的互动。通过连续参展，组织者与参展商、组织者与专业观众之间，可以建立长期联系，彼此互相信任、互相支持，获得双赢和多赢。在这方面，连续性越好的会展，互动就越充分。

（5）国际性与文化性

会展以其独具的专业性、针对性、直接性的特点逐渐成为各企业、单位团体推介自己产品、技术、创意、项目等较高的国际性平台。无论会展主题是什么，其举办原因都是以人类文化为基础的。商务性会展如广交会、国际旅游展销会等，体育赛事如奥运会、国际足联世界杯赛等，各类文化节、艺术节如西班牙狂欢节、慕尼黑啤酒节等，这些特色强烈的会展会使其文化主题更加鲜明突出。

1.1.2　国内外会展业的发展历程

1. 会展发展的历史阶段

会展是物质、思想、信息传播和交流的方式。与其他传播形式不同，会展具有形象、直观、快速的效果。自产生之日起，会展就与人类社会的经济、文化交流不可分割。尽管几千年来会展活动的基本原理——通过展示来达到交换的目的没有改变，但在市场经济和国际贸易高度发达的今天，会展早已超出了传统的物物交换或宣传展示的范畴，绝大多数参展商或与会者会把其作为展示产品、开拓市场和沟通信息的手段。换句话说，对于现代会展活动而言，“交换”的对象更多的是指产品、技术等各式各样的信息，甚至包括生活理念、业界动态等。

根据产生时期、举办形式、活动目的、组织方式等的不同，会展的发展历史大致可分为四个阶段（表 1.1）。

表 1.1　会展发展的历史阶段

阶　段	标　志	活动范围	典型形式	活动目的	组织方式
原始	原始社会	地方	物物交换	交换物品	自发
古代	工业革命前	地区	集市	市场	松散
近代	1798 年法国工业产品大众展	国家	工业展览会	展示	有组织
现代	1894 年德国莱比锡样品博览会	国际	贸易展览会和博览会	市场、展示	专业组织

早在原始社会时期，人们进行宗教活动时所建立的祭坛、图腾、神庙或佛案等就是原始博物馆，这是会展的萌芽时期。在奴隶社会时期，出现了以物易物的集市，由于剩余产品和社会分工的出现，各部落将自己生产的物品摆摊展示，供外人挑选，这就是最原始的展览会。从封建社会中期起，人类社会就有了展卖商品的商店，店铺有专门的牌匾、商标、招牌和摆放货物的货架与柜台。此外，还出现了收藏书画、珠宝和文物的私人博物馆。这是会展发展的初级阶段。

资本主义社会，会展出现了大的发展趋势并走向成熟。各类商店、博物馆增多，出现了橱窗和专门用于展示物品的展览馆、种类繁多的广告、展示照明器材与道具。会展由低级向高级发展，标志之一是出现了专门从事展示设计的设计师、展示设计与施工搭建机构、系统的展示设计理论、展具设备开发部门等。这一时期，各类会展的频繁举行，促进了地区性、全国性和国际性的展览协会的诞生，以及展览刊物或专集的出版。

第一次世界大战后，综合性质的贸易博览会获得了空前发展，成为会展的主导形式。第二次世界大战后，尤其是进入世界经济高速发展的 20 世纪 60 年代，技术更新和经济发展速度加快，工业分工越来越细，新产品层出不穷。

2. 国际会展业的发展历程

纵观历史，国际会展业的发展大体经过了四个阶段，即萌芽阶段、起步阶段、快速发展阶段及当代展览会阶段。

（1）萌芽阶段

欧洲被公认为是国际会展业的发源地，而欧洲的会展起源于中世纪的集市，如古希腊的奴隶市场及古罗马的米市、油市等。集市被认为是会展的原始形式，因为其已经具备了会展的基本特征，如有固定的地点、定期举行等。在工业革命之前，由于交通不便和社会商品缺乏等原因，人们只能将商品拿到集市上进行展览和交易，因而集市在很长时期内一直是欧洲重要的商贸场所和交易手段。由于集市的一项主要任务是通过展示来促进经贸活动的发展，因此欧洲的会展业至今仍然有很强的贸易性。

早期的集市组织松散、规模较小，仅限于在某一地区内部举行，具有明显的农业社会的特征。随着社会的发展，跨地区的集市及国际集市交易会逐步出现。629 年在法国圣丹尼斯举办的交易会，被认为是世界上最早的国际集市交易会。而大规模的集市贸易活动始于 12 世纪左右，以法国的香槟集市为代表。香槟集市位于法国的东北部，地处北欧诸国与地中海的商业要道上，是当时欧洲较重要的集贸中心之一。现代意义上的贸易展览会实际上起源于德国。早在 15 世纪初，以莱比锡为代表的一些德国城市就已经成为著名的会展城市。15 世纪末开始的“地理大发现”进程，进一步推动了会展业的跨地区和国界发展。

（2）起步阶段

17 世纪以后的工业革命，使欧洲进入了以机械化大生产为特征的工业化时代。在工业革命的影响下，欧洲的展览会产生了一系列变革，这时，具有工业时代特征的工业展览会开始出现，并成为会展的主导形式。相对于集市，工业展览会有着严密的组织体系，其规模也突破地方的局限性，成为跨地区乃至跨国家的会展。

1798 年，法国政府组织了世界上第一个工业产品大众展。这次展览会被公认为是近代工业展览会的开端，自此欧洲的会展业进入了起步阶段。随后，英国于 1851 年在伦敦举办的首届世界博览会——万国博览会（The Great Exhibition of All Nations），被公认为是会展由集市向国际贸易展览会发展的重要标志。

相对于欧洲，北美的会展起步较晚，一般被认为是从西欧传过去的。起初，北美的展览会只是作为专业协会年度会议的一项辅助活动，其功能主要是信息发布和形象展示。当时美国的博览会又被称为州际贸易展览会，因为其大多是为了满足美国国内各州之间的贸易活动需求而设置的，故来自国外的参展商比例非常小。

（3）快速发展阶段

19 世纪末期，欧洲的会展业逐渐进入快速发展阶段，即现代贸易展览会和博览会阶段。1894 年在德国莱比锡举办的样品博览会是这一阶段开端的重要标志。作为现代贸易展览会和博览会的早期形式，样品博览会以展示为手段，以交易为目的，同时具有集市的市场性及工业展览的展示性。从这个角度上讲，样品博览会可以说是集市和工业展览会的进化形式，因为其不但突破了传统集市规模小、组织手段落后、无法满足商品大批量流动的局限，而且克服了工业展览会单纯注重宣传展示功能，从而忽视市场功能的缺陷。

快速发展阶段大体上可以分为四个时期，按照时间顺序分别是第二次世界大战前期、20 世纪 70 年代前期、20 世纪 90 年代前期及 20 世纪 90 年代后期。这四个时期又以第二次世界大战为分水岭分为两个阶段。第一个阶段是第二次世界大战前期，这一时期，综合性贸易展览会得以充分发展。第二个阶段是从第二次世界大战后期延续至今，是专业展览会出现和成长的阶段。

专业展览会，是指在展览内容、参展商和参观者上都具有明显专业性的会展活动。因为专业展览会相对来说能更加充分地反映某行业及相关行业的整体发展状况，从而具有更强的市场功能。

（4）当代展览会阶段

进入 21 世纪，世界会展业进入了一个新的发展阶段。由于第三世界和拉丁美洲国家在世界贸易中的地位提升，会展业在世界范围内获得了新的发展契机。世界经济一体化的发展使得世界各国之间的贸易越来越频繁，经济技术的交流越来越重要。德国、英国和法国及美国等会展业强国将继续借助其自身在制造业、服务业等方面的优势，强化世界会展领导者的角色。中国也凭借世界制造业基地及巨大的消费市场的地位逐渐走向世界会展业的舞台，展示自己在会展业发展中的强劲势头，在国际展览业和会议业中所占的比例越来越大。

3. 中国会展业的发展历程

按照时代发展的阶段性，中国会展发展史分为古代、近代和现代。

（1）古代

中国会展业的起源可以追溯到 2000 多年前的集市，中国古代的集市普遍具有商业性，以市、集和庙会为主要代表形式。

中国古代集市起源于宗教性的集会。早在西周（公元前 1046～公元前 771 年）即有陕西凤雏山村的宗庙会，一年一次，会期三天。

宋代（960～1279 年），官府对市的控制逐渐减弱，对市的时间和地域的限制性逐渐放松，而市的商业色彩日益强烈。

元代（1206～1368 年），大都（北京）的集市达 30 多个，北京钟鼓楼一带是大都繁荣的集市所在地。

明代（1368～1644 年），北京集市依然繁荣，城隍庙、隆福寺、护国寺和白云观是定时庙会场所。此外还有与北方游牧民族进行国家控制的互市，即茶马市。

清代（1616～1911 年），北京的白塔寺、隆福寺和护国寺是著名的三大庙会。

事实上，受到历代封建王朝重农轻商的禁锢，直到 19 世纪中国的会展发展仍然非常缓慢。

（2）近代

19 世纪末，中国开始参加各种世界博览会，自此中国近代意义上的会展业才开始真正出现并逐渐成长。1851 年，中国商人徐荣村等人带着国内的丝绸、茶叶等产品参加英国的万国博览会并多次获得大奖。1873 年，中国首次派代表参加维也纳的世界博览会。此后，中国又参加了 20 多次世界博览会，包括 1876 年美国费城的世界博览会、1878 年和 1900 年法国巴黎的世界博览会、1885 年美国新奥尔良的世界博览会及 1903 年日本大阪的世界博览会等。但是由于种种原因，中国在 1926～1951 年一直没有参加世界博览会，其会展业在这一阶段进入了“休眠期”。

在参加世界博览会的同时，中国在 20 世纪初期开始举办各种博览会，其中以南洋劝业会和西湖博览会最具代表性。南洋劝业会于 1910 年在南京召开，是中国晚清的第一次全国博览会。这次规模盛大的博览会为时半年，参观者超过 30 万人，除了当时国内 22 个行政省全部参展以外，还吸引了德国、英国、美国、日本等多国前来参展。1929 年的西湖博览会以纪念北伐战争胜利的名义举行，其主旨为提倡国货、奖励实业和振兴文化。虽然这次会展规模较大，但是由于受到当时经济、科技与文化的限制，其水平与当时国外的博览会还有很大的差距。总体上讲，近代，特别是 19 世纪末的种种尝试对推动中国会展业的起步和进一步发展起到了重要作用。

（3）现代

新中国成立后，我国的现代会展业才真正发展起来。但由于受到多种政治经济因素的影响，我国的现代会展业发展呈现出不同的时代特点。此阶段还可以细分为四个小阶段，即萌芽阶段、起步阶段、积累阶段和飞跃阶段，与国际会展业发展阶段相对照，可以发现，我国的现代会展业远远落后于发达国家，但也正在与国际会展业全面接轨。

1）萌芽（1949～1978年）。1951年3月，新中国第一次参加“莱比锡春季博览会”，这标志着中国会展业起步阶段的开端。据统计，1951～1985年，中国共举办了427个出国展。1953年，中国国际贸易促进委员会接待了新中国成立后的第一次来华展览会——德意志民主共和国工业展览会。1953～1978年，中国共接待了112个来华展览会。在萌芽阶段，中国的会展业发展缓慢，只是在出国参展方面有一定程度的进展。这一阶段会展的主要宗旨为，配合新中国的外交政策，冲破西方国家对中国的政治孤立和封锁，以及宣传新中国的建设成就。

2）起步（1979～1989年）。改革开放以来，随着国民经济的发展和市场化的深入，中国的会展逐渐由以政治为主导的起步阶段过渡到以经济发展为主导的迅速发展阶段。1978年，中国国际贸易促进委员会在北京举办了“十二国农业机械展览会”，这是1949年以来中国首次举办国际博览会，标志着中国展览业由“单国展览时期”向“国际展览时期”过渡。1982年8月26日，经国务院批准，中国国际贸易促进委员会、对外经济贸易部（现为对外贸易经济合作部）、外交部出台《关于出国举办经济贸易展览会若干问题的规定》及《关于接待外国来华经济贸易与技术展览会若干问题的规定》，标志我国会展业的法制化、规范化的开端。此后，1984年，中国国际展览中心建成；1986年，中国国际贸易促进委员会参加瑞士“巴塞尔样品博览会”；1986年，我国最早从事展览器材开发的专业化公司中国常州灵通展览用品有限公司成立；1989年，深圳展览中心建立，拉开了深圳会展业的帷幕。

总体看，这一阶段作为中国会展业的起步阶段，会展数量少，组织水平和专业化程度还处于初级阶段，把会展作为一个产业来发展经营的意识尚未形成，会展从严格意义上讲还不具备现代贸易展览的特征。

3）积累（1990～1999年）。中国会展业的产业化历程起步于20世纪90年代。随着我国建设国际经济、金融和贸易等方面的目标确立，各个产业加速集聚，我国的一线城市如北京、上海、广州等地的会展业迅速崛起，以年均20%的速度增长。

4）飞跃。2001年，中国加入了WTO（World Trade Organization，世界贸易组织），在加入WTO的协议附件中，已经把会展业作为服务业承诺对外全面开放。国家统计局在国民经济分类商业服务业大类中，增加了“会议及会展服务业”（2011版国家标准调整为“会议及展览服务业”，编号L7292）一小类，这也表明国家正式承认会展产业和会展经济的形成。

2005年年初，时任国务院副总理吴仪为中国会展业制定了规划蓝图。这是几十年来，中国领导人首次明确提出中国会展业的发展目标。因此，2005年被公认为中国会展业发展史上的一个重要里程碑。

此后，国家的“十一五规划”和“十二五规划”都提出了要发展中国的会展业。会展业已经逐渐成为国民经济中不可或缺的一部分。

1.1.3　国内外会展业的发展现状

考察一个国家或地区的会展发展水平，其中两个重要的指标是会展展馆面积和组展商实力。因此，本节除概括论述国际会展业总体格局外，还从国际展览馆、组展商两个维度深入解析当前国内外会展业的发展现状。

1. 国际会展业发展现状

（1）总体格局

欧洲会展是目前会展业的“龙头”，其会展业以数量众多、规模庞大、贸易性高和管理专业化而著称。北美洲的会展业比较发达，其总体发展水平仅次于欧洲。亚太地区的会展业发展迅速，市场前景广阔，是国际会展业的新生力量。而拉丁美洲和非洲虽然有少数国家的会展业发展势头良好，但大部分地区尚处在起步阶段。

1）欧洲。欧洲是世界会展业的发源地，整体实力强，占世界会展市场的份额最大。德国、意大利、法国、英国是世界级的会展大国，它们在展出规模、参展商数量、国外参展比例、观众人数、参展观众比例和服务质量等各方面，均处于世界领先地位。

2）北美洲。北美洲是世界会展业的后起之秀，虽然起步较晚，但发展较快。尤其是 20 世纪最后 10 年，由于美国经济快速增长，对外贸易额迅速扩大，极大地促进了会展业的壮大和发展。在北美洲，举办展览会较多的城市是拉斯维加斯、多伦多、芝加哥、纽约、奥兰多、达拉斯、亚特兰大、新奥尔良、旧金山和波士顿。北美洲的会展业主要以美国和加拿大为代表，这两个国家的会展业不但发展快，而且在发展过程中形成了独特的办展模式和风格。

3）大洋洲。大洋洲的会展业发展水平较高，仅次于欧美，但是其规模与亚洲相比则略逊一筹。该地区的会展强国是承办过奥林匹克运动会和亚洲杯的澳大利亚。澳大利亚举办的专业性会展具有很强的国际竞争力，可以吸引大批高素质且具有购买力的专业买家，为该国带来丰厚的经济效益。澳大利亚主办的各类展览会相比欧美同类展览会来说，规模相对较小，但在南亚及南太平洋地区极具影响力，共有展览场馆 107 个、展览会主办机构 106 个。

4）亚洲。作为世界会展业的后起之秀，亚洲的会展业发展十分迅速，目前该地区会展经济的规模仅次于欧洲和北美洲，居世界第三位。这一地区的会展业增长速度快，辐射面广，专业门类齐全，具有很大的市场潜力和很好的发展前景。中国、日本、新加坡是亚洲会展经济的中心。目前中国内地、中国香港及新加坡的会展业竞争激烈，逐渐形成了亚洲会展市场上三足鼎立的局势。中国内地的会展市场最广阔，其发展空间远大于中国香港和新加坡。

5）拉丁美洲和非洲。近年来，拉丁美洲和非洲的会展业逐渐发展起来。然而目前这两个地区会展业的发展仍然依靠外国资本对当地的大量输入，并且地区间发展的不平衡现象比较明显。除了巴西、阿根廷和墨西哥以外，其他拉丁美洲国家的会展业都处在起步阶段。在非洲，会展业相对发达的国家只有埃及和南非。

（2）全球展览馆分布

展览馆被称为展览经济的“火车头”，近年来，国际商展规模不断扩张的趋势加剧了全球会展业对特大场馆的需求。世界各国都加快了展览馆的改扩建和改造步伐，展馆面积迅速扩张，配套设施的现代化水平不断提高。国际上最大的会展中心为德国汉诺威展览中心，拥有 49.6 万平方米室内展厅。其次分别是中国上海国家会展中心、德国法兰克福会展中心、意大利米兰会展中心、中国琶洲广交会展馆。其中上海市会展业快速发展，展览场馆的展出能力排名已跃居全球第一位，上海国家会展中心面积为 40 万平方米，室内室外可展览总面积超 100 万平方米。目前国内最大的会展中心为上海国家会展中心，按照规划，深圳国际会展中心 2018 年 9 月投入使用之后，将与上海国家会展中心并列国内最大会展中心，室内展厅面积可达 50 万平方米，将超过全球现有展馆，跃居首位。

从国家层面来看，欧美发达国家的会展场地依然占据优势地位，另外，以中国为代表的新兴国家的会展场地面积在近几年高速增长。虽然还不能撼动西方发达国家的地位，但是，新兴国家的会展场地在世界会展舞台所占的比例越来越大，预示着近年来这些国家和地区的会展业欣欣向荣，国际会展业的中心逐渐向这些地区转移。

2. 中国会展业发展现状

（1）总体格局

经过近些年的快速发展，我国的会展业格局基本形成了以上海、广州、北京为核心的会展经济带。

以上海为核心的长江三角洲会展经济带，会展业发展起点高、专业性强、规划完善、布局合理，外资展览公司云集，所办会展的国际化程度较高。该区域定位明确，各具特色，错位发展，最具发展潜力。2016 年世界组展商 100 强前 10 名排名中，中国的两家企业都在上海。

以广州为核心的珠江三角洲会展经济带，以中国进出口商品交易会展馆为龙头，这一区域由于加工贸易发达，制造业基础雄厚，消费市场活跃，为本地区会展市场提供了丰富的项目资源，展览场馆、展览项目、展览面积最为密集。广州、深圳、东莞与香港、澳门竞争中有合作，珠海、中山、江门会展业发展方兴未艾。

以北京为核心的环渤海会展经济带，国际经贸交流频繁，会展资源丰富，其区位优势和开放优势明显，集聚了国家各职能部门和 50%以上全国性行业协会，所举办的会展带有很强的专业性和技术性。知名的国际性、专业性展会比较密集。

另外，我国还形成了以成都为核心的西南地区、以西安为核心的西北地区、以武汉为核心的华中地区、以大连为核心的东北地区等新的会展经济带。

2016 年，上海会展论坛——国际会展业 CEO 峰会发布的数据显示，我国展会数量约占全球的 1/4。我国在世界展商百强中占有 20 个席位，排名世界第二位。同时，成为世界展览中心的中国会展业在向国内中西部和二三线城市推进的同时，正大步迈开“走出去”步伐。

北京、上海、广州、深圳等主要会展城市处在发展高峰，未来这些城市仍将是中国会展业的中心，但中西部城市包括二三线城市的会展业正在崛起，且发展势头持续加快，部分城市办展规模已超过 300 万平方米甚至 500 万平方米。

（2）中国组展单位分布

近年来，随着中国经济的快速发展，中国会展业发展迅速，中国组展单位实力进一步增强，成为全球展览格局中不容小觑的力量。

根据中国国际贸易促进委员会发布的《中国展览经济发展报告（2015）》，在组展单位数量上，以北京、上海和广州居全国前列，分别有参展单位 433 家、221 家和 181 家。从比例上看，香港与上海、北京、广州、深圳占据绝对优势，绝大多数组展单位都集中在这几个城市。在组展单位性质上，可划分为党政机关、行业协会、外资企业和国内企业四大类。在国内组展单位中，青岛海名国际会展集团 2015 年共举办 45 个展览会，名列第一位；振威展览集团举办 36 个，名列第二位；中展集团举办 16 个，名列第三位。

1.2　会展服务与管理的概念及特征

1.2.1　会展服务与管理的概念

1. 服务的概念

"服务"的基本定义是"可被区分界定，主要为不可感知，却可使欲望获得满足的活动，而这种活动并不需要与其他的产品或服务的出售联系在一起"。

2. 管理的概念

从广义角度而言，"管理"就是人类的一种有意义的、有目的的行动，即人类的一种文化活动。从功效角度而言，"管理"是通过一系列有效活动，提高系统功效的过程；从职能角度而言，"管理"就是计划、组织、人员配备、指导与领导、控制；从资源利用角度而言，"管理"是有效分配和利用组织中的人力、物力、财力、时间、信息资源，以达到组织目标的过程；从决策立场角度而言，"管理"就是决策。

目前，国内外管理界对"管理"的定义为，"管理"是一个过程，即管理者让被管理者与自己共同实现既定目标的活动过程。

3. 会展服务的界定

会展服务是在会议与展览期间主办方为会议展览参与者提供的服务产品。广义上的会展服务，既包括发生在会议或展览现场的租赁、广告、保安、清洁、展品运输、仓储、展位搭建等专业服务，也包括餐饮、旅游、住宿、交通、运输等相关行业的配套服务。所涉及的行业包括标准展位搭建服务、特装展位搭建服务、美工服务、预租服务、现场租赁服务、网络服务、通信服务、广告服务、报关储运服务、传媒资讯服务、商务服务、餐饮服务、酒店服务、旅游服务、开幕式服务、安全服务、保洁服务、礼仪接待服务、翻译服务、金融服务等，而它们又有机地结合在一起。全方位的专业服务是对高效优质的会展服务的最终诠释。

4. 会展管理的界定

会展管理是指人们为了达到一定的目的，对会展社会活动实施的控制。首先，会展管理完成会展系统诸要素自身的结合。例如，把孤立的会展人员结合为一个相互配合的会展团队；把孤立的设备结合为一个会展生产资料体系；把各个分散的原材料结合成整体的展台；把各种科学技术结合为实用的会展技术；把教育与培训设施、教学人员等组成会展教育与培训系统；等等。其次，会展管理要完成会展系统诸要素之间的结合。对会展来说，如果各种因素相互分离不能构成现实的会展系统，就不能形成会展。最后，会展管理还表现在进行会展的分工协作中，把各种微观会展系统结合为宏观会展系统。同时，会展管理不仅使诸因素结合起来形成现实的会展系统，还使会展系统的各个环节、各个阶段和各个形态衔接起来。可以说管理已成为现代会展竞争的重要手段。

1.2.2 会展服务与管理的特征

1. 会展服务的特征

（1）会展服务的无形性

无形性是服务最明显的特点，会展服务也具备这一特点。由于会展服务是无形的，参展商在购买服务之前，往往无法肯定他们能得到什么样的服务，只能根据他人的知识和经验，来判断这种服务的质量，决定是否值得购买。因此，在激烈的市场竞争中，会展企业要提高服务质量，以便吸引参展商及观众购买自己的服务，同时提高服务的消费价值，减少参展商及观众的购买风险，创造并保持良好的企业形象，增强参展商及观众的信任感。

对主办方来说，要努力确保现有的会议参与者、参展商及专业观众，还要努力使潜在的会议参与者、参展者及专业观众相信主办方能满足他们的需求。第一步是使他们形成对会展产品和服务的期望。主办方的传统做法是通过广告、公关、人员推销等市场沟通活动，为参展者及专业观众提供信息。但是，服务是无形的，会展企业很难在市场沟通活动中展示、说明和宣传各项服务的实际情况，这就要求会展企业在市场沟通活动中强调有形证据，如专业买家的数量和质量。大量研究结果表明：对会展服务购买者来说，除亲身经历之外，参观者的口头宣传比任何其他信息来源更加重要。如果会展企业希望参展商与观众为自己做好口头宣传，就必须为参展商与观众创造良好的参展经历。

（2）会展服务的不可储存性

会展服务的第二个特点是服务容易消失，不可储存。开展会展之后，会展服务公司未售出的展位就永远失去了销售的机会。会展企业为参展商及观众提供服务之后，服务就消失了。因此，购买劣质服务的参展商及观众通常“无货可退”，只有在极少数情况下，如出现骗展或展会不能正常举行，参展商才可能通过向政府投诉、法庭起诉等方式获得赔偿。

会展服务无法储存，如果某个时期市场需求量低，会展企业的能力就无法得到充分的利用，展位不能顺利销售出去；而在展览市场需求量超出时，如果展位量不充分，会展企业就无法为一部分参展商及观众提供服务，从而丧失一部分营业收入，甚至会永远失去一部分消费者。因此，需求管理是会展企业的一项极为重要的工作。

（3）会展服务的差异性

会展服务的第三个特点是差异性。与产品生产相比较，会展企业往往不易制定和执行服务质量标准，不易保证服务质量。会展服务的差异性一方面与会展服务人员有关，会展服务人员为参展商及观众提供的是一种感情密集型的面对面服务，强调微笑服务、热情服务等服务行为。但仅有这些是不够的，会展工作要求服务人员理解参展商及观众的需求，解决他们面临的问题。

会展服务的差异性的另一方面与参展商及观众有关。同样的服务，对一部分参展商或观众来说是优质服务，对另一部分参展商或观众来说却可能是劣质服务。会展服务人员为某一位参展商或观众提供优质服务，却可能在无意之中为另一位参展商或观众提供劣质服务。例如，展馆总服务台接待员为一位老年女观众详细介绍展览馆的各种服务设施和服务项目，接待员热情友好的服务态度给她留下了极为深刻的印象。但是，排在她后面的一位参展商却希望能尽快办好相关手续，以便解决其展位上发生的问题。为了向参展商或观众提供标准化服务，保证服务质量一致，许多会展企业使用现代化设备来协助服务工作。使用信息化服务设备，可简化服务程序，加快服务过程，减少服务差错，为参展商和观众带来经济收益和心理收益。

2. 会展管理的特征

（1）会展管理的自然性与社会性

会展管理具有自然属性和社会属性。会展管理的自然属性是指会展过程中具体组织的社会生产力的特性。会展业的发展是生产力发展到一定阶段的产物，它作为新的一种经济形态是紧紧依附于市场经济基础之上的。会展管理的社会属性，是指会展是为一定的经济基础服务的，受一定的社会制度和生产关系的影响及制约。任何会展必须符合举办地的法律、法规，并与举办地的文化传统和民族习俗相适应。

（2）会展管理的科学性与艺术性

会展管理的科学性，一方面表现在会展管理活动的过程上，可以通过会展管理活动的结果来衡量，同时它具有行之有效的研究方法和研究步骤来分析问题、解决问题；另一方面表现在会展本身具有科学性，如业内最新技术、最新信息展示和发布，成为引领世界潮流的新产品的最佳平台。会展管理的艺术性，一方面表现在会展管理的实践性上，在实践中发挥其管理人员的创造性；另一方面表现在会展的艺术形式上，会展被称作“五秒的视觉形象”，展台的视觉冲击力是强大的，展场的整体布置是艺术化的。

（3）会展管理的协同性

会展是一个综合性的活动，是人员、信息、产品在时间与空间上的高度集中，活动过程中会涉及餐饮、住宿、交通、公关、旅游、娱乐等各个环节。除此之外还涉及间接为会展产品提供物质基础与便利条件的工业、农业、商业、建筑业，以及卫生、公安、科技、海关等部门，所以会展管理要注重其协同性。

1.3　会展服务与管理的内容和评估

1.3.1　会展服务与管理的内容

1. 会展服务的内容

（1）会展服务的对象

构成会展的主体是会展服务的对象，包括参展商、专业观众及非专业观众。

1）参展商，以购买或租赁展会展位的方式享受会展服务，以推销自己的产品、展现形象和品牌、收集信息为目的的政府、企业、组织或个人。

2）专业观众，以购买门票的方式享受会展服务，以获取信息、传递信息、购买展品为目的的政府、企业、组织或个人。

3）非专业观众，应邀进行指导工作的政府、组织和个人；进行采访的记者等；会展协办组织和个人。

（2）会展服务的内容

会展服务包括核心服务、便利服务和配套服务。核心服务体现了会展企业最基本的功能，如品牌参展商、高品质的观众、丰富的市场信息、沟通的平台等。当然，一个会展企业可以有多个核心服务。

为了让参展商或观众能够获得核心服务，其他服务也是必备的，这就是会展的便利服务，如专门的接送服务、票务服务等。另外，会展企业为参展商提供的布展制作、出租展具、展品仓储和运输等服务，这些服务通常称为配套服务。总之，会展企业提供的服务是多种多样的，具体有以下几个方面。

1）会展企业需要按客户需求，提供专业人员负责会议、展览项目的整体规划。

2）会展企业需要按客户需求，协助联络当地政府的有关部门请求其予以支持。

3）会展企业需要按客户需求，提供专业人员负责会议、展览场所的整体设计、布置。

4）会展企业需要按客户需求，提供专业人员负责会议、展览的整体广告策划、媒体网络广告发布、宣传、印刷及招展。

5）会展企业需要按客户需求，提供参展商会议、展览及与会人员的住宿、餐饮、交通、旅游等项目的最合理的费用报价。

6）会展企业需要在会议、展览期间，提供专业人员负责会议、会展报到的“一条龙”服务（接送、签到、登记、收费、酒店用房的分配、会展资料及日程安排资料的分发、返程交通的预订、展后旅游或商务活动的跟踪服务等）。

7）会展企业需要在会议、展览期间，提供专业人员负责会议、展览现场的司仪、翻译、摄像（影）、录像（光盘）制作。

8）会展企业需要在会议、展览期间，现场提供专业人员随时协调各方面的工作，解决突发事件。

9）会展企业需要在会议、展览期间，提供各种类型的车辆，以满足参展商的需求。

2. 会展管理的内容

（1）会展信息管理

信息技术的普及与推广，为会展业的发展带来了新的契机。因为会展本身就是人们进行信息交流、洽谈商业合作和市场营销的场所，它发挥的是一种桥梁和媒介作用。与传统的会展业相比，会展信息为会展提供了一个更为快捷、互动和有效的商务通道。会展信息管理包括会展企业、会展场馆、会展现场的信息服务。

（2）会展营销管理

会展营销管理是运用市场营销组合，通过为会展组织者、参展商、观众和相关服务机构创造价值，来实现组织工作目标的过程。其营销管理的基本内容是会展项目、会展价格、会展渠道和会展促销的管理。会展营销管理的过程贯穿在会展策划、会展组织、会展实施、会展评估等环节。

（3）会展人力资源管理

会展队伍的建设与管理是一个系统过程，要使会展业获得可持续发展，会展队伍必须朝着专业化、系统化和团队化的方向发展，这就是现代会展业人力资源管理的目标。会展人力资源管理的内容不仅包括会展人力资源的规划，也包括会展人力资源的开发，还包括会展人才的教育与培训。会展人力资源管理的对象不仅包括展览经理、专业展览人员，还包括展出工作人员、会展现场临时工作人员及志愿者。

（4）会展项目管理

会展项目管理是指以会议和展览为中心，进行项目管理和执行。会展发展状况与其会展规模有关，而会展规模是由会展项目决定的。会议与展览的时效性，要求会展组织者在有限的时间里做好会展项目的组织工作，包括会展项目的前期策划与组织、项目的运行与实施，具体涉及项目策划、组织、推广及运作。会展项目的主办单位可以使用本部人员或聘用专业公司管理人员策划、组织、推广及运作某一个会展项目。

（5）会展品牌与创新管理

会展品牌是主体对会展活动形成的一种心理共识、支持与赞同，参展商对会展品牌的满意与忠诚（认知空间）会形成会展品牌的无形价值和核心能力（能力空间），最终为会展企业的发展搭建一个平台（资源空间）。

随着全球化竞争的越发激烈，中国会展业从数量型向质量型转变，开始走品牌化的健康道路。我国会展业在地域上集中于长江三角洲、珠江三角洲、环渤海等三地。从会展品牌角度而言，上海、北京、广州的会展业发展最为迅速，已经成为会展经济、会展品牌的中心。一些起步较早、发展迅速的展览在面积、规模、次数高速上升的基础上，逐渐发展出极具自身特色的会展品牌。

会展品牌依靠既有的知名度与规模，逐步建立起在业界的权威。除了对规模与经济效益的重视外，会展品牌主办方已经意识到为会展赋予贴合时代的主题与内涵是留住老顾客、吸引新顾客、保持会展生命力的重要手段，在主题和形式上不断深入创新，提升质量，不断完善品牌。

（6）会展场馆管理

会展场馆是会展业发展的基础，是会展的重要场所，其大型化、智能化、特色化、人性化的程度是显示一个城市会展业发展水平及城市竞争力的重要标志。会展场馆管理的主要内容包括会展场馆运营管理、会展场馆服务设施管理、会展场馆会展现场管理工作。对于会展场馆来说，现场管理是指协助会展组织者对开幕式、会议注册、现场设备及突发事件等进行处理。

（7）会展财务管理

会展财务管理是会展不可缺少的重要环节，包括财务预算、财政收入、财务支出、财务结算和效益评估等几个环节。财务预算应该在做出会展承办决定时就予以确定。财政收入主要有政府财政拨款、社会赞助和企业内部资金。财务支出主要指会展直接费用与间接费用管理，直接费用是指为筹办会展直接开支的费用，包括宣传、新闻、广告、编印资料等；间接费用是指为筹办和承办会展花费的人力、时间及从其他预算中开支的费用。在承办会展过程中，应根据实际情况对财务支出进行必要调整和控制，并在会展结束后进行必要的财务分析与会展经济效益评估。

（8）会展物流管理

会展物流是指会展供需双方以外的第三方组织者所提供的一种具有后勤保障功能的服务，它是由会展组织者在综合会展现场多个供需对应体的信息要求后，统一指挥、统一安排、统一协调的物资流通体系。会展物流管理则是运用物流管理的技术与手段，结合会展物流的特点与任务，对会展物流的全过程进行运作、协调与控制。会展物流管理的内容主要包括会展物流相关政策的研究与运用、会展物流渠道的管理、会展物流机制的管理等，核心内容是会展物流体系的建立与管理。

（9）会展客户关系管理

会展客户关系管理是会展企业利用 IT 技术和互联网技术，对参展商和专业观众进行整合营销的过程。会展客户包括参展商、观众、会展活动相关人员、会展活动组织工作人员等。会展企业通过采取改进客户价值、满意度和忠诚度等手段，来提高客户关系管理的有效性。会展企业实施客户关系管理的过程主要包括收集客户信息、发现市场机遇、制定客户方案、提供客户服务、实现互动反馈、追踪需求变化、评估活动绩效、改善客户关系等几个环节。

鉴于很多院校的会展专业单独开设了会展场馆管理、会展财务管理、会展物流管理、会展客户关系管理等课程，本书不再另起章节讲述，而是在会展信息管理、会展营销管理、会展人力资源管理、会展项目管理、会展品牌与创新管理之外增加了对会展风险管理、会展行业管理进行论述。

1.3.2　会展服务与管理的评估

1. 会展服务与管理的评估的关键概念

（1）真实瞬间

大多数会展服务与管理行为是在接受者与提供者的直接接触中发生的交往行为的

结果。在这一交往行为发生时，客户与服务提供者面对面，这时他们的行为由自己来决定，企业无法对其行为产生直接影响，这一时刻称为真实瞬间。在接受者与提供者面对面的接触中，提供者所采用的技巧、鼓励方法、行为和接受者的期望，共同构成了服务传递过程，使服务通过真实瞬间完成，接受者在真实瞬间得到自己的感知。

（2）人与方法

在会展服务与管理进行过程中，保证评估质量除技术与物质的支持外，最主要的是人与方法。服务与管理是劳动密集的生产过程，在其过程中，硬因素（如技术、设备）影响力小，而软因素（如服务人员与客户交往中的态度、方法）影响力较大，所以方法也是重要的影响因素。人制定了方法，又在方法的指导下为客户提供服务。

（3）管理客户

会展服务与管理中的管理客户包括管理客户期望和使客户在接洽、沟通过程中更加有效地参与。大多数客户对会展服务与管理的质量有一个预期，期望过高或过低都不利，无论是喜爱还是不喜爱的偏见都能通过交流来影响期望。如果企业做出的承诺过低，就有可能错过合适的客户而无法吸引适合该服务的客户，这些客户会发现这一较低的承诺不具吸引力。如果企业做出了超出实际的承诺，客户就会产生潜在的失望，最终企业会被客户抛弃。客户的有效参与首先取决于客户对会展项目的了解及掌握程度，许多企业也开始将客户纳入其培训计划中。

（4）评估的成本

在会展服务与管理的质量管理中，质量的提高几乎不能降低成本，高质量的服务会带来更高的客户满意度和忠诚度，使企业获得更高的收益。这些收益包括：与高质量相联系的高价格；避免重新争取客户而节约的花费；获得长期、持久的高质量名声所带来的有形收益和无形资产。而劣质服务给企业带来的损失，将高于企业为提高服务质量的投资。劣质服务带来的损失包括：防范成本，为防止差错的花费；检验和控制成本，控制质量的花费；由于劣质服务而产生的花费；争取新客户以代替失去的客户和抵消错误策略的花费，恢复企业由于失去客户而带来的损失的花费。

2. 会展服务与管理质量的评估过程

会展服务与管理的不同客户的心理期望值是不同的，应该说不同客户由于受到企业的市场沟通、企业的形象、其他客户的宣传和客户不同的需求等因素的影响，具有不同经验、知识的客户在主观上会产生不同的期望。其中，会展组织单位的市场沟通活动（如广告、人员推销、营业推广、公共关系等）能直接为会展组织单位所控制，但这些市场沟通活动对与会人员产生了何种效果与其本身的特点具有极大的关联。

例如，以会展项目中的会议活动的服务质量评估说明，会展项目的形象对与会人员期望的影响表现在：较好的市场形象会使会展客户易于接受有利于会展组织单位的宣传（包括市场沟通和其他与会人员的宣传），对会展组织单位在服务工作中的失误更为宽容，而对于较差市场形象的会展项目，与会人员的要求往往比较苛刻。例如，对推广人员的宣传产生质疑，对曾经的失误教训印象深刻等。其他与会人员的宣传（又称口碑宣传，word-of-mouth），一般是其他有过接受类似服务的实际经历或受到别人的口头宣传，甚至是受项目推广宣传的与会人员影响，向朋友介绍会展组织单位所提供的服务。会展项目的形象和其他与会人员的宣传不能为会展组织单位直接控制，但会展组织单位能通过市场沟通活动，影响与会人员眼中的企业形象和其他与会人员的宣传。与会人员的需求是企业无法控制的影响因素，会展组织单位应致力于发现、满足会展客户的需求。

从与会人员实际经历的服务质量来看，可以把服务质量分为两个组成部分，即服务结果的质量和服务过程的质量。服务结果的质量是服务的技术性质量，是服务的产出，是会展组织单位为与会人员提供的服务结果，与会人员购买服务主要是为了得到服务结果。服务过程的质量是指产品进入使用过程后，生产企业（供方、主办方）对用户（参会者）的服务要求的满足程度。

与会人员对服务质量的期望是在会展组织单位的市场沟通、会展项目的形象、其他与会人员的口头宣传和参展需求等因素的共同作用下产生的。与会人员实际获得的服务质量是由会展项目的各项活动（包括会展组织单位的经营管理活动和员工提供的服务活动）共同决定的，是这些活动的最终结果。会展组织单位根据自己对与会人员期望的认知制定服务标准，服务人员根据这些标准为与会人员提供服务。在这一系列的活动中，每个环节产生的差异最终决定了实际获得的服务质量与与会人员对服务质量的期望之间的差异，具体差异如图 1.1 所示。

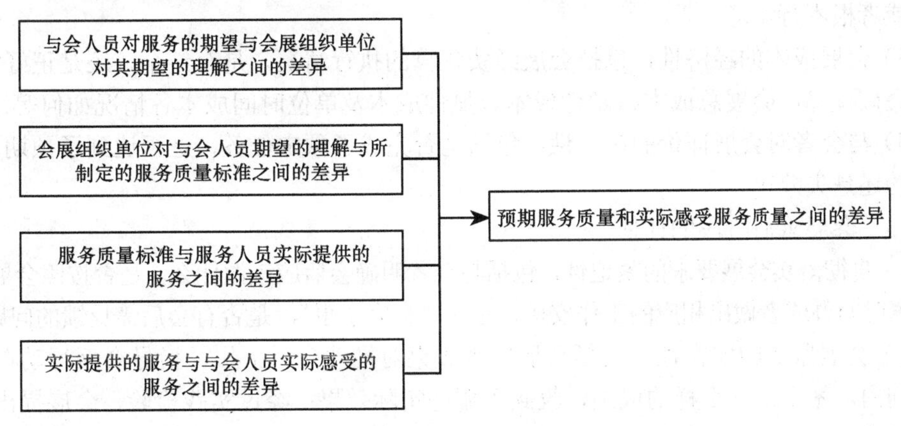

图 1.1　预期服务质量与实际感受服务质量的差异

3. 会展服务与管理的评估内容

评估会展服务与管理的内容一般按会前、会中、会后三个阶段，即会展准备阶段、会展进行阶段和会展善后阶段进行评估。评估的重点阶段是会展进行阶段。

（1）会展准备阶段的评估

1）会展通知的及时性，包括历次发出的会展通知是否按预定的时间及时送达与会者单位或个人，通知的内容是否准确、清楚，是否有通知延误的情况发生等。

2）文件资料准备的完备性，包括会前为会展准备的文件资料是否齐备，数量是否充足，质量（含内容和文字加工）是否满足会展需要等，是否有不齐、不足、不符合需要的情况。

3）对与会者到会率的预见性，包括通知的与会者是否都能如期赴会，会展开始后有多少与会者迟到，有多少与会者缺席（含因公因私请假和不明原因未到者）等。

4）会场设施的可靠性，包括为会展准备的设施，如音响设备、照明设备、演示设备、调温设备等的使用是否可靠，是否有问题。

5）会展服务准备的妥善性，包括为会展准备的食宿服务、接待安排是否妥当完善，是否有无法吃饭、住宿的现象发生，接待安排是否发生差错、混乱等情况。

6）会展主题的鲜明性，包括会展主题是否突出、鲜明，会展要达到的目的是否清楚、明确。

（2）会展进行阶段的评估

1）召开会展时机的“适时性”，包括召开会展时机的选择是否合适，召开会展的条件是否成熟，是否召开得及时，还是提前或延后召开更合适。

2）会展议程安排的合理性，包括会展议程安排是否突出了主题和重点，是否与实现会展目标相一致，衔接是否紧密，先后顺序是否恰当等。

3）会期长短的合适性，包括整个会展的时间安排是否合适，各议程的时间分配是否合适。

4）会展为与会者提供的各种服务的适宜性，包括对会展服务的满意程度。对会展安排的吃、住、行、游、购、娱是否满意，有哪些意见和反映，即完全可行，或部分可行，或者根本行不通等。

5）会展成本的经济性，包括会展经费预算的执行情况，是有结余，还是正好够用，或者突破预算，会展总成本、隐性成本、显性成本及单位时间成本各情况如何等。

6）与会者对会展评价的倾向性，包括是否完成了预定任务，是否达到了预期目标，是成功还是失败等。

（3）会展善后阶段的评估

1）贯彻落实会展要求的紧迫性，包括与会者明确会后应该做什么，是否按照会展的要求抓紧时间办或者做出相应的工作安排，是否“会完了事”，是否有会后需反馈的问题等。

2）会展服务的实在性，包括会展精神成果对推动会后工作、指导会后行动在一定的时间内，做出了什么样的成绩，收到了哪些实际效果；经过实践检验，会展提出的主张或看法，哪些是正确的，哪些是不正确的甚至是错误的等，都需要通过会后评估接受检验，做出评价。

评估会展服务与管理的内容是多方面的，上述评估的主要内容显然并不包括评估的所有要求。同时，即使是上述评估的主要内容，也并不是所有的会展项目都要按上列要求逐一进行评估。而应根据会展的性质、类型、规模、功能等不同特点，或用其会前、会中和会后三个阶段评估会展服务与管理的主要内容，或用其中一部分（包括只用其中的一个或两个阶段）内容进行评估。应该强调的是，对会展服务与管理进行必要的评估，不论是从提高会展服务与管理质量、效率和管理水平，还是对耗费大量人力、物力、财力、精力的集体活动负责，都是非常必要的。

4. 会展服务与管理的评估原则

会展服务与管理的评估原则就是评估会展项目服务必须遵循的准则，也就是评估会展项目服务的指导思想，一般应遵循以下四项原则。

（1）对比性评估原则

对比性评估原则就是指在评估时要进行多方面的比较，有比较，才有鉴别。把握这一原则，至少要进行两个方面的比较，一方面是与会展项目原定的目标和要求相比较，看是否实现了会展项目原定的目标和要求以及实现的程度如何；另一方面是与会展项目实施前的情况相比较，看取得了哪些进步。

（2）双向性评估原则

双向性评估原则就是指在评估时，坚持走群众路线。会展是一种集体活动，评估会展服务与管理就应该依靠与会者开展评估，实行“从与会者中来，到与会者中去”的办法。也就是把召开会展项目的主办方、承办方的评估和参与者如参展商、观众的评估结合起来。

（3）动态性评估原则

在评估时，既要从静态观察，又要从动态考核；既要看现实状况，又要看以往历史；既要看现实水平，又要看发展趋势。这是会展服务与管理的继承性和创新性、现实性和潜移性的特点所要求的。尤其对后续服务，既要对未来可能产生的服务进行预测评估，又要坚持对贯彻执行会展精神的实效进行追踪反馈评估（一般在下次会展上总结上次会展以来所取得的成绩就属于这类性质的评估）。

（4）综合性评估原则

在评估时，要运用事物普遍联系的观点，把整个会展（包括后续工作）作为一个系统来评估。既要从总体上全面地看问题，又要从局部和不同侧面观察；既要听取正面看法，又要听取反对意见；既要肯定服务，又要看到存在的问题；既要评估物质成果，又要评估精神成果；既要评估经济效益，又要评估社会效益；既要注重现实性服务，又不要忽视潜移性服务；既要注重近期服务，又不要忽视长期服务。这是会展服务与管理内容的无形性和有形性、直接性和间接性、现实性和潜移性、受制性和扩展性的必然要求。

思考与练习

1. 简述会展服务与会展管理的概念。
2. 分析会展服务与会展管理的特征，并比较其异同点。
3. 简述会展服务的具体内容。
4. 会展管理包括哪几方面的内容？
5. 会展服务与管理评估的主要内容是什么？

实　训

1. 搜集全球会展业最发达的几个地区的资料，制作PPT并汇报。
2. 搜集我国会展业最发达的几个地区的资料，制作PPT并汇报。

第 2 章　会展服务与管理对象

❖ 主要知识点

1. 会展利益相关者的概念、分类与相互关系。
2. 会展服务与管理的主体和客体。

❖ 学习目标

1. 准确理解会展核心利益相关者。
2. 理解会展与各利益相关者之间的关系。
3. 理解会展利益相关者之间的关系。
4. 理解会展服务与管理的主体及客体。

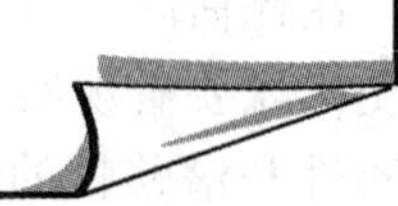

2.1　会展利益相关者概述

2.1.1　会展利益相关者的界定

利益相关者理论产生于 20 世纪 60 年代，它是在对美国、英国等国奉行“股东至上”公司治理实践的质疑中逐步发展起来的。利益相关者是从股东（stakeholder）一词套用而来的概念。股东作为企业股份的持有者，对企业拥有所有者权益，因而企业的每一项活动都与股东的利害相关。凡是与企业产生利益关系，从而与企业发生双向影响的个人和团体，都是企业的利益相关者。简单地说，利益相关者就是股东、雇员、顾客、供应商、零售商、社区及政府等个人和团体。在传统企业管理理论中，这些个人或团体都是从企业环境或外生变量的角度被定义的，因而多被排除在企业管理的视野之外。然而，在现代西方企业管理理论中，这些个人和团体则被视为企业的构成要素或内生变量，被纳入企业管理的范畴。自 1963 年斯坦福大学研究小组定义利益相关者以来，现代西方管理学界对利益相关者的定义大体有两种：一种认为“利益相关者是环境中受组织决策和政策影响的任何有关者”，此定义强调企业对利益相关者的单向影响；另一种认为“利益相关者是能够影响企业或受企业决策和行为影响的个人与团体”，或者说，利益相关者就是“任何可能影响组织目标实现的群体或个人，或者是在这一过程中遭受其影响的群体或个人”，此定义强调企业与利益相关者的相互影响。在当代西方企业管理学的著作中，越来越多的学者倾向于后一种定义，即要求把企业与股东、顾客、社区和政府等的关系，作为相互内在、双向互动的关系，纳入广义的企业管理范围。

依据与企业的不同关系性质，现代西方管理学家基于上述定义将利益相关者分为初级利益相关者和二级利益相关者。初级利益相关者是指与企业具有正式契约关系的个人和团体，二级利益相关者是指除企业以外对之负有责任的所有个人和团体。

会展业是综合性较强的服务产业，具有很强的集聚效应，与旅游、交通、住宿、餐饮、物流和广告等相关产业高度关联，其利益相关者包含各方面。从系统的观点看，任何事物都处于系统之中，会展也不例外。任何一个会展的成功实施都离不开组展商、参展商、观众、中介机构等。根据王春雷、诸大建等学者对会展业动力系统的研究，会展业的构成如图 2.1 所示。

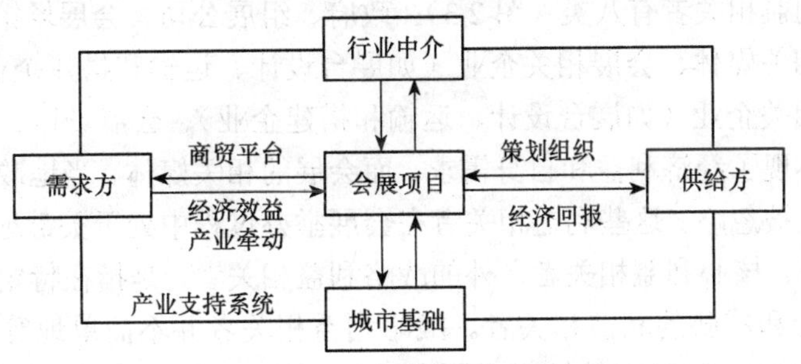

图 2.1 会展业的构成

正如图 2.1 所述，在产业支持系统平台下，任何会展的实施都离不开市场需求和市场供给的推动，也离不开会展中介机构的引导。它主要由市场需求方、市场供给方、行业中介、产业支持系统和城市基础五部分组成。各部分的要素组成如表 2.1 所示。

表 2.1 会展各部分构成要素

分　类	各部分组成要素
市场需求方	参展企业、中间商、观众
市场供给方	组展商、展览运输企业、展示设计与搭建企业、酒店餐饮企业、会展场馆及物业管理企业、休闲娱乐企业等
行业中介	行业协会、专业代理机构等
产业支持系统	硬件（城市交通等公用设施、酒店餐厅等服务设施、会展场馆等专业设施）、软件（行业管理体制、公共服务水平、政策法规、人力资源状况等）
城市基础	城市经济；城市文化；公务与政务；信息、科技；旅游资源和城市形象等

从严格意义上讲，会展并不是企业组织，只是组展企业的产品，但具体的会展涉及组展商、中介机构、参展商及产业支持系统等各方面的因素，因此，任何会展都有其利益相关者。

2.1.2 会展利益相关者的分类

一般地，根据利益相关者的影响力（power，指某一群体是否拥有影响企业决策的地位、能力和相应的手段）、合法性（legitimacy，指某一群体是否被赋予法律意义上或者特定的对于企业的索取权）、紧迫性（urgency，指某一群体的要求是否立即引起企业高层的关注）三个维度，利益相关者可分为核心利益相关者、战略利益相关者和环境利益相关者。核心利益相关者是关乎企业命运的人或团体，战略利益相关者是企业在面对特定的威胁或机会时才显得重要的人或团体，而环境利益相关者则概括了企业存在的外部环境。

图 2.2 的中心圈层代表会展核心利益相关者。核心利益相关者是指在会展的策划、推广和管理中有直接的利益的个人及团体，他们对利益的追求能够对会展产生一定的影响，具有较大的权力，或者说会展的管理会对他们本身产生一定的影响，使其获得较大的利益。他们是会展服务与管理的根本，在会展的策划、推广和管理各阶段，主办方都必须考虑他们的利益。

会展核心利益相关者有八类（图 2.3）：政府、组展公司、会展场馆、参展商、参展观众、员工、相关媒体、会展相关企业（如展台设计、运输和搭建企业）。在会展举办过程中，会展相关企业（如展台设计、运输和搭建企业）、会展场馆、员工、参展商和参展观众分别体现了经济利益和自身需求，而会展的相关媒体、当地政府等其他利益相关者的利益往往被忽略。这些利益相关者在会展举办过程中处于关键地位，应该纳入核心层利益相关者。核心利益相关者之外的战略利益相关者，是指在特定的时间和空间能给会展带来机会和威胁的利益相关者。战略利益相关者并不简单地等于次要利益相关者，只是因为他们并不时时刻刻与会展的举办过程密切相关，但他们同样有着潜在的巨大影响力。以会展服务相关行业为例，它包括：①广告公司、印刷公司、公关礼仪公司、物流企业等；②酒店、电信企业、银行等；③旅行社、旅游景点等。它们的主要功能是为参展商和观众提供配套服务。战略利益相关者之外是外围层，指更广泛的政治、经济、社会文化和自然环境。

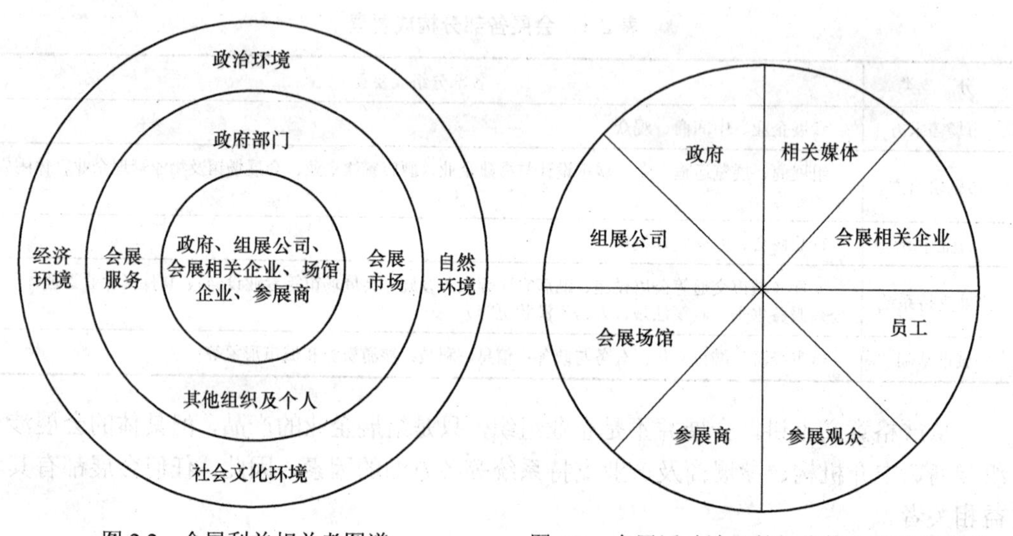

图 2.2　会展利益相关者图谱　　　　图 2.3　会展活动涉及的 8 类核心利益相关者

以下主要对核心层利益相关者进行简要分析。

地方政府（会展城市）：举办国际性的会议或展览会，如联合国会议、奥林匹克运动会、世界博览会等，不仅能给城市带来巨大的直接经济效益，在提升城市形象、促进城市建设、促进相关产业发展等方面也有着极大的作用。例如，1999 年财富论坛和

2001年APEC（Asia Pacific Economic Cooperation，亚太经济合作组织）会议在上海的成功举办为上海带来了显著的社会效益，它表明上海作为国际化大都市和金融中心受到了全球的瞩目，且上海完全有能力举办高层次的峰会，再加上后来举办的世界博览会，大大提升了城市的国际地位，并吸引了众多关心这块"热土"的投资者。由此看来，城市举办会展考虑更多的是社会效应，经济效益与展会的高品质是次要的。这在客观上决定了城市作为一种会展管理主体，其管理的目的与方式将同会展企业的管理存在很大差异。

会展企业：人们认为会展企业主要包括两类，即会展场地（会议中心/展览场馆）和会议策划服务公司（或会展公司），后者是狭义上的会展企业。每个企业的营销活动所表现出来的功能也有所不同，因为会展是一个整合资源的过程，从主题的确定、时间及场地的选择到宣传推广，无不影响着会议或展览会的举办。例如，对于会展场地，根据自身的设施条件及服务水平，寻找合适的会议或展览会，并与会展主办方建立良好的关系，这样才能保证场馆物以致用，避免空置；对于会议服务公司或会展公司，其目的是设计、销售和改进会展产品，使会议或展览会更具吸引力，更加适销对路。

参展商：从狭义上讲，参展商是展览会的主角，其数量、级别、展位面积及参展效果是判断会展成功与否的重要标准。企业参展的实质是选择会展作为宣传、公关、销售的手段，使其树立企业形象、展示新产品乃至达到销售产品的目的。而面对不同类型、数量繁多的展览会，所有参展商都面临着一个问题——如何选择合适的会展及运用何种方式来展示，才能达到预期的目的？精心策划的参展安排、夺人眼球的内容展示、与专业观众的亲密接触将使参展商受益良多，而这一切都要依靠参展商制定合理的销售策略。

参展观众：如今，展览会数目繁多、良莠不齐，参展观众的数量及质量成为评定一个展览会水平的关键因素，这也是会展公司工作的重点。与此同时，作为参展商的供需关系对象，参展观众是会展必不可少的主体之一。

相关媒体：现代人们越来越重视会展宣传的投入力度和传播质量，广告宣传的效果是会展能否获得成功的关键因素之一，也是会展城市塑造整体形象、会展企业打造品牌的有效工具。因此，实施有效的媒体策略对会展各相关主体至关重要。与此同时，媒体尤其是专业媒体也希望借助大型会展来推动自身的成长，所以同样需要在会展中采取相应的竞争和发展策略。

员工：员工作为各利益相关主体中人的因素，其重要地位自不必言。

2.1.3　主要利益相关者的关系

1. 会展与主要利益相关者之间的关系分析

各利益相关者在会展中或投入物质资本，或投入人力资本，目的是获取单个利益主体无法获得的合作利益。而在实际执行中，各利益相关者所追求的具体利益不同，即利益关注点不同，导致他们对会展的依赖程度也不同，当他们的利益愿望未被满足时，可能会采取一些消极措施，具体如表2.2所示。

表2.2　会展与主要利益相关者之间的关系

利益相关者	主要利益关注点	与会展的关系类型	主要利益冲突及可能的反应
政府	树立城市形象，促进城市建设及当地社会经济的发展	依存型	为了追求经济效益及社会效益，盲目且过多地举办会展使得会展内容雷同，而且规模小、质量差，甚至形成恶性竞争
会展企业	获得最大的投资利润收入	可选择型	没有获得预期的经济收益转而寻求其他地方或行业进行投资
会展场馆	通过出租场馆获得投资收益	依存型	出租率低则有可能入不敷出，难以维持经营
参展商	树立企业形象，销售产品，获得最大的经济收益	可选择型	没有获得预期收益，不再参加会展活动，而是寻求其他的销售渠道
参展观众	产品或服务需求的有效满足	可选择型	若会展没有满足其需求，将会转移至购买市场
员工	自身福利水平的提高及自身价值的实现	依存型	若没有从会展企业发展中获益或人生价值未实现，将会离职并有可能诋毁企业形象
相关媒体	借助大型会展来推动自身的成长	可选择型	转向其他方面的报道，或进行负面报道

2. 主要利益相关者的相互关系分析

政府为会展发展提供政策法规、环境保证、人力资源教育、规划方案等宏观方面的支持，旨在实现会展各方面的效益，宣传本地形象，扩大本地影响力，带动本地产业的发展。所以，会展业需要政府提供产业和服务的支撑，同时，政府也会从会展业的发展当中收到极大的实惠。因此，政府与会展保持着高度互动的关系。

另外，联结政府和公众的中间环节有会展企业、参展商等利益体。其中，组展公司、会展相关企业（如展台设计、运输和搭建企业）、场馆企业等作为会展项目的实施方，其行为会对当地政府和社会公众产生重大的经济影响，与每一个利益主体的切身利益息息相关。

参展商是受会展生产者的邀请，通过订立参展协议书或会展合同，在特定的时间和地点展示产品或服务的主体，参展商是参加会展展出商品或服务的企业。对于企业，参加会展是其营销活动的重要组成部分，会展可以展示其新产品、新技术，有利于树立品牌形象，提升企业、产品和服务的知名度。参展商是会展服务的主要购买者，也是会展经营企业的主要服务对象。会展消费者需要支付一定的成本，因此，需要考虑参展的目的、条件、效应等一系列因素，谨慎地做出参展的决策。而会展企业在这个过程中，应详细分析会展参展商的消费目的和需求。因此，会展企业及参展商是会展经济发展的支柱，是获得经济利益的源动力，如果没有这两者的参与，也就没有会展经济，因为消费者的需求是靠他们来满足的。

会展业的发展需要大量的多方面的专业人才，会展企业的供给功能则需要这些人来完成，如会展的构思设计、会展环境的营造和会展的设计布置等，这些对会展企业的员工提出了高要求，他们既要掌握现代经营管理知识和精通外语，又要具备策划公关和组织展览的能力，并熟悉现代化的辅助工具。如果会展企业员工的素质不高，将导致会展水平不高，管理和组织混乱，会展的质量和经济效益必然会受到影响，那么不可避免地也会影响会展其他利益相关者的利益。

参展观众是会展主体的一个重要组成部分，是指通过购买门票或提前注册入场参观，与参展商进行洽谈的自然人、企业及其他相关市场主体，通常也被视作会展的消费者。参展观众在会展中的消费成为会展企业和参展商的主要收入来源，由此产生的税收收入也是当地政府的重要收入来源之一。由此可见，会展中各利益相关者存在着错综复杂的利益关系，既有冲突，又彼此相互依赖、相互促进。

2.2　会展服务与管理的主体

会展已经成为经济环境的一部分，以至于政府、公司等部门的任何一部分都有可能成为会展的主办机构。一般说来，承办的主要机构有经济发展部门、地方政府、一般公司和大集团公司、行业协会、企业家协会、媒体、俱乐部和社团等。会展活动的主办、承办机构都是会展服务与管理的主体。

2.2.1　政府部门、贸易促进机构

政府部门、贸易促进机构承办展览会是出于多种多样的原因，包括会展产生的社会效益、文化旅游效益和经济效益等。就经济效益而言，这种情况下并非指政府部门、贸易促进机构为了自己获取收入而举办会展活动，而是为了促进国家和地方的经济发展。有些政府部门是主管会展的临时机构，会展公司是其提供的服务的一部分，其他部门则是作为实现相关目的的一种手段。

应注意的是，集体展出的组织者多为政府部门、贸易促进机构、商会、工业协会等，这些机构做出会展决定的程序一般是固定的，并且可能是比较复杂的。与企业相比，这些机构应该站在更高的位置更全面、更长远地考虑各方面因素。

政府部门和贸易促进机构代表国家或地方利益，因此相关会展要考虑国家或地方的经济发展规划、贸易和产业政策，在此基础上，还要兼顾考虑其他因素。世界博览会是全球最高级别的国际展览会，不同于一般的贸易促销和经济招商的展会，是各国动员全国力量，全方位展示本国社会、经济、文化成就和发展前景的机会。举办世界博览会，不仅能给参展国家带来发展机遇，促进经济发展，而且能给举办国创造巨大的经济效益和社会效益，提升举办国的知名度，促进社会的繁荣和进步。因此，世界博览会一直是世界各国争相承办的大型国际展览会。

2.2.2　商会、行业协会

商会、行业协会代表行业的利益，因此相关会展要考虑产业或行业政策和发展。由于这些机构是设立或建立在相关企业的基础上的，因此还要强调为企业服务。全行业或数个行业的综合展览会，也被称为横向展览会。这类展览会规模一般比较大，按行业划分展区。这类展会既展出工业品，也展出消费品；既吸引工商业人士，也吸引消费者。

这种大型综合展览会能比较全面地反映经济或工业的发展状况及实力，又有良好的展览经济效应和地方经济效应。

一些国家每年举办两届展览会，一届是工业品展览会，另一届是消费品展览会。还有一些国家将一个综合展览会分割成许多专业展览会，仍在同一时间、同一地点举办。专业展览会指展览某一行业甚至某一产品的展览会。这种展会最大的特点是常常举办讨论会、报告会，用以介绍新产品、新技术等。综合展会的经济效益不如专业展会。作为企业代表的商会或行业协会，要注意办展不应以营利为主要目的，以免损坏企业利益并损坏商会、行业协会的声誉。

2.2.3　会展企业

我国有相当比例的会展是由会展企业组织、承办的，而且比例有上升趋势。另外，一般公司和集团公司还可能赞助展览会，在市场上推销它们的产品和服务。它们可能与政府部门合作，举办服务于某产品或多个产品的展览会。

会展企业的主要职能部门一般包括以下几个。一是策划部，负责企业策划和展出策划，企业策划主要是对整个会展企业形象的策划、组织的包装等；而展出策划则是指制定会展工作方案，主要是列明工作事项，安排人员的责任范围，安排工作进程、费用支出等。二是业务部，主要职责是招展，即招徕和联系参展商。其具体工作包括招展宣传、选择参展者、组织展览团，除此之外，业务部的其他工作还包括展品运输、展台设计与施工等。三是对外联络部，其主要负责招商、新闻宣传、广告策划实施、协调与各社会团体或政府的关系等。宣传工作是展出成功的基础保证，其手段主要是广告与联络，如发信函、登门拜访、电话联系、发布媒体广告、印发资料等。公关的主要目的是争取与企业有关单位的理解和支持，特别是得到新闻媒体、政府机关等影响力比较大的单位的认可与帮助。四是市场部，具体内容包括制定年度场馆销售计划；根据市场变化，对价格政策的制定和修正提出建议并报请企业领导批准后执行；审核参展单位的资质；负责场馆营销，签订场馆出租合同；执行合同收款；负责有关展览会的报批手续等。五是信息部，负责展会的通信、网络数据的租赁业务，以及会展企业信息系统的规划、建设与维护，应用软件及办公电脑、耗材的采购与管理，还负责企业内部的通信系统及网络的建设与保障工作等。六是管理部，包括对展台准备工作的管理、展台后续工作的管理及展会整体评估工作管理等。

以上部门是依据一般展览会正常运作的需要设立的，在实际组织结构设计中，会展企业应充分考虑自身情况，名称可有所不同，部门多少也可灵活处理。

总之，办展的举办机构不同，办展的目的就不同。一般说来，政府部门、贸易促进机构、商会、工业协会可能更多地考虑社会效果和宣传效果，因此可能热衷于展出引人注目的产品。这一点本无可非议，但是应该注意到其生产潜力，如果只有做样品的能力而没有正式投产的能力，或者只有少量生产的能力而没有批量供货的能力，那就不应该展出，因为展出意义不大，甚至可能得不偿失。

承办展览会的原则体现为：一方面，既然有投入，就应该有收获，不论是花国家的钱还是花企业的钱，不论是追求长期效果还是追求近期效果，会展单位都应当有成本效益观念，不能单纯为了宣传而承办展览会；另一方面，给人看货却不能供货，即拒绝买主订货或者勉强接受订货却不能按条件交货，这样会给展出地的市场留下不好印象、破坏会展单位自身的声誉和形象。

对于集体会展单位的组织者而言，由于办展行为并不直接影响其生存和发展，因此会在根据不充分的情况下做出展出决策。相关人员往往把办展当作一种日常工作来做，他们不考虑本地区、本行业的内部发展需要，而是根据外部申请或某方面的建议等做出展出决定。这种草率的行为往往没有足够重视会展的社会效益和经济效益。因此，展出的组织者应当认真对待展出决策工作。

2.2.4　其他机构

1. 媒体机构

媒体机构是会展举办过程中不可或缺的一部分，从会展的新闻发布会、推介会到开幕式、现场盛况、闭幕式都有媒体机构的身影。它们为会展提供新闻报道，增加会展的曝光率与知晓度，媒体的报道是参展商与观众了解展览会的重要途径，媒体报道的多少往往与会展好坏呈正相关，也就是说，媒体报道多的会展，其影响力大，参展效果较好。

一般情况下，媒体机构并不作为单独的会展主体，它们只是会展主办方的合作伙伴，或是受会展主办方的邀请报道会展情况。由于媒体机构在市场宣传方面具有天然的优越性，掌握着强大的招商渠道，有些媒体机构也逐渐开始涉足会展业，或与其他会展主办方达成利益分成协议共同主办展会，期间媒体机构主要负责市场的宣传推广。媒体机构如果利用其自身巨大的影响力独立开展会展业务活动，一般是先设立一个专门的会展部，待时机成熟后才会组建会展子公司。

目前，传统媒体与新兴媒体都有参与会展主办（或承办）的机会。报业虽然受到新兴媒体的冲击，但很多区域性报纸（日报、晨报、晚报等）在当地依然拥有大规模的受众与强大的影响力，许多二线城市的展览会都由当地的报业集团主办（或承办），其中也不乏全国知名的会展，如羊城晚报、潇湘晨报、齐鲁晚报旗下均有一批会展项目。许多专业网站利用自身的行业资源与专业化优势也开始举办展览会，如携程网举办酒店用品展，久久婚庆网举办婚庆展，而一些地方性的广播电台利用其影响力举办区域性的展销会或者小型展览会也取得不错的效果。

2. 会展场馆

通常情况下，会展场馆的经营模式是，场馆方向主办方出租场地收取租金，同时向参展商提供服务收取一定的服务费。也就是说，会展场馆一般只经营场馆而不经营会展。但是，我国大部分的场馆利用率偏低，经营效益较差，处于盈亏平衡的边缘，有的甚至连年亏损。为了提高场馆的经营效益，一部分会展场馆实施“走出去”的战略举办自办展或者与其他会展主办方联合办展。经营效益较好的会展场馆也会遇到会展淡旺季的问题，在会展淡季时，场馆空置浪费，场馆方也会想方设法举办会展增加收益。有的场馆在投资建馆时制定的便是“场馆＋会展”双管齐下的经营战略，如上海新国际博览中心与广州的中洲国际商务展示中心。

与其他的会展主办方相比，会展场馆举办自办展有其巨大的优势。一方面，场馆方举办会展可以节省场馆租赁费（场馆租赁费一般是展会的主要成本之一），在市场上具有竞争优势；另一方面，场馆方一般拥有自己的施工团队，熟悉场馆机构，在自家举办会展能够提供专业、快捷、尽心尽责的会展服务，减少施工事故，提高布展与撤展的效率，同时提高参展商的满意度。例如，上海新国际博览中心由上海浦东土地发展（控股）公司、德国汉诺威展览公司、杜塞尔多夫展览公司及慕尼黑展览有限公司共同投资建设，它不仅经营场馆租赁业务，也举办多个展览会。中洲商务展示中心由广州益武国际展览有限公司拥有和经营，其旗下的中国（广州）编织品、礼品及家居装饰品展和中国（广州）厨卫设备、建材及家用五金展均为 UFI 认证会展。

2.3　会展服务与管理的客体

会展服务与管理的主体是会展的主办、承办机构，而客体则是会展服务与管理的对象，即会展需求者。以下简单地从参展商、专业观众、普通观众、会议嘉宾、参会人员、会展其他参与者等几方面进行分析。

2.3.1　参展商

参展商是指参加交易会、展览会、订货会等各类会展，设置展位并提供商品或咨询服务，邀请洽谈的组织或个人。

参展商是会展市场活动中一个特殊的群体，他们既是需求者，也是供给者。他们作为需求者购买会展服务，而参展过程中又作为供给者，其目的是推销、宣传、展示自己的产品、服务、技术、信息等，以期能与参展观众（采购商或称专业观众及普通观众）达成即时或未来的交易。也就是说，只有会展能促成参展商达到上述目的，他们才会愿意参展。所以参展观众的档次越高、专业性越强、数量越多、购买能力越强、消费潜力越大，参展商就会越愿意参展、支付高价格。一般来说，参展商参加展览会的目的或动机并非是单一的，而是多重的，参展商的数量和质量是衡量和评价会展的重要指标。

2.3.2　专业观众

专业观众又称采购商，是参观并在会展上采购产品，或在会展上寻求合作伙伴的组织或个人。采购商一般通过签订合同的方式达成买卖或合作，也可能为进一步的交易进行洽谈及达成协议。展览会上往往会集中同一行业的许多企业，有利于产品的对比和选择，能让采购商进行集中、便捷、优质、高效、经济的采购，同时能获取行业发展的最新信息，寻找到合作伙伴。

采购商与参展商是相互促进的关系。参展商的数量越多、质量越高就越能吸引采购商。参展商和采购商就像一台天平的两端，任何一方的“质量”不足都会使天平失去平衡。这两者都应该成为主办单位服务与管理的主要对象。

2.3.3 普通观众

普通观众只是出于个人或家庭目的参观展览会，他们参观展览会一般是为了了解新技术、新产品、获取新信息，有的则是出于爱好，如车迷、军迷等爱好者。总体上，消费性展览会、综合性展览会及贸易性展览会的普通观众比例逐渐递减。消费性展览会上普通观众占绝大多数，而许多贸易性展览会是不对普通观众开放的，只接待专业观众。不过，在国内举办的诸多综合性及贸易性展览会上，由于诸多原因，主办单位为了“凝聚”人气，或者多赚门票收入，展览会也会全程对普通观众开放，因此会增加参展商的抱怨，参展效果也会大受影响。

虽然普通观众可以为展览会贡献收入，但绝不能为了短期的收入而使参展商和采购商的利益受损，否则难以使展览会保持持久的生命力。普通观众和采购商参观展览会的目的不同，因此主办单位开展工作时要“各投所好”，不能“一视同仁”。

2.3.4 会议嘉宾

无论是专门举办的会议还是会展期间穿插的论坛，都需邀请嘉宾作为会议主持者或演讲者。为了增加对参会者的吸引力，提高会议的知名度和影响力，受邀嘉宾一般是业内知名专家、学者、企业家、政府要员或协会负责人。当然，主办方的人脉关系越广、会议级别越高、在业内的影响力越大，则越能邀请到“重量级”嘉宾。

从嘉宾角度看，会议级别、主题、相关活动安排、举办地区、“出场费”数目等都会成为其考虑是否参会的重要因素。

2.3.5 参会人员

参会人员是会议组织者收入的主要来源，也是服务的主要对象。会议级别、主题、嘉宾、主办方的业内影响力、相关活动安排是参会人员考虑的重要因素。嘉宾往往对相关主题会有全面、深入、独到的研究和理解，并会发布行业发展的最新动态和信息。另外，在会议中，参会人员可通过与嘉宾的接触，表明自己及其组织在该行业所做的贡献，以期得到嘉宾的重视，获得与“重量级”嘉宾密切交流的机会，从而为自己和组织的发展争取到更多、更好的条件，因此，嘉宾因素是参会人员考虑的重要因素之一。

2.3.6 会展的其他参与者

记者、独立调研人员等成为会展的其他参与者。他们会从不同的角度来看待，而并非是为了从会展中直接获益。他们的观点和研究结果对会展的后续举办起到指导作用。

由于主办单位的工作不力，某些展览会招致一些“拾荒者”涌入。他们会在会展中随意拿取参展商资料、展品包装盒等，从而给参展商和观众带来了一定的负面影响。因此，这种情况应该尽量避免。

思考与练习

1．对会展核心利益者进行分类并做简要概述。

2．会展活动的主要利益相关者之间有什么关系？

3．简述会展服务与管理的主体和客体。

实　训

1．分组分别模拟组展方、参展商、专业观众、媒体、嘉宾、普通观众，分析其各自需求与立场，并考虑是否需要着正装出场。

2．列举我国当前比较知名的会展媒体，如会展专栏、会展刊物、会展网站、会展频道等。

服务篇

第3章　会 议 服 务

❖ 主要知识点

1. 会前服务内容；会中服务内容；会后服务内容。
2. 会议策划流程；会议组织流程；会议服务管理。

❖ 学习目标

1. 理解会议服务的内容。
2. 掌握会议组织与策划的流程。
3. 了解会议服务管理的内容。

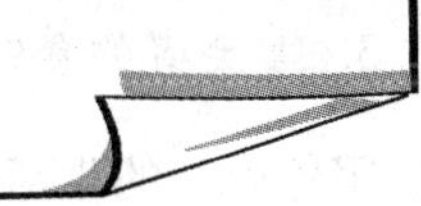

3.1　会议服务内容

会议服务是会议组织工作中的重要部分，即根据会议目标和要求为参会者和会议相关人员提供指导、组织、管理、安排、部署、汇报、生活管理、保密保卫及其他事务的服务。会议服务包括会议的组织工作及相关服务和与会者的接待及生活服务。按照会议服务的时间顺序，可以分为三个阶段，即会前服务、会中服务、会后服务。

3.1.1　会前服务内容

1. 会务通知

会务通知即会议组织者在会前将会议信息传达给会议参与者，让参会者做好充分的参会准备。一般而言，会议组织者需要制作一份参会材料，通过直接邮寄或者电子邮件、传真传达给参会者。参会材料一般包括以下内容：会议主题及内容、会议时间与地点、会议议程安排表、与会嘉宾介绍、会议发言简介、参会费用、食宿安排、会议回执等。同时，组织者需要与参会者保持联系，如会议出现变更情况，则需要迅速通知参会者。

2. 与会者报到、签到

为了掌握到会人员的出席情况，会前都要组织好报到和签到工作。会议报到和签到形式有以下几种。

1）大型会议的报到一般在住所进行，设大会报到处（如果会议有几个住所，每个住所都应设报到处），并安排专人组织报到。会议工作人员一般应提前到达住所，按大会规定的报到日期组织报到。同时，还应做好住房安排，发放会议票证，迎接外埠与会人员，送发会议文件材料等工作。会议报到结束后，会议工作人员应向会议秘书长或会议负责人报告出席、缺席情况（应到人数、实到人数、缺席人数及原因）。

2）一般会议的报到和签到有两种情况：一种是会期较长，有外地人员参加的会议，会议工作人员应提前到达住所组织报到，并及时向会议主持人报告报到的情况；另一种是会期短，又无外地人员参加的会议，会议工作人员可提前抵达会场，在会场门口组织签到即可。

3）举办一般例会和小型会议，会议秘书也要提前到达会议室，检查各项准备工作，按事先确定的参加会议人员名单逐一核对出席情况。也可以设置签到台，请与会人员逐一签到。会前将出席、缺席情况报告会议主持人。发现未到会的要及时催请。

3. 与会者的食宿、交通、医疗及文娱活动安排

服务周到的生活管理是保证会议能够顺利进行的物质条件。会议组织者要积极主动地做好食宿、交通、医疗和文娱生活的管理、服务工作，从物质上保证会议目的的实现。

1）会议的就餐管理。这关系到与会人员的身体健康和精力，一定要按照规定的标准，尽最大努力满足与会者的合理要求。伙食管理要抓好预算、采购、烹调、卫生、就餐、照顾和结算等工作。会议开始后，要根据与会人数和开会天数，编制伙食经费预算，然后分别编制实物供应预算。品种对路、花色合适、价格合理的采购工作，是搞好会议伙食管理的基础。与会期间要努力调动烹调人员的积极性，做好精细加工、安全卫生、组织严密、细致周到的餐厅服务工作，否则就会引起与会人员的不满。就餐服务还必须照顾误餐人员、生病人员、少数民族和其他特殊人员的需要。

2）与会人员的住宿管理。与会人员的住宿费用，必须事先有预算，事后有结算。住宿方面的关键之处是组织服务人员做到周到服务。要根据与会人员的情况订好房间，从实际出发，按级别、规定加以分配，尽可能创造安静条件，照顾有特殊情况的人员，并订立安全、卫生、爱护公物等管理制度。

3）会议的交通管理。这直接关系到与会人员的集体活动能否顺利进行。交通管理的主要任务是车辆组织、用车制度、车辆调度、租车管理、用车检查和驾驶人员管理。应根据需要组织车辆，如果会议住所距会场较远，必须派车辆接送与会代表，要按与会人数尽可能组织足够的车辆，以满足会议的需要。对于集体活动用车，必须加强派车管理、用车检查和驾驶人员管理，保证与会人员有序乘车。另外，为了保证交通安全，必须做好车辆管理、交通指挥、道路管理和各种人员的教育工作。会场、住所附近要开设必要的停车场地，不得随处停车，必要时应设专人看管。进出车辆必须服从交通指挥人员的管理，必要时应配备交通警察。

4）会议的医疗卫生管理。会议的卫生保健直接关系到与会人员的身体健康，因而必须建立、健全各项医疗卫生制度。主要内容包括疾病医疗、饮食卫生、会场卫生、住宿卫生、个人卫生和环境卫生。

5）会议的文化生活管理。根据会议的会期和日程进展做出适当的安排，主要内容是文化娱乐和体育活动，具体项目应该尽可能围绕会议的主题加以选择。集体参加文化体育活动，必须加强组织工作，认真做好具体安排。入场券、座位、交通、出发、返回都要具体筹划、组织、安排和检查。

人们对会议的接待及生活服务各有需要，主办方应该尽可能满足其合理要求。对过高要求，要耐心解释；对不合规定的无理要求，应说明情况，予以抵制。

3.1.2　会中服务内容

1．翻译服务

翻译包括口译和笔译，是保证国际会议顺利进行的重要环节之一。不少与会代表都需要翻译人员，会议组委会有责任提供有关的服务。

目前许多国际性会议都采用同声传译服务，即同步翻译服务。同声传译是在当事人讲话时，由译员使用同声传译设备进行翻译，受话人以耳机听取。如两种语言结构相似，同声传译可以基本上做到同步。否则，会有先后。同声传译技术的应用解决了口译费时的问题。同声传译是一个特殊的职业。此项工作者一般需考取高级外语水平证书并经过特殊训练。同声传译人员首先需要配合发言人员的工作。若可能，发言稿应事先送给同声传译人员参考，以便同声传译人员在思想上和语言上有所准备。重要发言的关键部分甚至也可向同声传译人员指出，以引起注意。另外，同声传译人员需要掌握传译速度。由于中外文音节长短不一，语序顺序不同，将表达同一个意思的汉语译成外语所需时间不同，发言者一定要照顾同声传译人员，不能念得太快，致使同声传译人员无法及时翻译。

相比同声传译工作，笔译工作量更大，笔译者从会议准备阶段开始，到会议结束后，都须坚持工作。在译文的准确性上，对笔译的要求尤为严格。这不仅因为笔译往往有时间推敲，也可使用字典等工具，甚至经第三者审核。更重要的是，文件还是工作的依据和归档的记录，它们更需要经得起检查。

2．秘书服务

秘书服务是指向会议主办方提供各类文秘、勤杂、临时采购、临时司乘、向导等服务。这些服务通常是临时或者按时提供的，在预算时通常按类别笼统计算，不再细分，也可以按不可预计费用或者其他类别计算。如果通过代理公司操作，那么与代理公司沟通好，要求其做好随时服务的准备很有必要。代理公司与主办方之间的最后服务费用核算将通过双方指定的联络人互相签单认可，由双方财务或者相关人员核定。

3．茶歇服务

茶歇对于一般的大型会议而言可能没有必要，对于中、小型会议，特别是公司或者组织高层会议而言，会间茶歇是很重要的。茶歇是为会间休息兼调节气氛而设置的小型简易茶话会。

通常茶歇包括点心要求、饮品要求、摆饰要求、服务及茶歇开放时间要求等。一般不同时段可以更换不同的饮品、点心组合。茶歇大致上分为中式与西式两种。中式饮品包括矿泉水、白开水、绿茶、花茶、红茶、奶茶、果茶、罐装饮料、微量酒精饮料，点心一般是各类糕点、饼干、袋装食品、时令水果、花式果盘等。西式茶歇饮品一般包括各式咖啡、矿泉水、低度酒精饮料、红茶、果茶、牛奶、果汁等，点心包括各类甜品、水果。

4. 安全保卫

安全保卫对会议的重要性是不言而喻的。如会议因人为的原因受到外来干扰或破坏，与会人员的安全受到威胁或侵犯，不但会议的组织者要受到指责，会议的主办国也有不可推卸的责任。尤其是大型的、高层次的会议如发生不测事件，影响之恶劣就更难以估量。因此，国际会议的安全保卫工作历来是组织者所重视的问题。

1）会议的保密工作。任何会议都有一定的机密性，都应该有保密要求，必要时，还应该制定严格的保密制度和保密纪律。会议内容可分为一般秘密、机密和绝密三个等级。按照机密程度制定会议保密级别。因此，任何会议都要按照保密级别，采取相应的保密措施。公开的会议应切实划定公开的内容。内部会议一定要做到内外有别。秘密会议必须规定保密制度，要求与会人员不泄露会议的秘密内容。机密会议必须制定和落实严格的保密纪律，在言论和文字上都不得有任何泄密现象。如果是绝密性质的会议，一定要采取特殊的保密措施，规定严格的保密细则，只准在特定的会场和房间内阅读文件、议论内容，不得泄露。

2）重要会议的警卫工作。会议领导成员的警卫工作是会议保卫工作的重点，应该按照规定，坚持内紧外松的原则，采取相应的警卫措施，保证万无一失。对全体领导成员和各类来宾（含外宾）的警卫工作，也应指定专门部门负责，掌握领导活动路线和治安状况，采取相应的警卫措施。在执行警卫任务当中，如遇异常情况，应及时报告领导，采取果断的处理措施。应该根据会议代表的实际情况，加强会场、会址、住地、沿路各种活动的警卫。对于各种出入证件，要制作规整、加盖印章、严格检查。例如，为保证世界经济论坛达沃斯年会顺利进行，瑞士政府出动约 7000 名警察和特种部队士兵，瑞士军方在会议召开的前两天就在以达沃斯为中心的 46 公里直径范围内设立禁飞区，任何未经许可闯入禁飞区的飞行器都将遭到拦截甚至击落，德国也派了几百名警察协助瑞士方面的安保工作。

3）会议的保卫工作。会场、住址的保卫任务比较复杂，既有内部保卫，又有社会治安，会议的组织者应该同当地公安机关密切配合，共同做好保卫工作。为防患于未然，应对会议的各个会场和与会人员的住址事先做必要的检查，熟悉情况，堵塞漏洞，排除隐患，为整个会议的内部保卫打下基础。对于会场、住址的社会治安，应该及时向有关公安机关了解情况，制定协同执行任务的具体措施，并且加强联系，互通情报，统一行动。会议期间，应指定专门人员负责内部保卫，注意社会治安，并请有关公安机关负责维护社会秩序。为了保证会议的绝对安全，要把会议内外的警卫、保卫、治安人员组成一个相互配合的集体，建立明确的岗位责任制。会议生活的保卫工作应该与生活管理工作应结合进行，主要任务是保证饮食安全、集会安全、娱乐安全、用电安全、财务安全和使用各种设备的安全。

4）会议的社会治安工作。对凡是与会议有关的周围环境，诸如人口、地形、建筑物、各种设备、历史事件、交通状况、危险人物、易出事故地段、易燃易爆物品等情况应进行调查并掌握详细情况，对重点人物、重点地段也应采取特别的防范措施。

3.1.3 会后服务内容

1. 返程安排

会议的代表来自各地，由于工作繁忙，许多会议在报名时就要求注明返程时间及机（车）班次。这些服务都是为了使代表在散会后能按照预定计划返回原地。但由于公务、旅游、探亲访友的需要，代表改变原定计划的事情屡见不鲜。行程变更后，新的住宿、交通问题便接踵而来，因此，组委会在会议结束前，应尽早落实代表的返程安排，包括退房、机（车）票的确认、赴机场的交通，还应安排人员在会后负责未了事宜。

2. 撤离场地

国际会议通常租借专用的会议场所，因此，会议结束后便应做好撤出会议场所的工作。

1）拆除布置。几乎所有国际会议都在会议厅室做了内外装饰与布置，诸如会议横幅、会徽、旗帜之类的标志，还有主席台及代表席位。如会议组织者租用的是宾馆的会议室，这些拆除工作较简单，宾馆均可代劳。如是自己布置会场，不论是借用其他机构的场所还是自己的场所，都须尽快恢复原状。

2）清理会场。会议结束后要进行一次大清理。散落桌子上、椅子上、地上的文件、纸张、文具及其他用品都应集中起来。如有代表等遗留的物品也应妥善保存，以待认领。

3）归还借物。会议须有许多专用设备与物品，如同声传译设备、代表桌牌等，但并非每个机构或旅馆都能提供。单位原有的设备如计算机、打字机、复印设备、音响设备也不可能全部应用，都须向外部借用。会议结束后，这些借用的器材物品都应整理，及时归还。某些物品，如无线电耳机等，如有损坏或遗失还应赔偿。

3. 会后联络

1）写感谢信。会议涉及的人员众多、范围很广，许多单位与个人都做出了贡献。因此，会议结束后，会议组织者应一一写信致谢，这是礼貌，也是为了今后加强联系与合作。发信对象首先是东道国及承办机构。东道国及承办机构担负着会议的全部或大部分会务及事务安排，提供了巨大的人力、财力和物力支持，是会议得以顺利举行的根本保证。虽然他们也能从中得到某些有形或无形的收益，但与其付出相比，贡献还是主要的。组织者对其道义支持、合作关系、礼宾接待、行政安排等贡献给予肯定，并表示今后继续合作的愿望。通常此种信件应直接写给单位的领导人。其次是对会议主席及主席团成员也应根据贡献分别写信致谢。再次是对有突出贡献的人士如讲演人、担任讨论小组评论员、提供咨询的人员也应函谢，给予积极评价。谢函也可随酬金一并送交。最后是新当选的官员，某些国际机构通过举行年会选出新一任的行政负责人，会议的组织者及东道主对其当选也应表示祝贺，期盼今后加强合作。

2）在会议结束时，许多会议文件虽已通过，但文字、体例还有待修改。这些善后服务工作应由专人负责，使文件臻于完善，然后正式发送给有关机构及与会者。正式文件的整理和印刷要尽早完成并寄出，以应对各方需要。还可把会议的发言稿、论文、贺电、决议连同照片等编印成精美的纪念册，不仅供与会者参考与留念，也可外赠或发售。

3.2 会议服务流程

3.2.1 会议策划流程

1. 会议主题的策划

会议主题是会议的灵魂所在，一个会议的主题好、定位准确，相当于会议成功了一半。一般来说，会议主题有如下几个特点：首先，主题具有前瞻性、时代感、独创性，紧跟时代脉搏，能预测某一领域的发展趋势和走向；其次，主题具有行业带动性，能体现行业的潮流引导和科技推进，是行业内企业所关注的热点问题或是有争议的问题；再次，主题具有实效性，如新政策的发布体现权威性，新规则的讨论体现前瞻性，新标准的提出体现规范化和行业的最新动态；最后，主题具有新闻性，这一主题是新闻点，引发新闻造势。

2. 会议可行性的研究

在这一阶段，最重要的是为会议设立一个目标，其目的是保证会议在议程、人力、资金等各个方面都是切实可行的。

1）为什么（why）：举办会议的缘由、意义及前景；会议需要有明确的目标，如就企业或组织的发展问题展开讨论、互通信息等。

2）谁（who）：包括会议组织机构、目标与会者、演讲者、合作伙伴（支持赞助单位）、媒体支持单位。

3）什么（what）：会议的主题、内容，会议的特点，会议的形式等（会议的形式会影响预算）。

4）何时（when）：会议举办的时间，包括开始、结束时间和其他配套活动时间。另外，要考虑会议举办时间是否与财政年度、节假日或其他时间相冲突的问题。

5）何地（where）：会议举办的地点，应考虑其独特性、方便性、旅游的价值、地方的支持性。

6）如何（how）：会议的具体内容，会议的日程安排、宣传计划与营销策略，有关展览等相关活动的安排，餐饮、会议设备的安排等。

7）多少（how much）：会议的规模，预计与会者的人数、参会费用等。

3. 会议预算的编制

筹备会议需要编制会议预算。编制会议预算的第一步是确认此次会议是营利还是保证收支平衡，甚至是出资办会。然而，无论会议类型如何，策划者在草拟预算时应注意到必须显示预计收支，并准备会后的资产负债表，以清楚地了解实际的收支状况。其中，会议的收入主要来源于与会者缴纳的会务费、赞助、广告、联合主办者所交费用（或公司分配）和政府扶持等。花费可分为固定花费、不确定花费和应急花费。无论与会人数有多少，固定花费几乎相同，包括场地设施费，讲演者酬金和交通食宿费，宣传推广费（包括宣传手册、邮寄、新闻稿、广告和记者招待会等），租用费（如家具、设备与灯光），路标、鲜花和其他用来制造气氛的项目费，运输费，审计费和贷款利息或透支等。不确定花费则随与会人数而浮动，主要包括餐饮、住宿、娱乐、会议装备（如文件夹、胸卡或代表证等）和文件费（如材料邮寄、注册）等。另外，不论预算表准确与否及费用控制得多么精确，都将会有预料之外的支出发生，即应急花费，如交通燃油涨价费、演讲人变动费。

4. 会议场所的选定

会议地点的硬件条件和专业服务水平对会议的成败起着关键作用，在选择会议地点时，要考虑的因素为会议目的地（包括地理位置、基础设施等）、交通、周边环境、安全状况、专业会议设备、专业服务水平、会议空间、餐饮服务、其他服务费用情况，还要综合考虑场地的品位与风格。场地可以选择户外，也可以选择室内，但以室内为常见。选择场地的风格要注意与会议的内容相统一，同时考虑实用性与经济性，尤其是场地的设施，如会议厅大小、投影设备等，还要考虑提供的相关服务内容与水平，如住宿、酒品、食物、饮料的提供，价钱是否合理也是要考虑的因素。还要考虑方便性，如交通是否便利等。

知识链接

如何选择会议场所

选择会场，要根据参加会议的人数和会议的内容综合考虑，最好达到以下几个标准。

1. 大小要适中

会场太大，人数太少，空座太多，显得松散，会给与会人员一种不景气的感觉；会场太小，人数过多，挤在一起，不仅显得小气，也无法开好会。英国首相丘吉尔曾说：“绝对不用太大的房间，而只要一个大小正好的房间。”

2. 地点要合理

临时召集的会议，会场应设在与会人员较集中的地方；超过一天的会议，会场要尽可能离与会者的住所近，免得与会者奔波。

3. 附属设施要齐全

会场的照明、通风、卫生、服务、电话、扩音、录音等各种设备都要配备齐全。

对所有附属设备，会务人员要逐一进行检查。

4. 要有停车场

现代社会召集会议，“一双草鞋一把伞”赶来开会的人已经不多了，因此要安排好停车场所。

5. 会议时间的选择

会议时间也很重要，一般重要的国际性会议有固定的时间安排，对新策划的会议要综合考虑参会领导、会议演讲人、参会人员的时间安排，还要考虑会议的特性，尤其是商业性的会议要避开重大的事件、重要的政治会议。例如，要避免奥运期间在举办地召开的大型会议。另外，有时选择会议时间时要考虑时机，如相关性大的时候，起到借势的效果。一般来说，在时间上应选择人们容易记住的日子，如节日、月初、月末，还要避开禁忌日。

6. 会议演讲者的选择

邀请演讲者要考虑与会议主题的相符性，对会议主题行业有相关的了解，同时考虑演讲者的权威性，或者是政府主管部门的领导，或者是行业协会的领导，或者是行业学术领域的专家，或者是行业领袖企业的掌权人。

7. 会议相关活动的策划

开展社交活动要考虑活动的专业性、论题的前瞻性、活动主持者在业内的权威性。活动要注意趣味性、互动性和参与性。会议过程中举办的比赛或者具有娱乐、旅游性质的活动，如果策划得当，可以为会议带来人气，吸引与会者并延长他们在会议目的地的停留时间。

知识链接

如何安排会后活动

会议一般要为与会者及其随行家属安排一次或几次特别活动。特别活动可以是在会议正在召开时组织与会者家属参与的项目，也可以是会议期间专门安排的与会者及其家属共同参加的活动。

首先，了解与会者的身份。他们是否与去年的与会者一样？今年的新的与会者，可以为他们安排以前成功的活动吗？如果与会者和去年的一样，那么活动不必比去年的更大或更好，但必须与去年的活动有所不同。

由于不同会议的与会者有不同的性格特点，因此所计划的活动要适合与会者的口味。

会议期间可以安排的特别活动一般有观光旅游、宴会、乘船游览、看地方戏曲、欣赏芭蕾舞演出、垂钓、水上活动、海边晚会、聚餐、化装舞会、主题晚会、参加地方传统节日活动。

3.2.2　会议组织流程

1. 确定会议的规格、风格

（1）交际/酒会

交际/酒会的目的是加强公共关系及客户感情联谊，所以氛围十分重要。交际/酒会通常在一个环境相对封闭且有特色的地方举行。涉及的环节有乐队（或者音响、音源）、电器技师、节目及演员、司仪、节目单、道具、临时舞伴、助兴烟火、酒水、水果、点心、烧烤食品、烧烤用具、交通工具、厨师、服务人员、保安人员、天气预报等。重点包括场地、节目、司仪、安全保障、服务程序。

（2）研讨型会议

研讨型会议通常专业性较强，参与的人数不是很多，除非是行业标准讨论，一般不会超过 100 人。这类研讨会的关键点是会场及地点选择。除一般性的主会场外，通常需要一些小型会场以便分组讨论。主会场的布置除了主持人座位外，其他座位应当体现平等精神，每个座位都应配备麦克风。关于地点，通常选择相对封闭、安静、利于保密的地点，最好是郊区环境优美的会所，应当满足夜间娱乐休闲、团队精神训练、场景变换、交通相对方便等要求。

（3）培训会议

培训会议也是专业型会议，通常由企业内部或者教育部门举办。除带有研讨性质外，更多的是技能交流及知识传授，所以培训会议对场地的要求相对较高。除了一般的封闭式会场外，应该还有各类拓展训练设施或者场地，若可能，要有高品质的休闲放松场地。培训会议的关键点是场地、培训设施及培训师。

（4）社团会议

社团会议通常为纯会议，往往需要发布宣言或者决议之类的书面信息。首先，举行此类会议，设施、现场会员排序及会场控制是关键。其次，经常配合新闻发布会举行，做预算的时候应当考虑新闻传媒成本，包括记者的邀请、交通、住宿及餐饮安排等。再次，此类会议多为公开性会议，系列分会将是此类会议的特点，所以会议场所的选择非常重要，基本要求是可以分割或者主会场附带小会场，对会议设施要求也比较高——同声传译、传媒记者招待、多媒体、视频直播及讨论场地等均有可能要求提供。最后，此类会议实际上兼有展览性质，因此会场的要求相对特别。理想的场地应该是专门的展览馆或者会展中心，最好带有商务会所。

2. 成立会议机构，确定组织保障

（1）建立组织的原则

1）专业原则。例如，要和经销商沟通，市场销售部门是对口部门。其中，专家、官员沟通一般需要公关负责人、企业高层出面，不另设组。新闻界的沟通与资料的准备都是公关部门人员的专业特长，故新闻界的沟通也不另设组。

2）平衡原则。因事设组，每个组的工作量相对平衡。

3）分工原则。分工应该明确，职责分明，隶属分工和横向协作都要明确，以防止互相推诿。

4）扁平原则。一般在大型的活动中有多层次的“金字塔”结构，但在中型的活动中，层级不宜太多，以保证灵活机动；人员不要太多，以精干、高效为宜。

5）制度原则。尽管是临时性组织，但一旦加入组织机构，人员就应受规章制度的约束。

（2）组织机构的架构

1）指导委员会。大型国际展览通常涉及层面较广，需要政府或民间多方面协助，如签证及通关事宜、经费筹措等。因此可设指导委员会，由政府相关指导单位（如展览局）领导担任名誉主任委员，该单位各相关局处负责人及其他涉及的单位人员则担任委员。

2）筹备委员会。筹备委员会负责决定政策原则，而后交执行委员会执行，并负监督之责。委员会成员可聘请专业领域的专家担任。

3）执行委员会。执行委员会主任委员/副主任委员、执行长/副执行长的主要职责是，筹备进度控制、决定筹备展览议程、召开筹备展览、定期向筹备委员会提出进度报告、召开执行委员会议、协调各组工作、控制预算。

3. 确定会议流程，做好反馈、调整

整个会议活动是一个系统工程，流程管理是指在活动中各项工作内容之间的相互衔接、协调和配合关系及其有机组合的过程管理。例如，主题内容、意义确定后，才能确定议程、规格；规模、规格确定后，才能确定人数；人数确定后，才能落实场地；场地落实后，才能进行现场布置。流程管理使总协调人对于整个活动的各个部分有着清晰的认识，便于找出工作的关键点、重点、难点，一般以程序框图表现。这其中最主要的是时间的控制，一般以时间进度表（倒计时）的方式来表现。时间安排应合理，同时留有余地，一般来说，开始的时间、进度要安排得紧凑，保证有时间来调整、完善。

4. 会议现场的管理

会议现场管理需要持有最新的会议工作流程表（run-book）和周密的接待计划，关注细节和开展团队合作，更需要良好的应变能力。会议现场管理的具体内容有以下几点。

1）召开记者招待会：准备新闻稿及大会相关资料。

2）现场接待、工作人员预演，筹备委员会的主要委员也应到场。

3）将报到相关资料装袋，并运送到会场。

4）检查会场布置，并现场验收。

5）各项节目、表演彩排，司仪或主持人也应到场。

6）会场桌椅摆设确认，灯光、音响、麦克风、银幕、讲台、幻灯机、投影机检查。

7）报到处、秘书处布置：要有报到资料及大会相关资料。

8）参会人员进场：参会人员报到并发给相关资料。

9）大会正式开始：根据详细的会议工作流程表落实每一项工作；工作结束后，

主要负责人需集中总结当日工作，如有缺失应及时改进，同时再预习第二天的工作流程。

10）维护会场秩序，做好现场服务，保证会议按规定的议程顺利进行，合理、果断地处理临时发生的各种问题。

5. 新闻通稿及相关媒体资料准备

新闻通稿一般以广告手提袋或文件袋的形式整理妥当，按顺序摆放，在会议前发放给新闻媒体，顺序依次为会议议程—新闻通稿—演讲发言稿—公司/组织宣传册—有关图片—纪念品（或纪念品领用券）—企业新闻负责人名片。新闻通稿包括以下几种。

1）消息稿。字数较短，一般为 1000 字以内，发布快，有的媒体在发布会结束不到 1 小时就已经发布消息。

2）通信稿。篇幅较长，内容充实，一般是深度分析、重点报道。用消息稿不能讲清楚的背景等问题，通信稿可以进行详细阐述。消息稿一般一篇即可，通信稿则可以从不同角度提供多篇，也可以以问答的形式体现。

3）背景材料。

4）图片资料。

5）重要发言。对新闻记者有用的发言稿，如企业最高负责人的发言，技术、营销分管领导的发言等。有些具有新闻价值的代表的发言也可以列入新闻记者的资料中，但是以对记者报道有益为标准。

6）公司或组织的宣传册。

7）参会重要人物、知名人士材料。

以上资料一般以书面形式提供，也可以附光盘。

6. 会议现场布置

1）背景布置。主题背景板，内容包含主题、会议日期，有的则写有举办城市名称。颜色、字体美观大方，颜色可以企业 VI（visual identity，视觉识别系统）为基准。

2）会场外围布置。例如横幅、竖幅、飘空气球、拱形门等，各酒店的要求有所不同，有的允许布置，有的禁止布置。

3）席位摆放。发布会的席位摆放一般指主席台和台下的课桌式的摆放，有的非正式、讨论性质的会议也采用圆桌式摆放。现在很多会议多采用主席台只设主持人位和发言席，贵宾坐于台下第一排的方式。席位摆放过程中注意席位的预留，一般在会场后面会准备一些无桌子的坐席。

4）相关设备在发布会前要反复调试，以保证不出故障。

5）签到与迎接。一般在大堂、电梯口、转弯处应有导引指示欢迎牌，酒店一般会提供这项服务。事先可安排好礼仪小姐迎宾。一般会议会要求与会者留下名片，所以应准备好“请赐名片”盒。

会场布置服务流程如图 3.1 所示。

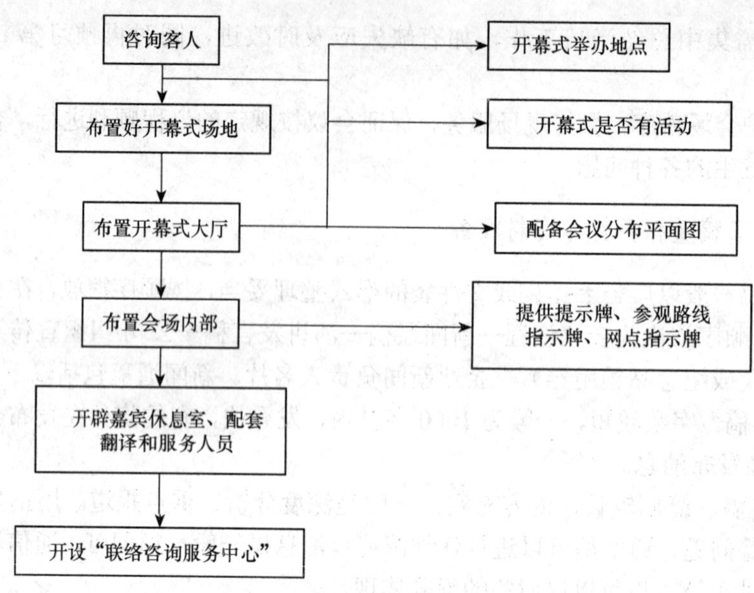

图 3.1 会场布置服务流程

知识链接

各类会议的场地布置要点

1. 政府部门主办的大型会议的场地布置要点

全国和地方各级的人大、政协等会议均属于此类别会议的规格较高，参会人数众多。从交通和住宿方面考虑，这类会议一般安排在中心城市。主会场要求档次高，座位数量多，同时能提供一系列的中型会议室（可容纳 50 人左右）作为分组讨论室。主会场应布置得隆重、庄严、神圣。同时，由于参会的政府高级官员较多，对会场的保卫安全、卫生、服务提出了更高的要求。在会议设施上，通常需要提供大功率的扩音系统，以使每位听众都能听到，还须提前准备和调试好音乐。一般情况下，还要为每一个座位提供表决器用于代表表决。如果有外籍人士采访或旁听，还须提供同声传译服务和设备。

除此之外，这类会议往往进行电台或电视直播，会后还会召开新闻发布会，因此需要为媒体记者安排场地进行转播、采访、休息等。

2. 培训会议的场地布置要点

大部分的培训会议由企业内部、培训公司或者教育部门举办，其主要目的是通过讲授、讨论、观看录像、进行现场演练等方式传授知识。若从培训效果考虑，每次接受培训的人数通常控制在 40～50 人，特别是技能型培训，人数应控制得更少。培训会议对场地的要求相对较高，除了一般的封闭式会场外，应该还有各类拓展训练设施或者场地，或高品质的休闲放松场地。培训会议分为讲演（lecture）、工作坊（workshop）或者讨论分析组（clinic）等形式。培训会场可采用课室式、宴会式或 U 形等布置，方便学员记录和参与讨论。学习是一个极其消耗脑力的过程，为使学员保持清醒的头脑，培训会场应保持空气流动畅通，室内的温度也可控制得稍低，为此，在培训过程中还可为学员提供薄荷糖或冰水。

3. 研讨会议的场地布置要点

研讨会议通常由与会议主题相关的专家参加，其专业性较强，除非是行业标准讨论，参会的人数不多，一般不会超过100人。由于参加会议的大多是专家，一般来自大中城市，因此，在会议的地址选择上比较偏向于相对封闭、安静、利于保密、不易被打扰的地方，如远离城市的旅游胜地、环境优美的郊区会所。同时，会场应满足参会者夜间娱乐休闲、团队精神训练、场景变换、交通相对方便等要求。

研讨会会场除一般性的主会场外，通常还需要小型会场以便分组讨论。主会场的布置除保留主持人座位外，其他座位应当体现平等精神。会场以董事会形、中空形、半圆形（弧形）或U形布局较为常见。如果参会人数较多，则可采用不设定座位的课室式布置。若为小型研讨会，可在每个座位上安放麦克风，方便参会者参与研讨。

4. 企业例会的场地布置要点

企业例会的形式主要有两种，即企业员工例会和企业客户例会。企业员工例会一般每年召开一次，也可每月、每季或每半年召开一次。员工例会的目的是总结过去，展望未来，提高员工对企业的忠诚度和敬业度。企业员工例会的会场布置应比较简单，可以摆放成剧院式，准备好主席台和员工座位即可。但员工例会后的一年一度的员工聚餐则需要精心策划，以表达公司对员工辛勤付出的感激之情。

企业客户例会至少每年举办一次，其目的一方面是答谢客户的支持，另一方面希望继续合作。也有些企业客户例会会展示公司新产品，并现场签订订单，这样的企业客户例会一般安排在高档、豪华的会议场所进行，以彰显公司的实力。理想的场地包括高级酒店内的会议室或者设施齐备且先进的会议中心，新产品的展示可安排在会场附近的大厅或会议室进行。企业客户年会总体布置要求喜庆欢快和充满活力，同时安排轻松愉悦的参与性较强的活动，因此选择的会议地点应该配备较多的休闲娱乐设施，如游泳池、网球场、棋牌室、保龄球馆等。同时，会议场所或会议举办地能够提供丰富多样的、具有特色的饮食，这对于提高企业客户参会的满意度非常重要。

企业客户例会上还有一个不可忽视的问题，即会议的座位安排。一般来说，企业客户的重要性并不相同，有些是关键客户或者重要客户，他们的行为会直接影响公司的业绩，因此应将他们安排在主要的和明显的位置上，以表示公司对他们的重视。

5. 新闻发布会的场地布置要点

无论是政府还是企业，或者是某项大型活动，通过召开新闻发布会提高公信度和知名度的做法屡见不鲜。新闻发布会会场面积不要太大，一般选择在高档、有品位的酒店召开，这样做的目的是提高新闻的可信度和重要性。记者的座椅间距要较宽松，以便于摆放媒体记者所带设备和其他物件。

在会场布置上，企业或大型活动的新闻发布会与政府召开的新闻发布会有很大的不同。政府召开的新闻发布会会带有强烈的政治意图，以表达了政府的立场和观点，因此新闻发布会的现场应布置得简单、正式、庄重、严肃，在会议现场不能出现任何企业的名称和徽标。为显示威严，新闻发布会可以用国旗、党旗等旗帜作为背景。

企业或大型活动的新闻发布会则灵活得多，主办方可根据召开新闻发布会的目的和内容对现场进行布置。首先，新闻发布会的背景布置既可生动活泼，也可简洁高雅，主要体现新闻发布会的主题。背景板的内容应包含主题、会议日期，企业或大型活动主办方、承办方的名称等。为烘托气氛，经酒店方同意，还可在酒店外围布置横幅、竖幅、飘空气球、拱形门等。

新闻发布会的席位摆放一般采用主席台加台下的剧院式或课桌式摆放（中小型发布会可采用圆桌式摆放，以拉近与记者的心理距离）。同时在发布会的后面应预留一些无桌子的座椅。主席台的席位安排有两种方式，一种是在主席台设立领导或贵宾位，以接受记者的提问；另外一种是主席台只设主持人位和发言席，贵宾坐于下面的第一排，这种布置主要针对新闻发布过程中记者提问较少的情况。新闻发布会会场还可竖立企业或产品或活动的宣传画，增强对媒体记者的吸引力。会议现场还需要配备投影设备和电源、麦克风（如果是小型会议，尽可能每人一支）、茶水与果点、纸巾、签到簿和签名笔等物品，最大限度地满足媒体的需要。同时为了保证传媒所用设备的安全，应多配备工作人员，以防设备仪器被盗。

7. 会议现场控制

1）预防变数的发生。从实践来看，现场的突变往往是由于沟通不畅、考虑不周，以及礼节上的疏忽造成的，所以应该重点预防。同时要在事前预备好备选方案，掌握灵活应变的现场处理技巧。

2）加强气氛的控制。总协调人处于一个平衡的“重心”上，气氛轻松活泼，与会者的心情也会舒畅。另外一个重要因素是主持人，需要事先与主持人进行充分沟通，让他对整个会议的风格有一个大致的了解与把握。

3）会议内容演示。应采用现代科技手段，诸如 PPT、录像、幻灯片、投影等，以有助于与会者理解。

4）记者现场问答。记者提问的时候，应由一位主答人负责回答，必要时，如涉及专业性强的问题，也可由他人辅助回答。会议前一般会准备记者问答备忘提纲，并事先取得一致意见，尤其是主答和辅助答问者要取得共识。

5）会议结束要求。如果会议安排在晚餐或午餐前结束，则应该有酒会或自助宴会等，在会议结束时，由主持人通知用餐的时间与地点。

3.3　会议服务管理

3.3.1　会议邀请

邀请是会议服务的第一步。不管什么样的会议或者展览，主办者都希望适宜的对象（客户）参加。作为主办者，邀请的方式非常重要。通常情况下，邀请包括信息发布、回执处理、通知发出确认等三个程序。

1. 信息发布

信息发布从媒体上划分为印刷品（包括邀请信函、组织文件、会议通知）、电子邮件、印刷媒介公告、电子媒介公告等几种形式。通常信息包括主题、时间、地点（暂定或者候选）、主要议程及安排、费用及标准等。还可附送会议（展）企划书，让参与者了解参会意义及对会展的期望。

2. 回执处理

对于主办者来说，回执是会展企划活动成功与否的判定标志之一。收到回执后，通常需要统计（在这之前，需要提醒的是回执单的设计非常重要，应当是合理且圆满的）如下信息：明确的人数、职务、性别、联系方式、预计到达目的地时间、迎送要求等，并确认回执有效性（通常以会务费用是否交纳为标志），进行资源分配（主要是展位与酒店住宿的安排）。回执分为传真、信函、电子邮件、网络回执或者电话等多种形式。如果会议允许，应该考虑到参与者的特殊要求，如家属、随行人员、保健、交通代理、饮食习惯、住宿等。如果回执清楚，对会议的有序安排会起到很大帮助，表 3.1 为一个国际专题会议的回执。

表 3.1 “国际赞助事务培训及商务洽谈”专题会议回执

（此表可复印）

单位名称				参会人数	
通讯地址				邮编	
联系人		性别		职务	
联系电话		传真		手机	
参会人员	职务	性别	单位名称		联系电话
会议注册费	每人 3000 元，会员 2700 元（自带翻译免交会议注册费）				
项目选择	赞助商务洽谈需提前预约 □进行商务洽谈合作　□委托赞助策划与代理业务　□聘请赞助事务顾问				
中国节庆（赞助）视频及海外宣传推介费	□ IFEA 网（世界节庆领域权威网络）：8000 元/年 □ 国际节庆传媒集团网（全球最大的赞助网络机构）：8000 元/年 □ 节庆网（IFEA 中国主办）：4000 元/年 □ 在欧美等地的《环绕媒体》电视节目中播放：播放次数与费用另议				
食宿费自理	会议酒店：三峡工程大酒店（四星级） 食宿费（包含四晚住宿、三顿午餐、四顿晚餐） 共计：1800 元/人（标准间），2000 元/人（单间，数量有限） 以上费用在报到时由酒店直接收取				
	单间：______间　入住时间：______　双人间：______间　入住时间：______				
到达日期	日期：______时间：______航班：______车次：______				
合计费用	大写______元（小写）¥______				

注：①参会代表须在 2014 年 6 月 10 日之前，将报名表及相关费用寄至会务组。②请在以上□中画“√”，进行选择。

3. 通知发出确认

如果会务费用确认或者有其他方式可以确认，可以发出确认通知。同时发出的还有会议的确切地点、时间、议程、签到程序及会议注意事项等。

3.3.2 会议议程实施与调整

会议议程的实施亦是会务工作的重要任务。会议议程是指会议议事的程序，通常是指会议所要解决、处理问题的大体安排。一般会议议程的安排是，工作报告或领导讲话（开幕词），分组讨论，大会发言，会议总结（闭幕词）。大型会议议程的安排一般是致开幕词，作工作报告，作专题报告，分组讨论，大会发言，通过决议，致闭幕词。

1）做好会议日程安排。会议日程是指根据会议议程所做的具体安排，这是会议计划的重要组成部分，也是会议正常进行的具体保证。企业必须根据会议的目的做出周密安排。安排日程，必须考虑会议的内容、作用、方式、方法、目的、要求，逐段、逐日、按时刻加以具体安排，不能使与会人员忙闲不均，并且应该使所有与会人员都事先知晓会议的时间安排。会议议程必须体现在日程之中。各项议程在会议期间何时进行，都要通过日程显示出来。

2）掌握会议动态。会议进行过程中应随时掌握会议动态。按照会议部署，按规定范围，及时搜集有关信息，如实传达给与会人员。与会人员要及时向有关人员报告对会议部署的意见，以便得到及时解决。

3）做好会议汇报。会议汇报是正确指导会议的基础，是集中正确意见的手段。在会议联络当中，应该把了解到的情况随时向有关人员汇报。必要时应该派出会议联络员，系统了解会议的进行情况。为了全面掌握情况，应该及时召开相关人员的汇报会议，在全面掌握真实情况的基础上，解决会议发生的问题。会议议程在实施过程中，不是一成不变的，需要对议程、日程进行调整的，要及时向有关人员提出调整意见，经相关部门研究决定后，继续组织实施。

4）做好会议结束的会务工作。这对于保证会议的善始善终作用很大，因此应该集中力量，认真做好，特别是结束时的闭幕会议，要认真组织、周密安排，以保证会议圆满完成。

3.3.3 会议布置

合适的会场是会议必不可少的条件，会场的选定和布置是一件既重要又具体的工作，必须认真做好有关的部署工作。

1）会场的选定。要本着节约的原则，根据大会、小会的数量和规模，合理择优选用。以有利于会议进行、具有必备的条件为准。

2）会场的布置。大型会议，其会场布置包括会标的书写、与会人员坐席的安排，录音、扩音、播音、录像等设备的配置，以及必要的陈设、点缀等。会标是会议的标志。会标书写要端庄、醒目、大方，一般用红底白字，以楷体或美术字体为好。会标悬挂要适中、得体。对会场要进行必要的装饰，以烘托出与会议内容相适应的气氛。国际会议则应按国际惯例进行装饰。会场的布置要与会议的内容相协调。与会人员的坐席安排是会场的主体。坐席是布置成方形、圆形、梯形、课堂形，还是其他形状，要根据会议内容和会议人数来确定。

3）主席台的布置。重要会议主席台的布置除会标外，还要按有关规定悬挂国徽或会徽、旗帜。主席台坐席的安排应视到主席台就座的人数安排决定，如果到主席台就座的人员较多，可按前后排成几行；如果人员不多，则排列一行为宜。如果有几位领导同时出席，应按党、政、军、群顺序排列；如果是领导人和外宾一起在主席台上就座，则按相似官级穿插排列。坐席前最好事先摆好名签，以便届时对号入座。话筒应选择最佳位置放置，如讲话人员较多，则应多放几组话筒或设立讲话台，以避免搬动话筒。

4）大型会议的场地划分和必备设施。对与会人员较多的大型会议，要注意划分场地和进出场路线。会场音响效果、照明设施、通信设备、录音录像设备、茶水杯盘和场地卫生设施及停车场地、会场安全设施等，都应在会场布置中予以充分考虑，妥善安排。还要提前安排供召开各种例会和其他小型会议使用的固定会议室，一般应布置得朴素、庄重，保持整齐、清洁，以保证随时使用。

3.3.4 会议签到与入住

如果是小型商务会议，签到相对简单，仅仅是名称登记。但如果是大型会议，那么签到就是一项复杂的工作。

通常情况下，会议的签到与住宿安排在一起。如果想让大型会议签到局面不出现混乱，必要的流程及准备是必需的，应准备回执统计表、签到表格、签字笔、引导及协助人员、住宿宾馆准确的房间数量及房间号、房间分配表、钥匙、标明入住者姓名及房号的小信封（内装客房钥匙，通常酒店可以提供）、入住酒店相对明显的路径指示、会议须知、会议详细日程、考察线路及参与方式、酒店功能开闭说明及付费标准、返程预定及确认、会务交通使用方式及付费标准等。如果可能，尽量使用计算机签到。一般情况下，签到服务人员应该不少于六人，工作时间应该根据会议参与人员的抵达时间合理分配。

如果事先将回执的项目设计得很周全，对于签到及入住安排会有很大帮助。随着现代科技的发展，微信签到等方式越来越流行，既能提高工作效率，又能减少签到人员排队等候的时间。

3.3.5 会议翻译

翻译是担负思想传递责任的具有思维方式的人（会谈出现僵局的润滑剂或者缓冲剂）。会议涉及的专业术语很多，而且通常是生僻的单词或者组合词，因此提前进行沟通是十分必要的。同时，应当告诉翻译发言者通常的语速，有条件的可以把以往的影像资料交给翻译，让其了解，并告诉翻译本次会议大致的研讨或者涉及的内容。为了使商业秘密不外泄，对翻译进行必要的约束也是应该的，通常以书面形式约定在多长时间内接触机密资料不得对外界透露，在此期间内雇用方有权要求翻译保密，并有权要求翻译赔偿由于泄密而带来的损失。翻译服务流程如图3.2所示。

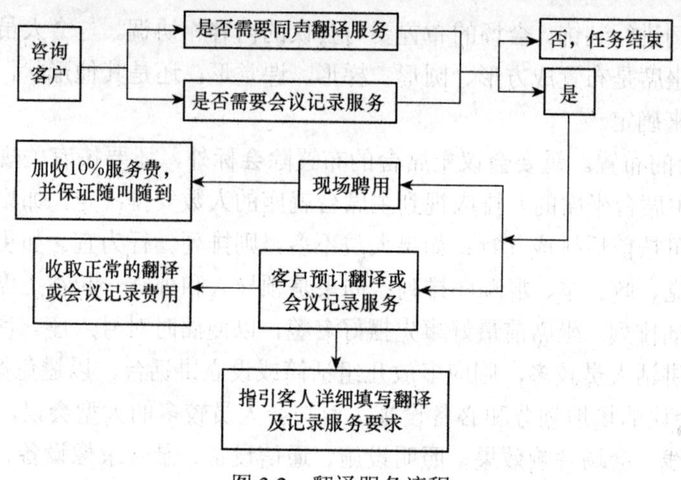

图 3.2　翻译服务流程

3.3.6　会议餐饮安排

一般而言，会议通常统一安排餐饮。餐饮安排通常有两种形式，即自助餐或者围桌餐。类别有中式、西式及清真系列。统一安排餐饮的会议对于成本的控制是非常重要的，自助餐一般可以利用发餐券控制（很多酒店对于自助餐有就餐人数的最低要求），可以事先制定餐标及餐谱，严格区分正式代表与随行人员、家属，有特殊要求者可以和餐厅协商。围桌式餐饮安排比较复杂，特别是举行大型会议时。围桌式餐饮安排需要考虑的问题有开餐时间、每桌人数、入餐凭证、同桌者安排、特殊饮食习惯者、酒水种类及付款等。需要提醒的是，会议前期考察时应注意餐厅及用具的卫生情况，不能让就餐者出现健康问题。如果就餐者无法按时集合就餐，可采取哪桌够人数哪桌开席的做法，以保证就餐者的权益。

3.3.7　会议车辆调度

重要的国际性会议、行业重要会议、知名公司全球或者大区会议的参与者通常人数较多，如果在主办者所在地举办，车辆调度可能不成问题，如果在异地举办，那么车辆调度就值得研究。通常，异地举办会议基本上委托当地专业机构代理，车辆调度涉及主办者与代理方的沟通，还涉及会议举办地的车源问题。对于主办方，通常只提出用车要求及安排要求，而代理公司则要考虑时间安排、预定的合理车辆数量、行车时间及路线等。因此，主办方应该提前告诉代理方相对准确的与会者抵达时间、人数、此时间段内抵达客人的身份及车辆使用标准，并告诉代理方如果与预告情形不符时，希望采取的弥补措施及愿意为此承担的代价。

3.3.8　会议健康保障

一般情形下，健康保障不需要列入会议的企划中。但对于特殊会议，如有高龄知名学者、身体残疾专家或者政府官员等参加的会议，健康保障就应该纳入会议的企划内。主要内容包括举办地医疗信息的收集、特色专科分布、急救车辆呼叫及费用支付办法、常用药品少量采购、无障碍通道及洗浴卫生设备的改造等。

3.3.9　会议礼仪与迎送

1. 会议礼仪

礼仪工作一般包括模特召集、程序分解、简单培训、服装道具准备、礼仪执行等。值得注意的是，应考察礼仪人员的文化素质及外语基本技能，而不能简单由形体决定是否聘请。此外，应注意礼仪的个性是否符合工作要求。各种主题的会议对礼仪的要求不同。例如，学术性会议、政府性质会议要求模特的着装比较素雅，不能抢了重要嘉宾的“风头”。

2. 迎送管理

接站工作是会务接待工作的第一步。如果与会者来自全国各地，或来自世界各国，那么接站的工作就十分繁重。要做好接站工作，一是建立统一的指挥调度系统，负责车辆安排和人员安排。首先，根据与会者的回执，统计乘坐各种交通工具的人数，以及各自抵达会议地点的时间、航班或车次。其次，编制统计表，作为调度车辆的依据。另外，对于抵达地点一致、抵达时间相差不多的与会者，应该根据人数尽量安排同乘一辆车。对于贵宾，要用专车迎接。二是在机场、车站安排接待人员，对与会者进行接待和引导。要把调度表发给每一位司机，向司机宣布当日的用车情况，特别是在原有安排出现变化的时候，要当面向司机交代清楚。接待人员需举着写有与会者名字的牌子等待。当所要迎接的与会者到达时，接待人员应上前表示欢迎，主动与对方握手并作自我介绍，同时接过对方的大件行李。

返程安排也很重要，会议代表来自世界各国或本国各地。由于工作繁忙，许多会议在代表报名时就要求注明返程时间及飞机（火车）班次。代表到达后又要求将票据交组委会办理确认手续。组委会在会议结束前，应尽早落实代表的返程安排，包括退房、飞机（火车）票的确认、赴机场（车站）的交通，还应安排人员在会后负责未了事宜。

3.3.10　会议评估

会议一旦结束，就应该及时进行评估。评估，就是收集与特定目标相关的信息并据此开展评价的活动。通过科学的评估，会议承办者可以发现会议的实施与策划之间的关系，即会议是否达到预期目的，与会者从会议中获得何种收益。会议评估要解决以下几个问题：具体评估哪些内容，谁参与评估，会议评估和后续工作需要多少预算，谁负责发放和收回评估问卷或表格。通过调查与会者、演讲者等对会议场地、进程和人员的适宜性及有效性的感觉或评价，会议主办单位能够有效获取反馈信息，这些信息对于分析会议是否成功起着关键的作用，而且收集的反馈信息也有利于对将来的会议进行改进。

思考与练习

1. 简述会前服务的内容。
2. 简述会中服务的内容。

3. 简述会后服务的内容。

4. 比较会议策划流程和会议组织流程的异同。

5. 会议服务管理涉及哪些内容?

实　训

1. 假如学校委托一个班级承办本省的高校校园魔术文化表演及交流会，策划一下这个会议如何承办。

2. 分组竞争承办上题中提到的交流会，制作 PPT 并汇报，最后由教师点评，小组间互相打分，综合选出最优方案。

第4章 展览服务

❖ 主要知识点

1. 展览服务的内容与过程；展览服务的分类与特点。
2. 展馆服务的协调管理；展会布展工作的管理；展会现场服务的管理；展会撤展工作的管理。

❖ 学习目标

1. 掌握展览服务的具体内容。
2. 了解展览服务的分类。
3. 掌握展览服务的内容及流程。

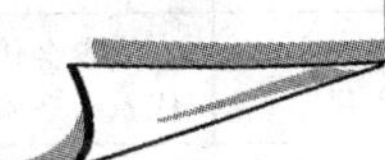

4.1 展览服务概述

4.1.1 展览服务的内容

成功的展览除了拥有一定数量和质量的参展商和观众以外，还必须具有优质的展览服务和良好的展览现场管理。展览服务、展览现场管理、展览招展与展览招商一起构成展览策划与筹备核心的四个环节。展览服务贯穿于展览的始终，且在展览现场最为集中和明显。展览现场管理是对展览期间的各种工作的计划和管理，是展览能成功举办的重要保证。

随着我国会展业的飞速发展和展览品质的逐步提高，优质的展览服务日益成为各种展览之间展开竞争较有力的武器之一。展览服务是具有无形特征，能给参展商和观众带来某种利益或满足感的可供有偿转让的一种或者一系列活动，它渗透到展览举办的方方面面，是展览不可或缺的重要组成部分。

展览服务贯穿于整个展览的展前、展中、展后等各个阶段。广义的展览服务既包括发生在展览现场的租赁、广告、保安、清洁、展品运输、仓储、展位搭建等专业服务，也包括餐饮、旅游、住宿、交通、运输等相关行业的配套服务，如表4.1所示。

表4.1 展览服务内容

服务内容	要求
展览策划	根据客户要求，通过专业化的市场调研，进行主题策划，并提供招展、宣传、赞助、会务、财务收支预算等全套实施方案。提供展览的设计与策划。展台规划及会场装饰。包括布标、指示牌、宣传品的设计与运作
展览咨询	为客户提供行业经济分析、政策咨询、市场咨询、展会主题咨询、展览实务咨询；为国内外厂商、参展商提供参展咨询

续表

服务内容	要　求
展览承接	承办大中型展览会议，承接高规格庆典活动，提供招展服务；完成政府下达的大型展览举办任务
展览合作	为客户提供行业经济分析、政策咨询、市场咨询、展览主题咨询、展览实务咨询；为国内外厂商、参展商提供参展咨询
境外招展	为国内品牌展会提供境外招展服务，出国参展组团，有针对性地组织国内优秀企业，以团队形式参加海外知名展览，开拓海外市场
展台设计	按照客户要求提供高水平的展台设计，反复修改图稿方案直至客户满意，并按时完成展位搭建
展场布置	从室外到室内的整体搭建、制作及布置服务，包括视觉设计、听觉设计及气氛烘托设计等多项内容
展览接送	为展会代表提供接送机（飞机）车（火车）服务
礼仪文化	通过富有大型活动现场经验的礼仪人员的现场服务及礼品的赠送，使主宾及演艺人员能有条不紊地进行各项活动，为活动承办中至关重要的一个组成部分
酒店预订	大型宴会、酒会、旅游服务、联系服务，节约经费，预订、代订各地优惠客房
用餐安排	以特惠价安排本地菜馆餐饮服务；优价代购当地土特产
票务服务	为参会代表提供各地返程飞机票、车票、船票预订服务；展品的托运代办（航空、铁路、公路）；会展代表考察旅游结束地的善后服务
秘书服务	秘书功能服务及翻译（同声或资料翻译）服务；提供展览所需的白板、纸笔、音像、投影仪、互联网、多媒体及其他视听设施服务；代办会议用品、礼品、纪念品、印刷包装用品和分发文件
主持人邀请	一般邀请专业主持人来主持会展
娱乐安排	为代表安排富有当地特色的晚间娱乐活动项目；会后参观、访问、旅游、考察等后勤服务
参展服务	国内外合作单位、代表处、代理公司的服务工作；摊位搭建、摊位设计、技术规定和技术指南；道具、家具、花卉出租；其他服务（包括餐饮、装潢、保安、人力资源、清洁、翻译、办公设备租赁等）

知识链接

中国进出口商品交易会（以下简称广交会）服务体系

1．服务措施

1）加强有关服务观念的宣传教育，强化员工优质服务意识，使员工实现根本性转变。

2）以提高服务对象的满意度为标准，加强岗位培训，严格管理制度，规范服务细节，提高服务效能。

3）对展馆导向系统、信息咨询服务系统、展馆服务设施、来宾报到处环境、休闲餐饮环境及与展会有关的配套服务，进行全面有效的改善。

4）开通宽带 LAN 网络快车服务，外商可通过广交会网站的“客商与会专区”，申办电子请帖和 PVC 来宾卡或预先登记资料，以简化报到手续，采用条形码识别系统对来宾报到进行管理，有效提高办证速度，准确记录来宾资料。

5）针对性地加强对国际连锁店、专业采购团的邀请，以改善客商结构；邀请海外工商团体，以拓展客源。

2．服务工作重点

1）逐步扩大高新技术、高附加值和品牌系列产品的参展规模，调整和压缩传统的不需看样成交或低附加值产品的参展规模。

2）为经营主体多元化服务，优化参展企业结构，如专业外贸公司、生产企业等国有、外资、集体和民营企业的多元化参展格局。

3）积极运用现代网络技术，把商品交易和电子交易结合起来，开展电子商务，丰富广交会的成交手段。

4）不断丰富广交会的内容，强化广交会的信息功能，使广交会成为交易中心和国际贸易信息中心。

5）按照优化出口商品结构和经营主体多元化的要求，建立公开、公正和科学的摊位分配机制，创造各类经营主体平等竞争的环境，为新的、高质量的、高附加值和名牌商品提供更多的准入机会。

6）进一步完善广交会的服务体系，规范摊位布局，改善洽谈环境，不断提高办会水平。

7）进一步营造良好的交易秩序，严厉查处各类违规违法行为，打击侵犯知识产权的经营活动。

4.1.2 展览服务的分类

在会展业营销手段和宣传推广策略日益同质化的今天，展览的竞争力来源于优质的展览服务。展览服务是展会区别于其他活动的重要手段，也是展览取得竞争优势的重要武器。按不同的角度划分，展览服务包括的内容非常广泛。

1. 按展览服务的对象划分

按展览服务的对象划分，展览服务包括对参展商的服务、对观众的服务和对其他方面的服务。

（1）对参展商的服务

参展商是展览重要的客户之一，也是展览重要的服务对象之一。对参展商的服务包括通报展览筹备情况、提供行业发展信息、提供贸易成交信息、展示策划服务、运输展品、邀请合适的观众到会参观、搭建展位、进行展览现场服务、进行商旅服务等。其中，邀请到一定数量和质量的合适观众到会参观是展览提供给参展商的最重要的服务。

（2）对观众的服务

和参展商一样，观众是展览一个重要的客户和服务对象。展览服务的观众分为两种，一种是对专业观众的服务，另一种是对普通观众的服务。对专业观众的服务包括通报展品信息、提供行业发展信息、产品供给信息、招揽合适的参展商到会展出、展览现场服务、商旅服务等。其中，招揽到一定数量和质量的合适的参展商是展览提供给专业观众最好的服务。

（3）对其他方面的服务

除了参展商和观众以外，展览还有其他相关服务对象，如新闻媒体、行业协会和商务、行业主管部门、国际组织、国外驻华机构等，对这些对象的服务内容很多，其中最主要的是信息服务。

需要特别指出的是，展览所服务的参展商和观众不仅包括展览现有的参展商和观众，还包括展览潜在的参展商和观众。

2. 按展览筹备的不同阶段划分

按展览筹备的不同阶段划分，展览服务包括展前服务、展中服务和展后服务。

（1）展前服务

展前服务即展览开幕前提供给参展商、观众和其他各方面的有关服务，如展览筹备情况通报、展品运输、参展参观咨询、展示策划服务等。

（2）展中服务

展中服务即展览开幕期间及展出期间的服务，如现场安全保卫、清洁卫生、观众报到登记等。

（3）展后服务

展后服务就是展览闭幕以后主办方继续提供给参展商、观众和其他各方面的后续服务，如邮寄展览总结、展览成交情况通报、介绍参展商和观众的来源及构成等。

在实际操作中，很多展览只注重展中服务，对展前服务只是被动地提供，对展后服务很不重视或根本没有展后服务。其实，展前服务、展中服务和展后服务都是展览服务的重要组成部分，对任何一部分的忽视都会严重影响到展览服务的质量。

3. 按展览服务的功能划分

按展览服务的功能划分，展览服务包括展出服务、信息咨询服务和商旅服务。

（1）展出服务

展出服务就是展览提供的产品展示、贸易成交、新产品发布、展示策划等传统服务，这是展览最基本的服务，它们主要是在展览现场提供和完成的。

（2）信息咨询服务

信息咨询服务就是主办方为参展商、观众和其他有关方面提供有关行业发展、贸易需求、行业动态、市场分析等商务信息及其咨询服务。

（3）商旅服务

为了更全面地了解当地市场，有些参展商和观众到某一个展览参展或参观以后，还会考察当地市场，对于有此需要的客户，展览还应提供商旅咨询和组织商旅考察等服务。

4. 按展览服务提供的方式划分

按展览服务提供的方式划分，展览服务包括承诺服务、标准化服务、个性化服务和专业服务。

1）承诺服务：事先对自己拟向客户提供的服务方式和服务质量等向客户提出承诺，然后严格按照承诺向客户提供服务。

2）标准化服务：对自己向客户提供的各种服务制定统一的标准，严格按照标准向客户提供规范的标准化服务。

3）个性化服务：根据客户的不同需求，对不同的客户提供适合其需求的有差别的服务。

4）专业服务：根据展览行业实际需要，由经过培训的专业员工以专业的手段和方式，为客户提供的各种服务。

了解了展览服务的内容，还要了解展览服务的基本特性，对于拓宽展览服务的思路，创新展览服务的办法，制定恰当的展览服务策略有极大的帮助。

4.1.3 展览服务的特点

展览服务是有形商品和无形商品的结合，是有形的设施和无形产品的内涵文化结合而形成的复合体。其特点有以下几个。

1. 不可感知性

不可感知性可以从两个不同的层次理解。首先，展览服务与有形的消费品或工业品比较，展览服务的特质及组成服务的元素是无形无质的，让人不能触摸或看不见其存在的。同时，展览服务不仅其特质是无形无质的，甚至使用服务后的利益也很难被察觉，或是要等一段时间后，享用服务的人才能感觉到“利益”的存在，如参展产品订单的后续效应。

2. 不可分离性

展览服务具有不可分离性的特征，即展览服务的生产过程与消费过程是同时进行的，就是说展览服务人员提供服务时，也是顾客消费服务的时刻，两者在时间上不可分离。由于服务本身不是一个具体的物品，而是一系列的活动或过程，因此在展览服务的过程中消费者和服务提供者必须直接发生联系，从而提供服务的过程也就是消费的过程。服务的这种特性表明，顾客只有而且必须加入服务的提供过程才能最终消费服务。第一，顾客参与服务产生过程的事实，则迫使服务企业管理人员正视如何有效地引导顾客正确地扮演他们的角色，如何鼓励和支持他们参与服务产生过程，如何确保他们获得足够的服务知识，以使提供服务的过程和消费过程同步进行。第二，展览服务员工与顾客的互动行为，也严重影响着服务的质量及企业和顾客的关系。由于展览服务要按顾客的要求即时提供，这就使过去在生产车间进行质量管理的方法变得过时。既然不同顾客的要求存在着差异性，负责提供服务的第一线员工应具有足够的应变能力，以确保服务能达到每一位顾客所期望的质量水平。何况，顾客与服务员工在沟通中产生的任何误会，都可能直接使顾客感到整个企业的服务水平不佳，甚至使服务过程中断，企业也就失去了顾客。所以，展览服务的质量管理，应当扩展至包含在服务过程中对顾客行为的管理。

3. 不可同质性

不可同质性是指展览服务的构成成分及其质量水平经常变化，很难统一界定。区别于实行机构化和自动化生产的第一与第二产业，服务行业是以“人”为中心的产业，人类个性的存在使得对于服务的质量检验很难采用统一的标准。一方面，由于服务人员自身因素（如心理状态）的影响，即使由同一服务人员所提供的服务也可能会有不同的水准；另一方面，由于顾客直接参与服务的产生过程和消费过程，所以顾客本身的因素（如知识水平、兴趣和爱好）也直接影响服务的质量和效果。不可同质性使参展商对会展企业及其提供的服务产生“形象混淆”。因为，对于同一个参展企业，通过参加同一主办方在不同地点的相同主题展览享受到不同的服务，可能出现一个展览服务水平显著地优于另一个展览的情形。

4. 不可储存性

基于展览服务的不可感知形态，服务的产生与消费的同时进行，使得展览服务不可能像有形的消费品和工业品一样被储存起来，以备未来出售；而且消费者在大多数情况下，亦不能将服务带走。当然，提供服务的各种设备可能会提前准备好，但提供的服务（如车船的空位等）如不及时消费就会造成损失，不过，这种损失不像有形产品损失那样明显，它仅表现为机会的丧失和折旧的发生。因此，不可储存性的特征要求展览服务企业必须解决由缺乏库存所导致的产品供求不平衡问题、如何制定分销策略来选择分销渠道和分销商、如何设计生产过程和有效地弹性处理被动的服务需求等。

4.2　展览服务的流程

4.2.1　展览服务人员的构成

1. 主办者

展览主办者是指具有国家主管部门批准的、有报批展览项目资质的单位。办展单位主要有政府、协会、国有企业、私营企业、海外企业、合资企业，其他机构如媒体、研究机构和大学等。

2. 承办者

展览项目承办者是指虽没有报批展览项目资质，但同主办单位一样具有招商招展能力和举办展览的民事责任承担能力，设有专门从事办展的部门并有相应的展览专业人员，具有完善的办展规章制度的单位。一般来说，承办的主要机构有经济发展部门、地方政府、公司部门、一般公司和大的集团公司、行业协会、企业家协会、俱乐部及社团组织等。

3. 与会者

与会者主要包括参展商和观众两部分（个人观展行为亦可视为小型的商业行为），参展商是利用展览项目平台进行自身的宣传推广的组织。观众包括一切对展览项目内容感兴趣的组织和个人。与会者是展览项目的主要服务对象，也是展览项目能否成功的直接评判者。

4. 其他相关人员

其他相关人员指与展览项目有关的服务人员，包括媒体、广告、印刷、施工、维修、租赁、餐饮、旅游、住宿、通信、保卫、交通、运输等的服务人员，大体可以分为以下三类。

（1）临时工作人员

主办单位和展览客户通常雇佣当地工作人员在现场从事简单的工作。这些人一般经由当地的合作单位、学校和中介机构推荐。当地的翻译机构和演出经纪公司还可以提供专业人员为主办单位和展览客户服务，如表4.2所示。

表4.2 临时工作人员的分类和任务

<table>
<tr><th>临时工作人员的分类</th><th>临时工作人员的基本要求</th><th>雇佣临时工作人员的注意事项</th></tr>
<tr><td>报到人员、打字员和出纳员</td><td rowspan="7">良好的沟通技巧，灵活和机智，良好的语言表达能力</td><td rowspan="7">与人力机构协调时间表，确定工作时数和费用，以及加班补助费用；临时人员的补缺和替代是否能够及时，可以联系当地大专院校的有关机构，委托代其征招</td></tr>
<tr><td>售票员</td></tr>
<tr><td>询问台人员</td></tr>
<tr><td>整理报名卡人员</td></tr>
<tr><td>参展产品示范人员</td></tr>
<tr><td>分送和收集会议调查表人员</td></tr>
<tr><td>新闻室接待人员</td></tr>
</table>

（2）展出人员

展览客户雇佣人员相比临时人员而言，要求快速了解公司目标，掌握展示产品。负责示范的展出人员要有销售能力、专业表现力、亲和力和吸引人的外表。一般是委托专业的模特公司，展览经理人根据展览客户的条件推荐合适的人选。一旦费用和其他相关事宜确定后就可以立即聘用。在决定聘用前，最好要了解其所属经纪公司的经营记录。在展览中除了主要展览相关服务外，还有其他服务，诸如展览场地可能需要花卉布置，以及展览现场摄影。

（3）志愿人员

志愿人员是展览活动的骨干力量。组建志愿人员团队要注意：团队的规模要适于管理，团队人员要经过恰当的挑选，团队的负责人要经过培训，团队执行任务必须经过培训，团队要有目标，志愿者团队和活动组织在水平（团队之间）和垂直（上下级）两个层面开展交流，对志愿者的贡献予以认可，整个组织要促进和鼓励志愿者团队的繁荣及发展。

4.2.2 展览服务人员的分工

展览服务涉及大量工作，每个环节都需要专人处理。具体说来，一个展览会可能会配置工作小组来提供相应的展览服务（表4.3）。

表4.3 小组分工及职责

分　工	职　责
注册小组	① 会前报名流程设计与规划 ② 报名资料处理 ③ 报名人数统计 ④ 票务管理

续表

分　工		职　责
文书小组		① 文书事务工作处理 ② 筹备展览资料统筹、建档 ③ 公函、书信往返的处理 ④ 展览记录整理、分送 ⑤ 资料摘要处理分类再转交展览组
设计、印刷小组		① 各项印刷（文字资料设计，包括信封、信纸、海报、贴纸、展览通告、报名表、邀请卡、证书、展览手册等） ② 已编辑的印刷资料付印安排 ③ 印刷文字校对 ④ 各项印刷进度及质量控制
翻译服务小组		① 翻译人员的遴选、联络与协调 ② 翻译设备器材安排、联络
总务小组		① 会场安排协调、场地签约事宜 ② 各展览室座位安排 ③ 纪念品、奖牌、资料袋等制作统筹 ④ 展览资料运送至会场及运回的安排 ⑤ 会场办公室及办公设备用品安排准备
财务组	筹款小组	① 赞助企划书制作 ② 接洽赞助厂商 ③ 赞助厂商协调联络 ④ 赞助款项收取
	会计小组	① 收入支出要项的预算编制 ② 各组预算审核 ③ 财务结算
	出纳小组	① 筹备期间的收支管理 ② 规划费用申请程序，包括各项发包事宜处理、记账及定期制作报表
现场管理组	接待小组	① 贵宾的接待事宜规划 ② 现场工作，接待人员安排招聘、训练协调 ③ 接送机事宜安排 ④ 贵宾参加旅游展览安排 ⑤ 记者招待会/司仪的统筹安排管理
	报到小组	① 报到处规划 ② 报到相关事宜处理 ③ 报到处工作人员训练 ④ 报到人数及相关报到资料用品统计
	器材小组	① 视听设备使用规划 ② 视听设备租用联络及协调 ③ 工程人员沟通协调 ④ 现场设备使用状况掌控
	会场布置小组	① 会场布置事宜规划 ② 协作商联络、议价、协调 ③ 现场布置时间及相关事宜协调安排 ④ 布置物检视、验收 ⑤ 布置物撤出检视

续表

分 工		职 责
展览安排小组		① 展场规划安排协调 ② 展览企划书制作 ③ 厂商参展招标、收款 ④ 厂商进展/撤展协调 ⑤ 厂商代表参加大会节目的安排
推广小组		① 国内外新闻发布 ② 新闻稿拟定 ③ 新闻媒体及刊物报道的接洽 ④ 电视、广播采访报道的安排 ⑤ 记者会安排 ⑥ 拟定推广策划，以协助增加与会人数 ⑦ 大会公关展览安排 ⑧ 大会相关报道及新闻资料建档留存
节目小组		① 大会社交节目规划，如开闭幕典礼、酒会、晚宴等 ② 表演团体接洽、议价 ③ 表演现场相关事宜协调安排
住宿、旅游、餐饮组	住宿小组	① 旅馆洽商、议价、签约 ② 贵宾、讲解员、工作人员住宿房间安排 ③ 旅馆住房事宜协调
	旅游小组	① 参加旅游展览安排协调 ② 旅行社洽商
	交通小组	① 会场接送安排 ② 机场接送安排 ③ 社交展览交通安排 ④ 相关展览交通安排
	餐饮小组	① 晚宴酒会安排 ② 午餐安排 ③ 茶点安排 ④ 餐饮安排协调

4.2.3 展览服务的过程

1. 展前服务

1）派专人协助客户实地考察展览项目举办地的吃、住、游、场馆、娱乐等相关方面的情况。

2）提供展览项目所需要的机票、车票、住宿酒店、展览项目场所、交通等信息，并为与会者制定完备的参展预案书。

3）协助展览客户解决所需的音响、灯光、摄影等设备和其他服务的要求。

4）确定方案，签订合同，预付订金。

认真地做好展前的各项准备工作是办好展览的前提。实践证明，一般未能取得令人满意结果的展览，往往与没有做好会前的准备工作有关。特别是涉及面大、比较重要的大中型展览项目，准备工作时间往往多于展览时间。如果准备不充分，开幕匆忙，质量和效率就难以保证。

2. 展中服务

1）与会者接待。由专人负责机场、车站的礼仪、接站、公关等服务。提前在酒店、展览项目室摆放好欢迎条幅、欢迎牌、签到台、指示牌等。安排经验丰富的接待人员全天协助会务工作，为贵宾（VIP）提供特殊照顾和服务。

2）资料准备。准备好展览项目所需要的资料、展览项目用品、展览项目演讲稿等与展览项目相关的物品。

3）场馆检验。由专人到展览项目室检查条幅、灯光、音响、保卫等。

4）与会者服务。协助安排住宿、房间楼层及房间号确认，询问是否有特殊要求；用餐服务，用餐时间、用餐标准及特殊客人（如回族）的确认；协助提供用车服务和交通疏导。

5）项目服务。为代表提供专业外语翻译、摄像、礼仪公关和文秘等相关服务。

展中服务是展览项目能否取得成功的关键。如何进行组织，是组织管理技能的一个重要方面。合理安排组织实施展览项目的各种活动，组织展览客户和其他相关人员为实现项目目标而共同努力。同时，要做好展览活动的组织协调，保证展览正常进行，并取得圆满成功。

3. 展后服务

1）安排展览客户撤展及撤展期间的安全保卫工作。

2）对参展代表的会后旅游考察工作进行合理安排。

3）提供参展过程中的详细费用发生明细及说明，由专人与展览客户进行核对并结账。

4）撰写并寄发感谢函。

5）协助参会人员处理展后事宜，收集参展后的资料，根据客户要求编纂展览文集或花名册，统一进行参展期间的工作总结。

4.3 展览服务管理

4.3.1 展馆服务协调管理

展览会的组织机构就即将举行的展览会，需要在展前与展览场馆进行协调。协调工作主要依据双方签订的租馆协议，并遵循展览行业的惯例，其主要内容包括以下几个方面。

1）确认展览时间安排的细节，包括布展、开展、撤展的具体时间，如参展客户或观众进出展览场馆的时间、参展客户布展延时的起止时间等。

2）了解展览场馆承担的各项现场服务工作的准备情况，如标准展位搭建完成的时间，现场申请使用水、电、气和租用展具的地点安排，现场供应餐饮地点的安排，现场安全保卫、卫生保洁工作的措施等。

3）衔接落实由展览组织机构向展览场馆提供的资料及其时间，主要包括：展览正式展位平面图的提交时间（一般应在展览开幕前10天之内）；标准展位楣板文字和标准展位开口要求（其中，标准展位楣板文字最迟应在展览开幕前五天之内提交）；大型展位或现场演示展品使用水、电、气的情况；大型或重型展品进馆及出馆的次序安排、相关运输通道的安排；展期证件样板的提交时间（最迟应在展览开幕前五天之内）。

4）确认展览场馆对消防工作的要求。

5）明确展览现场突发事件的处理机制。

6）其他需要确认的事项，如展览现场照明、空调开启与关闭时间、展览现场用电计量流程、针对以往展览存在问题的改进措施。

7）展览场馆租金及相关服务费支付及结算方面的问题。

8）展览期间双方现场负责人及业务部门人员安排。

协调工作分为综合协调和专项协调两种方式。综合协调采取会议形式，即召开由展览组织机构和展览场馆的负责人及业务部门人员参加的会议，就上述工作加以协调。专项协调即为双方相关业务人员的对口协调。

综合协调层次高，有利于把握全局情况，便于解决双方跨部门工作的矛盾。专项协调重在落实工作细节。综合协调和专项协调应互为补充，结合进行。

在进行综合协调之前，展览组织机构应拟订展前工作进度表，在双方联合召开的协调会议上散发，并按进度表所列事项逐项确认或协商达成共识。

4.3.2 展览布展工作管理

所谓布展，从参展商的角度看，是指参展商为准备展览而在开幕前对展位进行搭建装饰、布置和将展品陈列在展位上的系列工作；从展会的角度看，是指对展览现场环境进行布置和对参展商的有关工作进行协调和管理。

根据国内对展览的管理规定，办展单位在组织展览布展前需要到工商、消防、安保和海关等部门办理报批与备案有关手续，手续办妥后展览才能开始布展。另外，如果展馆位于城市的中心地带，有些城市还需要办理外地车辆进城证，以方便外地企业运送展品到展览现场布展。

展位画线工作完毕，参展商就可以搭建展位布展了。展位布展正式开始时，展览要对布展工作进行以下几个方面的协调和管理。

1）参展商报到和进场。各参展商凭借参展合同及有关证明到展览现场报到，支付各种款项，领取相关证件办理进场手续。

2）展位搭建协调工作。除了特装展位由参展商自己搭建外，展览一般还要负责搭建标准展位。不管是标准展位还是特装展位，展览都要监督承接商使其按照要求搭建；对于展位搭建中出现的各种问题，展览主办方要及时协调处理。

3）展位楣板制作、安装与核对。各参展商展位的楣板上标有参展商单位名称和展位号，有的还有参展商的标志（LOGO）或展品商标。这些内容关系到参展商的门面，对参展商非常重要，不能有丝毫差错。楣板制造、安装完毕后，要派出专门人员进行核对。

4）海关现场办公。对于海外参展的展品要求办理海关相关手续。如果海外参展商所占比例较大，可以邀请海关到现场办公。对于所有海外参展展品，展会主办方要陪同海关进行现场抽样查验。

5）展品陈列。展位按照要求设计和搭建之后，参展商就将展品按计划陈列出来，以便展示供观众观看。

6）现场施工管理和验收。展览主办方要派出专门人员管理各承建商进行现场施工，如对现场用电、动火、噪声、展位高度控制、电线电缆的安装和走向、灯光的设计和使用、搭建展位材料的防火性能、展位之间通道宽度控制、重型机械的地面承重控制、标准展位的标准配置等及时查验，避免施工现场秩序混乱和出现安全隐患。

7）消防和安全检查。展位布展完毕，展览人员还要陪同消防部门和安保部门对所有的展位进行一次全面、系统的检查，保证展会符合消防和安全的要求，整改现场可能存在的安全隐患。

8）现场清洁和布展垃圾的处理。展览布展时往往会产生大量垃圾，要将其及时收集起来和运出展馆并进行处理。

9）现场安保工作。布展期间现场人员众多，各单位布展施工涉及用水用电，有一定的危险性。展览主办方要负责布展现场的日常安全保卫工作，但对参展商的展品丢失、损坏和意外伤亡等不负责任。为保护自己的展品和人员安全，参展商最好为自己的展品和员工投保。

知识链接

做好布展工作的方法

1）提前做好展区划分。这对布展和招展工作都是尤为重要的，如果展区调整就代表着整个展区里的展位都要调整，这不仅增加了工作人员的工作量，也降低了参展商满意度。因此，应做好展区划分，再根据不同展区的需求制定展位图。展区划分首先要根据展馆览划分，因为这是硬性要求，根据展馆再划分展区。能否做好展区划分直接影响到展览的质量。如果展馆有两层，把冷门行业放一层，热门行业放二层，那就直接影响到整个展区的人流量，可能很多人看完一层觉得没意思就不去二层了，如果反过来，那么趁着观看一层的热度，很多人都会去二层看看。对容易招展的行业应该划分比较大的展区，减少后期的调整。对一些死角展区可以放有特色的产品，加大对该展区的宣传导引力度，让死角也能“火”起来。

2）快速准确地制定展位图。想要做到这一点，必须先对展馆进行实地测量，把出入口、厕所、消防栓、柱子、台子、楼梯等需要留出来的地方，都提前标好不要放展位。招商前对展览特装率进行估计，提前留出特装位置，直接把特定大小的特装卖给参展商，减少特装和标展之间的调整。准确测量与进行实际考察，了解这个地方是否能放展位，放这些展位是否合适，通道是否符合要求。与快速制定展位图相比，“准确”这两个字更加重要。

3）做好与会展中心的协调。包括前期展馆的确认、展馆的测量、展馆设备协调、展位搭建、展位调整等都涉及与展馆的协调。展位的搭建因为重点说的是布展，前期尽量提供相对准确的展位图，能避免以后调整，减少展馆工作人员的工作量和不必要的麻烦，也有助于加深双方的感情。

4）楣板字及时制作配备调整。楣板字是参展企业的门牌和标志，参展商对此非常重视，所以不仅要对每个参展商的楣板字进行确认，也要认真仔细分配和张贴楣板字。对缺失或者错误的楣板字应及时进行制作调整。

5）做好参展商的服务工作。有些展馆的配套设备跟不上，对参展商造成不便，可能这些事情不是由工作人员协调就能都解决的，但是展会人员要摆正态度，做好对参展商的服务工作，用专业展览人的热心和真诚感动他们，只要让他们感觉到展会人员一直在关注着他们，一直在为他们服务，即使有很多事情办不到，他们也会很感动。

布展中可能出现的问题

1）展位搭建时发现展位图和实际比例不一样，按照展位图无法施工，这是前期工作不到位的后果。这样调整起来会比较麻烦，要保证在大多数展位不变化的情况下对一小部分展位做出调整，把损失降至最低。这也要求在制作展位图工作上一定要根据实际比例来制作。

2）展览个别展位空着，造成"会油子"钻空子，特别是综合性人流量比较大的展览常会出现这种现象。首先要及时调整空展位（拆除或者封闭），加大门口安保的检查力度，禁止没有参展证的人进场，加大清场检查力度。

3）开展以后，因为人员比较混杂，布展期间可能有人把别人展位上的展具拿走，这要求在开展前一天晚上对所有的展位进行检查，确保展位展具齐全，避免开展以后出现混乱。

4）展商布展期间会出现很多小问题，这要求会展人员不管遇到什么问题都要一个一个解决，否则问题越堆越多，最终影响展览整体的形象。

4.3.3　展览现场服务管理

展览期间现场工作是指开幕式后正式展览到展览闭幕这段时间展览现场的工作。这期间的工作是展览进行组织管理最为集中的时段，是办展单位与参展商和观众等有关方面进行直接的、面对面交流的最佳时机。这期间的工作所包含的事务很多，需要多方面的协调配合，某一方面的疏忽或失误就可能对整个展览造成严重影响。主办方对展览期间的现场管理工作极为重视。

1. 对各种服务商的管理

展览开幕后，展览的各种服务商如餐饮提供商、安保服务商、清洁服务商等到达展馆，并为参展商和观众提供服务。这些服务商提供的各种服务是展览服务的重要组成部分，对它们的现场管理其实就是对展览本身的管理。

1）对现场餐饮服务的管理。展览开幕以后，大量人群聚集，在餐饮方面有就餐时间集中、就餐人员集中、就餐地点集中等特点。展览主办方不仅对餐饮提供商进行管理，要求他们按合同规定提供餐饮服务，还要对就餐的人群进行管理，以保持现场良好的秩序和清洁的环境。

2）现场安保工作管理。展览期间的安保工作主要是保障公共安全、防止可疑人员进入展览现场、防止展品丢失和被盗、保障消防安全、协助参展商处理安保方面的工作等。和布展一样，展览期间主办方也只负责提供一般的安全保卫工作。

3）现场清洁工作管理。主办方一般只负责展览公共区域如通道、公共休息区、餐饮区等地方的清洁工作。展览期间及闭馆后，主办方要派出相关人员清洁和打扫这些区域。主办方一般不负责各展位内的清洁卫生工作，这些区域的清洁卫生工作由参展商负责。公共区域的清洁工作，主办方一般外包给清洁服务商。

2. 知识产权保护工作管理

开幕以后，主办方往往邀请有关知识产权保护部门在展览现场设立专门的知识产权保护办公室，负责处理参展商和观众有关知识产权方面的侵权及投诉，处理可能出现的侵犯知识产权事件。对于被投诉侵犯知识产权的展品，主办方一般禁止其展出；如果该产品被证明确实侵犯他人的知识产权，主办方将完全禁止其展出。主办方一般只负责配合各参展商保护其知识产权，负责协助解决知识产权方面的纠纷，侵犯知识产权的责任则由参展商自己承担。

知识链接

《展会知识产权保护办法》

第三章　展览期间专利保护

第十六条　展览投诉机构需要地方知识产权局协助的，地方知识产权局应当积极配合，参与展览知识产权保护工作。地方知识产权局在展览期间的工作可以包括：

（一）接受展会投诉机构移交的关于涉嫌侵犯专利权的投诉，依照专利法律法规的有关规定进行处理；

（二）受理展出项目涉嫌侵犯专利权的专利侵权纠纷处理请求，依照专利法第五十七条的规定进行处理；

（三）受理展出项目涉嫌假冒他人专利和冒充专利的举报，或者依职权查处展出项目中假冒他人专利和冒充专利的行为，依据专利法第五十八条和第五十九条的规定进行处罚。

第十七条　有下列情形之一的，地方知识产权局对侵犯专利权的投诉或者处理请求不予受理：

（一）投诉人或者请求人已经向人民法院提起专利侵权诉讼的；

（二）专利权正处于无效宣告请求程序之中的；

（三）专利权存在权属纠纷，正处于人民法院的审理程序或者管理专利工作的部门的调解程序之中的；

（四）专利权已经终止，专利权人正在办理权利恢复的。

第十八条 地方知识产权局在通知被投诉人或者被请求人时，可以即行调查取证，查阅、复制与案件有关的文件，询问当事人，采用拍照、摄像等方式进行现场勘验，也可以抽样取证。

地方知识产权局收集证据应当制作笔录，由承办人员、被调查取证的当事人签名盖章。被调查取证的当事人拒绝签名盖章的，应当在笔录上注明原因；有其他人在现场的，也可同时由其他人签名。

第四章 展览期间商标保护

第十九条 展览投诉机构需要地方工商行政管理部门协助的，地方工商行政管理部门应当积极配合，参与展览知识产权保护工作。地方工商行政管理部门在展览期间的工作可以包括：

（一）接受展览投诉机构移交的关于涉嫌侵犯商标权的投诉，依照商标法律法规的有关规定进行处理；

（二）受理符合商标法第五十二条规定的侵犯商标专用权的投诉；

（三）依职权查处商标违法案件。

第二十条 有下列情形之一的，地方工商行政管理部门对侵犯商标专用权的投诉或者处理请求不予受理：

（一）投诉人或者请求人已经向人民法院提起商标侵权诉讼的；

（二）商标权已经无效或者被撤销的。

第二十一条 地方工商行政管理部门决定受理后，可以根据商标法律法规等相关规定进行调查和处理。

3. 信息收集工作管理

展览期间各种信息汇集，展览一般会抓住这一时机收集有关信息，如对参展商和观众进行问卷调查，了解他们对展览各方面的看法和意见等。展览期间收集的信息是改进展览办展策略的重要参考资料，主办方要认真分析和整理。

4. 相关活动协调管理

展览期间，一般还会同时举办会议、比赛、表演和其他相关活动。这些活动对于吸引客户到会、活跃现场气氛、传播展览声誉具有重要的作用。上述各种活动在地点、时间、活动范围等方面需要做出妥善的安排，做到各方面兼顾。

5. 会刊发放工作管理

展览会刊是本届展览所有参展商有关信息的汇编，也是主办方为参展商提供的一项宣传服务。它有利于补充参展商在展览上接触信息的不足，为参展商架起一座走向市场的桥梁，帮助参展商扩大宣传，提高参展商的知名度；专业观众（买家）也可以凭会刊找到自己需要的产品供应商。

展览会刊一般通过两种形式来发放：一是免费赠送；二是定价出售。展览期间，可以在专业观众登记柜台附近设一个专门会刊出售（或赠送）点来出售（或赠送）会刊，一般是免费赠送一定数量的会刊供其派发给客户。

6. 为下一届展览做准备

展览开幕以后，所有的服务商、参展商及其他合作伙伴等基本到场，展览主办方应抓住时机，未雨绸缪，积极为下一届展览工作做准备。

1）为下一届展览招展预订展位。展览期间，行业内企业和员工大量汇集，展览主办方可以在大会现场设立专门的招展办公室，负责在现场为参展商办理下一届会展展位。

2）与有关方面商讨下一届展览的合作与代理事宜。展览期间，展览的合作伙伴和招展、招商代理及服务商等亲临展会，主办方这时应抓住机遇，与他们商讨落实下一届展览的合作与代理招展、招商事宜，提前为下一届会展做准备。

4.3.4 展览撤展工作管理

当展览按计划的天数展览完毕以后，展览就要闭幕。展览闭幕标志着本届展览正式结束，然而闭幕并不意味着展览现场工作就此结束。闭幕后，展览的撤展工作还需要办展单位的介入和进行必要的管理。

1. 展位的拆除

展览完毕，各参展商的展位要拆除，使展览场地恢复原貌。展位拆除工作一般在将所有的展品都卸下展架后才进行。如果参展商使用的是标准展位或者委托承建商施工的展位，展位的拆除工作一般由承建商负责；如果参展商使用的展位是自己施工搭建的，展位的拆除工作就由参展商负责。展位的拆除工作有时候比布展更为复杂，也更加危险，办展单位要监督各参展商或承建商按规定的时间和程序进行展位拆除工作。展位拆除工作的目的是恢复展馆在布展之前的面貌。

2. 参展商租用展具的退还

展览完毕，各参展商要及时退还向展馆服务部门或承建商等临时租用的展具，如果参展商在退还时与租借方发生纠纷，办展单位应从中协调。

3. 参展商展品的处理与回运

展览结束后，参展商的展品有四种处理办法：出售、赠送、销毁和回运。不管采用哪种处理办法，参展商都要提前做好计划和准备。对于价值较高又无法进行现场处理的展品，参展商往往要将展品运回。为了保证所有出馆人员所携带出展馆的展品不夹带他人的物品，在展览期间及结束后，主办方要对所有出馆大件物品进行查验才给予放行。办展单位对出馆展品实行“放行条控制”，需要出馆的展品，参展商要向主办方申请放行条，工作人员在查验展品与放行条一致后才准许其出馆。

4. 清洁、安保和结算工作

展览的撤展工作是在闭幕后进行的，但撤展管理的准备工作要在展览撤展前准备就绪，这样才能保证撤展工作有条不紊地进行。否则，撤展工作就可能出现混乱。

1）展场的清洁工作。展览撤展时往往会比布展时产生更多的垃圾。对于这些撤展垃圾，主办方或其指定的承建商和清洁服务商要及时清理，不要弄脏展馆地面和其他设施。和展位拆除工作一样，展场清洁工作的目的也是恢复展馆在布展前的原貌。

2）撤展安保工作。展览现场在撤展时往往比较混乱，极易生事故或使物品丢失。因此，办展单位要善始善终，不要放松对撤展现场的安全和消防保卫工作。

3）与展馆部门结算工作。在展会闭幕前或撤展期间，办展单位要派出专门人员与展馆管理部门核对展览实际租用面积、参展类别和各种服务收费；准备相关资料和数据，以便为与展馆管理部门进行结算做准备。

知识链接

中国进出口商品交易会的服务管理

中国进出口商品交易会（以下简称广交会）之所以成为“中国第一展”，持续举办百届而始终保持吸引力，与它始终坚持优质服务和不断提升及紧抓为参展商和观众服务的核心内容有关。

在为参展商服务上，广交会始终将为参展商邀请到足够数量的来自全世界高质量的观众作为首要目标。广交会每年都会派出数个买家邀请团体到世界各地宣传推广展会，并在世界范围内做其他宣传，吸引全球买家到会参观采购。目前，每届展览到会海外买家都超过 20 万人。有如此众多的高质量的买家到会参观、洽谈，展览始终对参展商保持强大的吸引力。

在为观众服务上，广交会通过严格筛选参展商，吸引海外买家到会参观、采购。为使参展商保持高质量，根据中国经济状况，广交会对企业参展资格制定了一个“门槛”，只有符合要求的企业才可以进入展会展出，使展会作为高质量企业展出的平台，对全世界买家保持强大的吸引力。

广交会在抓住为参展商和买家服务的核心内容的同时，不断提高其他服务的水平。

思考与练习

1. 阐述展览服务内容及分类。
2. 简要说出展览服务的特征。
3. 简要说明展览服务的过程。
4. 分别说明展览布展工作管理、现场工作管理和撤展工作管理的主要内容。

实　训

1. 某展览组展企业为了增加展览人气，打算委托某班级举办一次“星座文化展”，经费6000元，分组讨论如何策划该展览并选出最优方案。

2.《来自星星的你》中的都教授突然转行，在某市开设一家星座精品屋，打算参加“星座文化展”，他该如何参展呢？

第 5 章　会展辅助服务

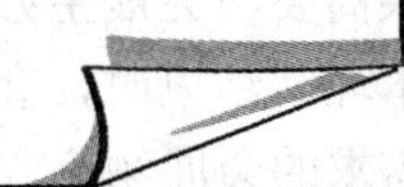

❖ 主要知识点

1. 会展物流服务；会展搭建服务；会展清洁与安保服务。
2. 会展商务服务（会展餐饮服务；会展翻译服务；会展交通服务；会展保险服务；会展秘书礼仪服务；会展知识产权服务）。

❖ 学习目标

1. 掌握会展物流服务的流程与内容。
2. 掌握会展搭建服务的内容。
3. 熟悉会展清洁与安保服务的基本内容。
4. 熟悉会展商务服务的基本内容。

会展辅助服务，是指办展单位不直接提供服务，而是由相应的服务供应商满足参展商、参展观众及其他与会者的需要。

5.1 会展物流服务

5.1.1 会展物流服务的流程

按照国际惯例，一般大型会展的组委会都要指定物流服务提供商。会展物流是一个各环节紧密联系的系统工程。任何一个环节出现问题，都有可能导致会展无法顺利举行。会展物流服务提供商不仅能为展品提供科学、合理的物流方案，而且能够将展品从参展商所在地运至会展场馆。作为会展强有力的后勤保障和会展强大的支撑力量，会展物流服务的流程通常分为三个部分，即会展前期、会展中期及会展后期。

1. 会展前期

会展前期的工作是会展物流流程构建的基础和保障。一个有效的前期规划安排和物流方案的制定将保证会展中期和会展后期会展物流工作的开展及顺利运作。会展前期的工作包括选择会展物流服务提供商和制定会展物流方案两部分。

（1）选择会展物流服务提供商

根据国际上会展物流的惯例，通常大型的会展活动需要由会展主办方根据自己的实际情况选择并指定会展物流服务提供商。会展主办方会从会展物流服务提供商是否具备商务和物流的组织与管理的专业技能，会展物流服务提供商是否有专业的报关人员、专业的展品包装技术，会展物流服务提供商是否具有通畅的物流流程和渠道及健全的国际与国内物流网络，会展物流服务提供商是否具备有效的展品运输、转运和仓储能力及大型展品的装卸与就位能力，以及会展物流服务提供商是否具有功能齐全的运输设备、仓储设施等角度来分析评价。在选择会展物流服务提供商以后，会展主办方与会展物流服务提供商应直接进行沟通，洽谈会展操作过程中具体的物流服务需求。在实际运作中，参展商可以根据自己的需求，选择供应商完成展品的运送工作。

（2）制定会展物流方案

会展主办方确定了会展物流服务提供商以后，就由会展物流服务提供商开始对整个会展物流服务的方案进行设计。由于参展的参展商数量很多，参展的展品的种类也很多。因此会展物流服务提供商应在制定方案之前应了解不同会展的需求，以及分析不同展品的性质和物流要求，在此基础上制定会展物流方案。方案应包括展品的运输、包装、储存和回收及会展场馆的布局等内容。如果是国际性的会展，物流过程中还需要涉及报关、国际贸易和保险等环节。在会展物流方案的设计过程中，会展物流服务提供商要与会展主办方进行多次沟通，不断完善会展物流方案，保证方案的可行性。在本环节结束时，会展物流服务提供商需要提供一个详细的、合理的、满足会展主办方需求的会展物流方案。

2. 会展中期

会展中期的工作主要是物流方案的实施工作，会展物流服务提供商应根据在会展前期制定的会展物流方案，开展方案的具体实施工作。会展物流服务提供商按照会展物流方案从参展商手中提货、验货，保证展品完好后，即可开始对展品进行包装、运输、装卸搬运等物流作业，待展品运送至会展所在地后，会展物流服务提供商需按照会展主办方的要求，将展品直接运送至会展场所或在仓库中暂时储存。如果是国际性的会展，会展中期还需要涉及报关、国际保险等物流作业。同时，会展物流服务提供商需要对会展场馆进行布展，将展品按照会展方案的要求放置到规定的展位。

由于会展中期的所有物流活动均由会展物流服务提供商进行协调运作，因此对会展物流服务提供商的要求很高，不仅要求会展物流服务提供商具备完善的物流运作技术、能力及强大的物流运作网络，还要求会展物流服务提供商具备高度的统筹规划能力和协调控制能力。因此，会展主办方通常指定的会展物流服务提供商多是综合实力比较强，有丰富的会展物流运作经验的第三方物流企业。

3. 会展后期

会展后期的主要工作是展品逆向物流工作。对于会展物流而言，逆向物流主要是指展品的回运和转运作业。

无论是国际性的会展还是国内的会展，在会展结束后，展品回运和处理的形式通常有两种。一种是。将展品回运至参展商所在地。会展物流服务提供商应制定详细的、完整的回运或转运方案，并且在回运和转运过程中保障展品的安全。另一种情况是，由于展品的回运费用很高，很多参展商在会展快结束时选择降价销售展品或是将展品以废弃物的形式丢弃。这样就不需要对展品进行回运或转运作业，但是会展物流服务提供商要对丢弃的展品和剩余的宣传品、宣传单等废旧物品按照绿色环保的要求进行处理。

总之，会展物流服务时间紧、要求高、任务重、事情繁多。因此，有关各方须熟知会展物流的业务流程，以求得快捷、高效地做好会展物流的各项工作，如图 5.1 所示。

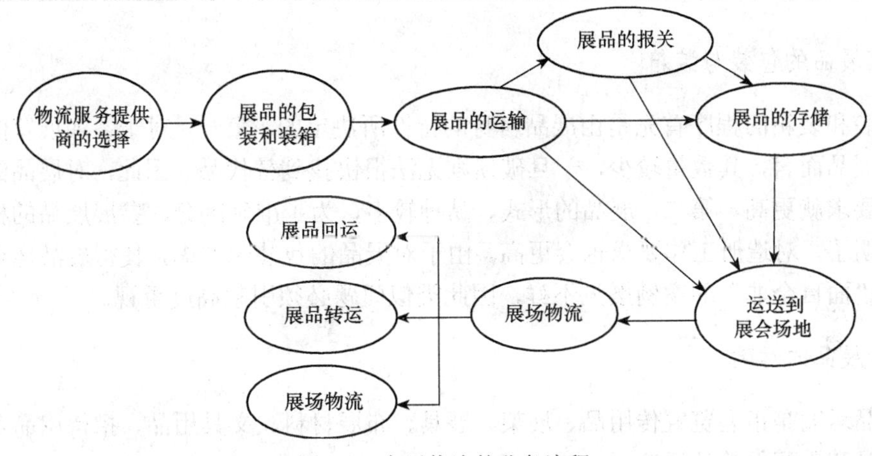

图 5.1　会展物流的业务流程

5.1.2　会展物流服务的内容

1. 运输代理公司的选择

展品运输是一项专业性很强的工作，办展机构往往无法亲自办理，通常指定一些专业的运输公司来负责会展的展品运输工作。国际展览运输协会（International Exhibition Logistics Association，IELA）对其协会的会展运输代理工作做了一些规定，提出了一些基本要求，并将其作为所有会展运输代理的工作参考准则。国际展览运输协会认为，会展运输代理的工作很大程度依赖于三个方面的有效管理：联络、海关手续、搬运操作（表 5.1），这些准则可以作为办展机构考察运输代理服务能力的关键指标。

表 5.1　国际展览运输协会对展会运输代理的规定与要求

项　目	规定与要求
联络	① 包括与办展单位和参展商之间的联络 ② 配备懂英文、法文、德文或其他客户大部分人员熟悉语言的工作人员 ③ 在会展现场设立办公设施，以便参展商在会场内就能联络到运输代理 ④ 配备国际电话和传真 ⑤ 提供详细、有效的联系地址
海关手续	与办展单位共同为会展办理临时免税手续；如有必要，还需提供担保和缴纳保证金，与海关人员商妥现场工作的期限和时间

续表

项　目	规定与要求
搬运操作	① 熟悉会展现场，能随时使用合适的搬运设备和有经验的搬运工 ② 在会展现场或尽可能的地方安排仓储地 ③ 空箱应存放在距离会展尽可能近的地方，按时回运空箱 ④ 卸车和装车必须按事先商定时间进行 ⑤ 协调好所有参展商的搬运要求，提前将相应安排通知办展单位和参展商

2. 展品的包装与装箱

包装和装箱的程序首先是由展品自身的特性所决定的。第一，对于参加展览的某一特定的展品而言，其数量较少，一旦破损则无法很快找到替代品。因此，对展品的包装和保护要求就更高。第二，展品的形式、品种较多，为了准确区分，参展展品的标志必须清晰明了，对造册工作要求也会更高。由于对展品的包装欠考虑，使得展品运至目的地时已“面目全非”的案例屡见不鲜，因此类似问题必须引起高度重视。

3. 展品的运输

展品运输是指展览宣传用品、展架、展具、布展材料、文具用品、招待用品及其他维修工具和零配件等的运输。

物流服务提供商将客户展品装箱包装，然后通过各种运输方式运送到会展场馆。若是国际性展览会，多式联运几乎成为必不可少的一环，即将各种不同的运输方式结合在一起，共同完成展品从参展商所在地到异国的展馆之间的运输。运输方式的选择主要考虑距离的远近、时间的要求、展品的特性及安全性等（表 5.2）。

表 5.2　各种运输方式比较

运输方式	优　势	不　足
海上货运	① 运输路线灵活：天然航道，不受道路和轨道的限制 ② 运输量大 ③ 运费低廉 ④ 对物品适用性强	① 速度慢 ② 风险大：易受自然气候的影响
铁路运输	① 准确性和连续性强 ② 速度快 ③ 运输量大 ④ 安全可靠 ⑤ 运输成本较低	① 线路容易受到限制 ② 初期投资较大
公路运输	① 运输线路灵活多变 ② 物品装卸简单、快速	① 载重量小 ② 安全系数低 ③ 费用比水路和铁路运输高
航空运输	① 速度最快 ② 安全准确 ③ 手续简便 ④ 节省包装、保险和存储等费用	① 运货量较小 ② 运价较高

此外，把握展品运输时间非常关键，运出太早会延长库存时间，增加储存费用；运出太迟则有可能在开展时展品尚未运到。如果是跨国运输，会展主办方指定的海外运输代理必须清楚会展举办地所在国的海关规定、海关手续和进口税率，了解当地对展品进口的处理办法和规定，以免使报关受挫。

知识链接

展品运输费用表

展品运输费用表如表 5.3 所示。

表 5.3　展品运输费用表

类　别	项　目	去　程	回　程	合　计	总　计
展品费	制作、购买费				
	包装费				
	维护费（保卫、清洁）				
	保险费				
	关税				
	增值税				
	附加税				
	销售税				
	所得税				
运输费	参展企业所在地陆运费及杂费				
	发运地仓储费				
	装货港口、机场、车站费				
	保险费				
	运输及杂费				
	运地港口、机场、车费				
	装卸费				
	目的地仓储费、堆存费				
	至展馆运费				
	装卸费、掏箱费				
	空箱回运费				
	空箱存放费				
	运输代理费				
	海关代理费				
其他					

为了避免运输公司乱收费，可以要求几家公司报价，从数家报价公司中选择一家，降低运输费用。还有诸如尽量使用正常的运输方式，如定期班轮，避免使用加急运输方式等，这都是在运输筹划时需要考虑的。

4. 海关报关

如果有回程运输，跨国展品等货物运输的海关报关手续就有两次：一次是来程时的货物进口报关，另一次是回程运输时的货物出口报关。相对而言，来程运输时的货物进口报关对参展商来说更加重要，因为如果货物不能及时清关，参展商将无法参加展会展出。

在实际操作中，对于展品货物报关一般有以下四种办理形式。

（1）ATA 单证册担保形式

使用 ATA（ATA 由法文 admission temporarie 与英文 temporary admission 的首字母组成）单证册担保形式可以大大减少通关工作量，不用缴纳关税，并且 ATA 临时进口证在一年的有效期内，还可以用于一个以上的国家。需要注意的是，ATA 形式只有在 ATA 公约成员国之间才能使用，而且会展结束后，货物必须运回。

知识链接

ATA 单证册

ATA 单证册（ATA carnet）是一份国际通用的海关文件，它是世界海关组织为暂准进口货物而专门创设的。世界海关组织于 1961 年通过了《关于货物暂准进口的 ATA 报关单证册海关公约》，其后，又于 1990 年通过了《货物暂准进口公约》，从而建立并完善了 ATA 单证册制度。

ATA 单证册制度为暂准进口货物建立了世界统一的通关手续，使暂准进口货物可以凭 ATA 单证册，在各国海关享受免税进口和免予填写国内报关文件等通关便利，因此，ATA 单证册又被国际经贸界称为货物护照和货物免税通关证。ATA 单证册制度的确立，有助于促进产业专门化和工业现代化，加快国际间的信息交流，加强世界各民族间文化的认知和融合，推动各国政府和民间的交往与合作。在国际商务活动中，凭借便利的货物临时进出口手续，外贸公司、企业可以创造和巩固与外国商业伙伴的合作，增强产品在国外市场上的影响，在全球贸易竞争中占据主动地位。

我国于 1993 年加入了《关于货物暂准进口的 ATA 报关单证册海关公约》《货物暂准进口公约》和《展览会和交易会公约》。自 1998 年 1 月起，我国开始实施 ATA 单证册制度。经国务院批准、海关总署授权，中国国际贸易促进委员会/中国国际商会是我国 ATA 单证册的出证和担保商会，负责我国 ATA 单证册的签发和担保工作。

（2）保税形式

如果会展是保税形式，货物报关就可以采用保税的形式，其手续比一般报关简单。需要注意的是，需要检疫的动植物不适用于这种形式，物品不能被带出保税现场。

（3）再出口形式

再出口形式需要提供相当于展品等物资进口关税相同金额的保证金，再办理报关手续使货物通关展出。这种形式是以展品等货物的再出口为前提条件的，展品等货物再出口时必须与进口报关时完全一致。会展结束，货物再出口时，参展商可以取回保证金。

（4）进口形式

进口形式是指将展品等货物当成一般货物办理进口手续，缴纳关税。采用这种形式，会展结束后，货物就可以自由处理，但是其需要缴纳的关税可能比较高。

5. 现场搬运操作

（1）展品装卸

展品装卸包括展前物流的卸货及会展物流的装载。在展览施工和拆除期，展品装卸需要由熟悉现场工作的有经验的搬运工使用合适的设备来完成。现场的搬运工人应为非常规、大尺寸的物品的运输装卸做好相应的特殊准备，并且避免使展品外观受损，影响展出效果。展品装卸必须高效、安全、环保。

（2）空箱存放

空箱应尽可能地存放在现场，如果条件不允许，则存放在尽可能近的地方。这样做有两个好处：一是当参展者将展品遗留在箱内时，方便其尽快查找；二是在会展结束之后可以迅速将展品放回空箱。空箱应当存放在室内，若没有条件，则至少应采取措施保证空箱回程时与来程时的状况一样。

6. 回程运输

在会展结束后，需要将展品及相关物资自展位运至参展商指定的地点。回程运输的目的地可能是参展商的所在地，也可能是参展商指定的其他地点，如经销商和代理的所在地或另一个会展的现场。

回程运输的基本环节与来程运输相似，只不过方向正好相反；并且，除了撤离展馆时要抓紧时间外，其他各运输环节对时间的要求一般不高。对于运输代理来说，回程运输在会展筹备时就要开始策划，否则，撤展现场将变得混乱无序。

5.1.3 会展物流服务的要求

会展物流的基本任务是安全、快捷、准确、低耗地组织会展所需的物资和参展商的展品，完成其由参展商所在地向会展现场的空间转移及由会展现场向购买者的过渡，以满足会展的需求。

1. 安全

安全主要是指在物流过程中的货品安全。一般而言，会展所需的设备物品由组织者采购，而参展商的货物运输则由参展企业自行负责。运输人员在运送过程中要保证物品不发生霉烂、破损、腐败、水渍等损害物资原有使用价值的事故，避免因此造成供货质量不合格而导致会展准备的中断。

2. 快捷

在确保运送质量、符合经济合算原则的前提下，要以最快的速度完成会展物资从供货地点到会展现场甚至购物者的空间转移，切忌物资运输迟滞、供货不及时，给会展活动造成不必要的损失。

3. 准确

会展物流的准确性要求很高，在发货、运货、提货等各项业务中，要保证货单相符，在物资运送过程中不发生错、乱、丢、差等责任事故，力求准确地完成物资的运输流通任务。

4. 低耗

经济性是物流运作的一个普遍原则，会展物流的低耗是指对物资运送所选择的运输路线、运输工具、运输方式等进行综合评价，继而选择最节省人力、财力和物力的组合，以最大限度地降低物流成本。

5.2 会展搭建服务

5.2.1 会展搭建服务的特点

在整个会展产业链中，展台搭建是一个重要环节。但是，由于搭建工作往往是在“幕后”进行的，而没有引起人们足够的重视。目前，会展搭建服务工作有以下几个特点。

1. 制作搭建时间紧

一套设计方案从设计公司下单到搭建商进场搭建，一般只有半个月左右的时间，如何从制作、包装、储运、搭建、现场维护到撤展各个环节进行统筹优化，需要良好的协调配合能力。

2. 危险系数大

目前国内的展台搭建企业不像建筑装饰行业那样规范。国内还没有专门的权威机构对展台制作行业进行认证，从业人员良莠不齐，企业装备也大相径庭，大多搭建企业采取人海战术抢工作，现场人身安全事故时有发生。

3. 行业标准不规范

目前展台所用的装饰材料，国内缺乏统一的标准，可以说，一般的展台制作搭建从材料选购到加工制作都是粗放型的。所以说，发生售后合同争议的情况很多。

5.2.2　会展搭建服务的内容

需要说明的是，会展现场的展台一般分为标准展位和特装展位。标准展位一般为 3 米×3 米，配备桌椅、楣板、射灯、电源等基本物件，其搭建工作由办展单位负责，办展单位一般委托搭建商完成设计、搭建、安装等相关工作。特装展位一般最小为 6 米×6 米，配备物件由参展商自行安排，其搭建工作也是由参展商自己负责的，参展商一般进行招标寻找合适的搭建商完成相应工作。

1. 会展搭建的前期设计

会展搭建是建立在会展设计的基础上的，所以会展的设计是会展搭建前期主要的工作，也是首要的工作，一个好的会展设计可以彰显会展展示的风格、企业文化、人文理念等元素。目前，实力较强的会展搭建商都拥有自己的设计师、展具制作工厂、搭建工人等，能够独立完成展台设计、材料制作、展台安装等系列工作。

（1）业务洽谈

设计师首次与客户（办展单位或参展企业）接触，向客户说明自己的设计习惯和作业流程及以往作品，让客户充分了解设计师的设计风格和业务水平是否满足其需求。

业务洽谈包括设计作业流程解说、讨论客户基本要求、提出收费预算。客户最好事先对要求经过详细的讨论和梳理，尽量一次性告诉设计师，以防产生不必要的误解和反复修改设计。如果是特装展位，为了确保企业自身惯有的设计风格，参展企业可以提供产品目录、公司介绍手册、参展手册、以往展会的照片、广告资料等，将自己喜好的风格或款式，如北欧风格、日式风格、中式风格等提供给设计师，供其参考。

（2）设计初步方案

设计初步方案从规划设计、合理布置开始，到制定设计初稿、沟通和定稿，都是为了最终与客户签订委托设计合约。展台设计不同于一般的室内设计。对一般的室内设计，设计师收到客户的平面图之后，会亲自到现场度量及观察现场环境，研究客户的要求是否可行，并且获取现场设计灵感；而展台设计的原始平面图只是简单的展位图，并不存在空间上已经固定的格局，设计师可以在空间中自由地发挥。所以展台设计在一个相对狭小的空间里，既能反映设计师对空间构成设计的功力，又是对其设计想象力的考验。

对初步的设计方案，设计师一般会设计几套风格迥异的展台以供客户参考选择。而设计初稿已包含设计中的主要内容，包括平面图、顶视图等；人流、通道；基本风格介绍和初步选出一些搭建材质。通过演示沟通，如果客户选中了某一方案或者稍做修改后表示认可，设计师就会进一步提出详细的实施设计构想和初步的预算报价。

（3）深化实施设计

展台设计是以方案设计的形式形成的一整套设计文件。深化设计主要是通过对方案设计的深入细化，最后确定展台的整体效果、用材、施工方法及达到的标准。深化设计的工作内容有绘制设计详图、效果图；设计图沟通和定稿；用材适用性讨论、材料定稿及拟定预算书、签订合同。

深化设计是展台设计最终搭建的保证，更是设计师设计理念与价值的体现。深化设计必须考虑到从设计到实施的可行性，各方面的因素都是设计师所不能遗漏的。

知识链接

展台设计的八大形式要素

1. 对比

对比是空间设计中常用的一种方式，这种方式是艺术设计的基本定型技巧，它把两种不同的事物、形体、色彩等进行对照，如方与圆、新与旧、大与小、黑与白、深与浅、粗与细等。通过把两个明显对立的元素放在同一空间中，经过设计，使其既对立又和谐、既矛盾又统一，在强烈反差中获得鲜明对比，求得互补和满足的效果。

2. 和谐

和谐包含协调之意。它是在满足功能要求的前提下，使各种室内物体的形、色、光、质等组合得到协调，成为一个和谐统一的整体。和谐还可以分为环境及造型的和谐、材料质感的和谐、色调的和谐、风格样式的和谐等。和谐能使人们在视觉上、心理上获得宁静、平和。

3. 色调

色调是构成造型艺术设计的重要因素之一。不同颜色能引起人视觉上不同的色彩感觉。例如，红色、橙色、黄色的温暖感很强烈，被称为暖色系；青色、蓝色、绿色具有寒冷、沉静的感觉，被称为冷色系。在室内设计中，可选用各类色调构成。色调有很多种，一般可归纳为“同一色调、同类色调、邻近色调、对比色调”等，在使用时可根据环境不同灵活运用。

4. 独特

现代设计很讲究个性，设计师为追求独特，就要突破原有规律，标新立异，引人注目。在大自然中，“万绿丛中一点红”“沙漠中的绿洲”都是独特的体现。独特是在陪衬中产生的，是相互比较而存在的。因此，在室内设计中特别推崇有突破的想象力，以创造个性和特色。

5. 简洁

简洁是室内设计中特别值得提倡的手法之一，要求环境中没有华丽的修饰和多余的附加物，坚持少而精的原则，把装饰减到最少，以“少就是多，简洁就是丰富”为原则。

6. 呼应

在展台设计中，顶棚与地面、桌面或其他部位采用呼应的手法对形体进行处理，会起到对应的作用。呼应属于均衡的形式美，是各种艺术常用的手法，也有“相应对称”“相对对称”之说，一般运用形象对应、虚实气势等手法求得呼应的艺术效果。

7. 对称

对称是形式美的传统技法，是人类最早掌握的形式美法则。对称可采用绝对对称和相对对称。上下、左右对称，同形、同色、同质对称被称为绝对对称；而在空间设计中采用的是相对对称，对称给人的感觉是秩序、庄重、整齐，即和谐之美。

8. 延续

通常情况下，设计师会运用延续的设计方法。具体而言，物体的外表形状能够有规律地向上或向下、向左或向右，连续下去就是延续。这种延续手法运用在空间中，可使空间获得扩张感或导向作用，甚至可以加深人们对环境中重点景物的印象。

2. 会展搭建的准备工作

在展台设计得到客户认可并签订搭建合同后，搭建商需要做好相应的准备工作。

(1) 根据部门工作单完成制作及准备工作

根据具体项目的需要，安排 AV 设备、木工结构制作、地毯供应商、美工制作等部分按照设计图的要求和客户的制定进行制作。在制作过程中如果有变动，应及时同设计师联系，若有需要业务人员应照会客户。

(2) 安排客户到工厂实地察看制作及准备情况

一般客户确认最后的效果图后就只是等待会展开始时才会验收，但有些项目较大或者是客户特别重视的项目客户会在制作中进行监督，应做好安排其到公司或工厂间参观的准备。

(3) 完成主办、主场、展馆等各项手续

会展搭建通常要求在开展前向展馆或者主办方申报，需要就水、电、气与客户确认，并向主办方提供必要的材料，进行审批。对于某些特殊用材如霓虹灯、高空气球等还需进行特别的审批。

知识链接

××会展中心特装展台进馆施工手续

1）对于所有特装展台，其展位搭建设计图纸必须交至会展主办方进行审核，审核内容包括：①展台整体效果图（正面、两侧面）；②展台各层平面图；③结构图；④结构计算书及荷载计算简图；⑤电路图（总用电负荷）；⑥施工细部结构图；⑦剖面图及侧立面四面；⑧展台所用材料明细清单相关规格数据。所有图纸均须标明梁、柱轴线尺寸及所有结构用料的规格尺寸。

2）所有进场搭建的施工单位，必须向会展主办方提供其加盖单位公章的企业营业执照复印件及特殊工种执照复印件用于备案。

3）所有进场搭建的施工单位，需交纳展台风险押金（此押金以现金或支票形式支付），会展期间展台未出现任何安全事故，会展结束后视现场展台清运情况退还。

3. 会展搭建的现场施工

(1) 现场展位搭建

现场施工的好坏决定了项目设计是否得到实现。现在有很多的会展公司只注重设计不注重搭建，这也是会展服务中客户经常更换供应商的原因。一般在搭建中，客户也会在现场布置展品，此时最好是具体负责该项目的业务服务人员能到现场陪同。有必要时，设计师也可以到现场监督施工，并同客户及时交流，尽管实际的效果不能马上体现，但是很多客户希望能得到这样的服务。如果业务人员不能到现场，应该把负责搭建布置的联系人介绍给客户。同时，搭建商在施工时需遵守会展场馆的相关施工规定。

知识链接

××会展中心特装展台施工管理规定

1）所有特装展台结构设计必须合理，保证搭建牢固、安全。搭建材料应使用难燃或阻燃的材料。

2）所有展台设计结构强度应当满足荷载所需要的强度，搭建时应确保展台结构的整体强度、刚度、稳定性及局部稳定性。

3）各施工单位搭建的展台面积应和申报面积相符，不得超出承租面积，投影边线不得超出承租边界线。

4）对结构中有玻璃装饰的展台，必须采用安全玻璃，确保施工、安装牢固，并有醒目标识，以防玻璃破碎，造成人员伤亡。

5）对于使用钢结构立柱的展台，其立柱应使用直径为 100 毫米以上的无焊接材料，底部应焊接牢固底盘，上部焊接法兰盘以增加立柱的受力面积，以保证展台结构的牢固。

6）所有展台结构主体受力墙落地宽度不应小于 120 毫米，确保墙体与地面的接触面积。对于超过 6 米的大跨度墙体及钢柱框架结构之间应在顶部加设横梁连接，下部须加设柱间支撑，保证展台的整体刚度和稳定。

7）对于所有展台结构设计中有舞台或地台结构超过 1.2 米的，所有室内双层、多层或结构复杂的展台搭建必须提供展台结构图，由国家一级注册结构工程师盖章确认并提供结构计算书。各参展商及施工单位从设计到施工应充分考虑展台的安全性，确保搭建展台各连接点及展台整体结构的牢固性。

8）双层或多层展台的搭建必须设置年检合格灭火器。

9）相邻展台所有结构背板墙必须做出妥善装饰处理。

10）室内展台严禁采用全封式顶棚，展台顶棚不得阻挡展馆顶部消防设施。顶棚要保证有 50%以上平面开放面积，以确保展台的消防安全性。

11）各施工单位不得破坏展馆内的设施或改变其使用性质和位置。不得在展馆内、外地面、墙面等钉螺钉、打孔、刷胶、涂色、张贴宣传品。

12）各施工单位在搭建展台时不得遮挡展馆内的消防设施、电气设备、紧急出口和观众通道等。

13）展台施工不得使用易燃、易爆物品，不得在展馆内进行喷漆、刷漆等工作。

14）各施工单位人员在进行高空作业时，应使用合格、安全的升降工具及操作平台，施工人员应系好安全带。为保护人身安全，周围应设置安全区，由专人看护，安全区须设明显的警告标志。

15）会展开幕后，施工单位须由现场安全负责人及专职人员现场值班，以便发现问题能及时处理。

16）对于搭建期间存在安全隐患的展台，施工单位必须在接到《整改通知书》后按时整改，并将整改结果及时回复汉海展览现场施工管理办公室。

17）施工单位应在规定时间和区域内完成施工，并负责防火、防盗等安全工作。施工单位在施工现场必须设现场负责人，在办理施工手续时一并登记备案。

18）展馆内施工不得使用电锯、电刨等加工作业工具，不得使用电、气焊等明火作业。如有特殊要求，须到上海新国际博览中心保卫处办公室办理手续，经批准后，方可施工。

19）展台搭建材料的选用必须符合国家有关部门关于临时性建筑的材料用法标准并结合会展的特点合理选材，选材要符合国家环保及消防要求。

20）展台结构不得使用管壁小于 0.8 毫米的薄壁受力构件，也不得使用严重锈蚀的受力构件。

（2）处理现场追加、变更项目

现场经常会有一些设计中本身没有预料到的情况出现，客户也会临时提出一些要求。如果是搭建企业本身的原因造成的，应即时进行更改；如果是客户额外提出的，应保证首先满足其合理的要求，同时对追加的部分要求客户签收补充到总项目款项中。

（3）配合客户的展品进场

实践中往往是先把展台结构布置好以后再安排展品入场的，现场的工作人员一定要为客户服务，配合其展品进场。

（4）客户验收

所有的搭建工作完成后，要清洁展位，直到客户验收完，确保次日开幕。应注意，有些时候自己展台搭建完成得较早，所有工作都结束后，隔壁展位的施工会使展台卫生和展品摆放等受到影响。

4. 展期及撤展服务

（1）安排会展期间现场应急服务和增值服务

在开展期间，主要是做好对客户的接待工作，但需要对展台进行维护和临时配置物品。业务负责人员和工人应在现场进行应急服务。从客户方来讲，他希望在会展期间有会展公司的人在场，并且是他熟悉的，能够随时得到服务。客户应该有现场服务人员的最直接的联系方法。

增值服务方面可以很广泛，业务人员可在现场帮助客户做接待工作，外语水平好的可以提供翻译服务，甚至帮助客户发送资料、安排客户见面等。

（2）配合客户做好展品离场和现场拆除工作

会展结束后，应首先配合客户把展品撤离现场，再拆除展位，如果客户对有些材料需要再次使用的，应帮助其打包并运输。

（3）退回前期预付的相关费用

完成工程后，应即时进行成本总结，向展馆或主办方退回事先预付的电箱申请、通信押金等费用。

5.2.3 会展搭建过程的控制

会展搭建环环相扣，过程控制就显得尤为重要。过程控制一般分为以下几个方面：图纸解析、工种分工、搭建模拟等。

1. 图纸解析

图纸解析的意义不在于仅仅是为实现现场的视觉效果而进行的，还在于搭建商如何进行成本控制；如何快速地优化各个环节，保质保量地完成设计公司交办的制作任务。首先是结构分析，作为以来图定制为主业的制作搭建商，不能沿用以往的惯例和合同约定“严格地按照施工图制作”，展台施工图纸不像建筑装饰行业那样有蓝图。设计公司没有想到的结构问题，搭建商要及时反馈给设计公司，便于对方案进行必要的调整，杜绝后期发生坍塌。其次是材料分析，搭建商必须清楚各个城市（或场馆）对于搭建材料的限制要求，尽可能地把问题留在工厂。最后是数据分析，数据分析必须结合图纸和现场数据。在陌生的环境下搭建，必须打电话询问组委会或场馆会所的有关负责人，必要时须安排人员到现场进行实际测量。

2. 工种分工

每接手一个单子，不管大小，都当作第一次也是最后一次分工，就不会出现纰漏。项目经理必须对木工、铁艺、电工、美工、特殊工种和外包项目等各个工种，根据工期进行合理的控制管理。

3. 搭建模拟

通过搭建模拟可以发现问题进而及时解决问题。对于面积较大的展台，必须在工厂进行预搭，预搭的目的主要在于检查和评估结构是否合理，尺寸是否准确。在模拟预搭的过程当中，项目经理就开始安排关于搭建的人员分工、包装、储运、工具检修等环节；密切注意天气状况、租用车辆是否受限、前往搭建现场的路况等因素。

5.3 会展清洁与安保服务

在展位的搭建和展品装卸的过程中，整个展区都会产生垃圾，并且往往需要大量用水、用电，有的还会用到明火，因此展馆内存在较大的安全隐患，一旦失火或者用电过量引起断电，都会影响会展的筹备进度，严重的还会造成重大损失。因此，会展开展前后，应认真对待会展的安全问题和垃圾的清洁处理问题。

5.3.1 会展清洁服务

会展清洁包括两方面的内容：从时间上看，会展清洁包括展位搭建和布展时的垃圾清理、会展开幕后的清洁和撤展时的垃圾清理；从空间上看，会展清洁包括展位内的清洁和展馆公共区域的清洁。

一般来说，在展馆的公共区域，应设专门的保洁人员及时清扫现场产生的垃圾。对于各个展位的卫生保洁工作，应由各参展商自行负责。办展机构应做到定时检查，及时管理，以保证整个展馆的环境干净、井然有序，给人赏心悦目的感觉。

1. 人员安排

在我国，一般的会展若规模达到 5000 平方米，则需要配备七八名清洁人员。如果该会展中特装展位较多，则需要多配备两三名清洁人员。

清洁人员的安排可以分为两种情况，第一种是以区域划分，第二种是以岗位划分。一般来说，两个馆以上的展会多以区域来安排人员（图 5.2）。

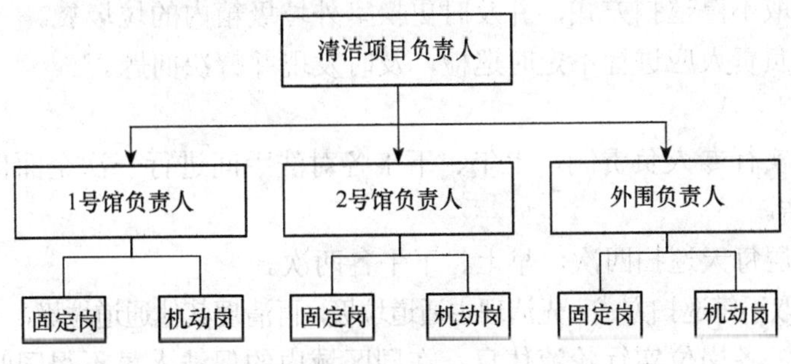

图 5.2　以区域划分的清洁人员安排

2. 操作流程

清洁工作的操作流程一般分为布展期、开展前一天、开展期、撤展期四个阶段，每个阶段的侧重点各不相同。

（1）布展期

1）根据展览要求，清洁负责人合理分配各区域负责人及保洁人员。

2）各区域保洁人员进行定岗，实行区域包干制。

3）洗手间实行责任负责制，早上、下午各对卫生间进行一次全面保洁，其余时间进行不间断保洁。

4）馆内采取不停巡扫的方式，先清理主通道垃圾，再清理其他通道垃圾。

5）外围采取不停巡扫的方式，下午下班前组织清洁人员清运外围垃圾。

6）各区域负责人进行不定时巡检，及时发现并解决问题。

（2）开展前一天

1）协同安保科对展馆内外各类垃圾进行集中处理。

2）展馆内统一放置蓝色垃圾桶。

3）卫生间统一放置卷纸及洗手液等物品。

4）外围统一放置室外垃圾箱。

5）对开幕式地段进行彻底清扫。

6）根据实际情况，晚上适当加班，确保第二天顺利开幕。

（3）开展期

1）开展第一天上班时间适当提前，集中清扫各区域的垃圾。

2）在开幕式前对主席台地段再次巡扫，开幕式结束后调配人员集中清扫。

3）馆内标志牌、公共设施实行每日保洁制。

4）馆内采取不停巡扫方式。

5）中午段及下班前将馆内垃圾桶集中更换垃圾袋，其余时间实行“满就换”的方式，并及时清运至垃圾场。

6）洗手间实行专人负责制，上午、下午各对洗手间进行一次全面保洁，其余时间进行不间断保洁，及时添加洗手液及卷纸。

7）闭馆后收集展位纸篓内的垃圾，对馆内进行巡扫。

8）外围采取不停巡扫方式，并及时更换室外垃圾箱内的垃圾袋。

9）各区域负责人应进行不定时巡检，及时发现并解决问题。

（4）撤展期

1）洗手间实行专人负责制，上午、下午各对洗手间进行一次全面保洁，其余时间进行不间断保洁。

2）馆内二层每天巡扫四次，早上、下午各两次。

3）馆内采取不停巡扫方式，先清理主通道垃圾，再清理其他通道垃圾，并及时清运垃圾。

4）各区域、各岗位实行轮流休息，在同区域内的保洁人员不得同时休息，一般每隔 1 小时休息 10 分钟，如果所在区域垃圾较多，则取消休息。

5）在保证外围及洗手间清洁的前提下，适当调配人员到馆内清运垃圾。

6）各区域、各岗位负责人进行不定时巡检，及时发现并解决问题。

7）协同安保科做好撤展期的垃圾清理工作，监督布展单位及时清理建筑垃圾。

8）各企业负责人做好特装押金的确认及签字工作。

5.3.2 会展安保服务

会展是一项大型的公众参与性活动，安全问题十分重要。会展安保工作主要包括四个方面：会展场馆内安保工作；门卫流动岗、场外安保工作；巡视稽查工作；地下车库安保工作。会展安保工作通常外包给专业安保公司，在实际操作中，也有很多办展单位通过招募志愿者，对其进行培训后提供安保服务。

1. 会展场馆内安保工作

1）上岗前进行自我检查，按规定着装，做到上岗签名。

2）精神饱满，站姿端正，规范认真地执行安保任务。

3）遇到身份不明者，问清情况，与保安区内的人员及时联系，使其办理有关手续后方可入内。

4）配合公安机关对展会活动的治安、消防工作进行检查、落实整改，消除不安全隐患。

5）做好交换岗和交接班的口头和书面汇报，每天 24:00 以后必须认真地执行验证工作，严格执行各项规章制度，严守工作作风，树立保安的良好形象。

6）在布展及撤展过程中，相关安保人员将进行现场管理，直至布展及撤展完毕。

7）为了确保开展期间参展商品的安全，安保人员将对会展现场进行全程电子监控，相关安保人员进行 24 小时的巡逻。

8）维护会展布展、展期、撤展、开幕式期间展厅、室内外治安，做好防火、防爆、防盗、防事故等工作。

9）建立岗位记事本，若发现可疑情况都应记录下来。

2. 门卫流动岗、场外安保工作

1）上岗前进行自我检查，按规定着装，做到上岗签名。

2）精神饱满，勤巡逻、勤检查、勤思考，发现衣冠不整者和其他闲杂人员应阻止其入内。

3）维护保卫区内的交通秩序，指挥和疏导进出车辆，引导要及时，手势要规范。

4）遇到运输车出入时问清来车单位和目的，出门时要验看出门证（出门证要有相关部门签证，各手续完备才能放行）。

5）做好会展检票服务工作。

6）建立岗位记事本，若发现可疑情况都应记录下来，做好交换岗和交接班的口头和书面报告。

3. 巡视稽查工作

1）上岗前进行自我检查，按规定着装，做到上岗签名。

2）巡视范围包括主楼各层楼面、员工通道、男女更衣室、各处通道。

3）按责任路线巡视检查，登楼至高处，徒步下楼，呈 S 形巡视，发现问题应及时解决。

4）遇到大问题时通知上级负责人，巡视中严防“死角”。

5）巡视中应思想集中，通过看、听、问，发现问题及时向上级汇报。

6）巡视时遇到保安人员要主动打招呼问好，有礼貌地回答保安人员的询问，进行文明服务。

7）建立岗位记事本，若发现可疑情况都应记录下来；做好交换岗和交接班的口头和书面报告。

8）接到治安、火警报警，应及时赶到现场，了解情况，以便做出正确处理。

9）为确保会展顺利、有序地进行，在会展现场应与相关安保人员共同负责会展现场秩序。

4. 地下车库安保工作

1）上岗前进行自我检查，按规定着装，做到上岗签名。

2）精神饱满，进行车库安全服务，停车合理，指挥规范，队形整齐。

3）经常巡视已停车辆，发现车辆门、后盖未锁或玻璃未关上的，应及时处理。

4）外来车辆实行停车收费，泊位在临时车道上。

5）建立岗位记事本，若发现可疑情况都应记录下来，做好交换岗和交接班的口头和书面报告。

6）在有客人出入的公共活动区域应设立“禁止车辆停放”标志，发现有车滞留，告知驾驶员立即将其开到指定地点停放。

7）做好突发事件的应急防备工作。

知识链接

会展安全工作方案

根据国务院颁布的《大型群众性活动安全管理条例》，特制定本方案。

活动名称：

时间：

地点：

主办单位：

承办单位：

一、展馆概况

杭州海外海国际会展中心地处杭州市上塘路 329 号（上塘路德胜路交叉路口），展馆室内可用面积约 15000 平方米，分三层，每层均为 5000 平方米，一楼、二楼为独立的展厅，三楼为可活动的多功能会展厅，另外拥有地下及地面停车场。

二、展馆规模

本次会展所用展区______层，总展区面积______平方米。可设标准展位______个（3 米×3 米），最大日人流量______人单次，预计日人流量达______人单次，主要展览内容（产品）______。

三、展馆外围及馆内外安全设施情况

展馆正面面向上塘路，左侧是海外海皇冠假日酒店（紧靠德胜路），展馆每层有四个疏散出口、双向上下自动扶梯、一台货运电梯、三台客用电梯。地下层为大型停车场，两个车辆出入口，四个人员疏散口，地下停车场可停放小车 246 余辆（前后广场地面另有车位 100 余个），并设有自动排烟系统。大楼内设有全自动智能化消防监控报警系统，自动喷淋灭火系统，室内外消火栓系统，烟感、湿感、手动报警系统和温式报警系统及应急疏散广播系统。室外有四个消火栓和喷淋结合器、消火栓结合器，展区内配有 70 余个手提式灭火器。消控中心实行 24 小时值班监控，每天晚上有值班人员六名，负责全馆的安全巡查。

四、会展安全保卫体系

本着“谁主办，谁负责”的规定，本届会展安全责任全部由承办单位承担。本次会展活动由主办方及场馆共同成立安保部。

1）本次会展安全负责人：______，现任职务：______，主要负责会展活动的安全保卫，布展、撤展、安全、消防安全和会展秩序的管理与协调工作。

2）展馆安全负责人：______，主要负责布展、撤展、展览期间的安全监督与管理，配合有关部门进行安全检查。发现不安全隐患，及时与会展组委会协调，提出整改意见，确保会展安全。

五、安全保卫力量配置

本次会展活动计划每天安排保卫工作人员______名。其中会展中心安全保卫人员______名。主要负责场馆的基本安全管理和每天晚上闭馆后的安全巡查和管理工作；广场外围的车辆停放、道路秩序，地下车库停车管理及广场外围的治安秩序管理，以及开幕式期间领导贵宾停车区的规划与管理，确保治安稳定、秩序良好、道路畅通、停车有序。

会展组委会安全保卫人员______名，主要负责展区的日常管理和有关涉及安全和稳定方面的问题的处理及整改，主要工作是负责展区的安全巡查，检查展区有无出现安全隐患，防止人员拥堵，提醒展商和观众保管好贵重物品，制止在场内吸烟、用火等不安全、不文明行为。一旦发生突发事件及时组织人员从安全出口疏散，控制事态发展并及时向有关人员和部门领导报告情况。

六、展馆消防安全措施

1）承办单位应确保无论在何种情况下，火警警铃触点、消防水管绕盘、灭火器和安全门不得因展台、隔离物、展品或其他物品而阻塞。通向此类地点的通道亦不得被封住。

2）承办单位应特别注意一切消防设备系统，空调通气口、电梯火警拉线处、室内照明装置和监控装置不能受阻碍或使视野受阻。

3）承办单位的工作人员应熟悉会展中心提供的火警警铃触点、消防栓、灭火器和安全门的位置；在展览期间观众进入租用区域的时候，所有出口不得封锁。

4）参展商仅能在所租用的展位区域内演示机器、器具，并由合格的人员操作；运作时不允许无上述人员监管。所有运行的机器必须与参观者保持相对安全的距离，且均应安装安全防护装置，只有当机器被切断动力源时，这些安全装置才能被拆除；若参展商没有采取充分的防火措施，不得使用发动机或动力驱动机器。

5）除非另经本展馆的书面允许，否则不得在展馆内使用明火、爆炸物、石油和易燃、有毒、放射性、腐蚀性物质；有毒废物应置于封闭并做标志的适当的容器内，并应与展馆安全部门联系其处理方式。

6）承办单位需设定治安缓冲区域，并设置明显的标志。

7）做好会展入场人员的票证查验，并进行必要的安全检查措施。所有进入会展中心和在展厅工作的人员必须将主办单位统一印制的有效证件挂在胸前，自觉服从和配合门卫查验证件和进行安全检查；证件持有人可进入办展单位租用区域并在此区域内工作，但不得进入会展中心内未经许可的区域。

8）做好会展现场秩序维护工作。本展馆每层有四个疏散出口，承办方需组织人员进行人员疏导工作。

9）承办单位需制定会展应急救援预案，随时准备处理各种突发事件，确保有效应对突发事件。

七、承办方具体负责下列安全事项

1）落实会展活动的安全工作方案和安全责任制度，明确安全措施、安全工作人员的岗位职责，开展大型群众性活动安全宣传教育。

2）保障临时搭建的设施、建筑物的安全，消除安全隐患。

3）按照负责许可的公安机关的要求，配备必要的安全检查设备，对参加本次会展的人员进行安全检测，对拒不接受安全检测的，承办者有权拒绝其进入。

4）按照核准的活动场所容纳人员数量、划定的区域发放或者出售门票。

5）落实医疗救护、灭火、应急疏散等应急救援措施并组织演练。

6）对妨碍本次会展安全的行为及时予以制止，发现违法犯罪行为及时向公安机关报告。

7）配备与会展安全工作需要相适应的专业保安人员及其他安全工作人员。

8）为本届会展的安全工作提供必要的保障。

八、安全保卫小组联系方式

会展安全负责人：　　　　电话：

展馆安全负责人：　　　　电话：

会展组委会

年　月　日

5.4 会展商务服务

广义的会展商务服务既包括发生在会展现场的租赁、广告、清洁、安保、翻译等专业服务，也包括餐饮、旅游、住宿等相关行业的配套服务，可以指会展现场的商务服务，也可以指会展现场的延展性服务，如会展电子商务等。因商务服务内容广，本书仅介绍与办展单位、参展商、参展观众联系较为紧密的服务内容。

5.4.1 会展餐饮服务

会展场馆内的餐饮服务包括快餐服务、咖啡厅服务、外卖服务、宴会服务、饮用水供应、小食品售卖等服务形式，其目的是为会展参与者提供卫生、快捷、美味的食物。根据会展的内容，会展餐饮可分为展览餐饮和会议餐饮两类。

展览餐饮的特点是预算较低，饮食时间紧迫，菜式简单，就餐地点一般在场馆内，只需提供中午餐。会议餐饮较展览餐饮丰富，费用预算较高，而且一般需要负责会议期间的全部饮食。一般会议餐饮的安排是，早餐以自助餐为主，少数为客房用餐；中餐采取自助餐或大型圆桌工作餐的就餐形式；晚餐作为正餐，主要以宴会为主。会议期间还可以辅以酒会的形式以加强参会者之间的交流。

展览餐饮虽然只需要提供一顿午餐的服务，但要同时满足参加会展活动成千上万的餐饮需要也是一件不容易的事，因此要做好相应的准备工作。从场馆内的餐饮服务功能区设计来看，有些大型会展场馆在设计时设置固定的餐饮区，这些餐饮区可以自主经营，也可以租赁给专门的餐饮企业经营。例如，广州国际会展中心就在场馆中配备了几个固定的餐饮服务功能区，这些服务功能区有自主经营的，也有租赁给快餐店或咖啡厅经营的。还有一些没有设置固定的餐饮区，只是根据需要在会展期间临时设置餐饮服务区。例如，厦门国际会展中心与会展酒店紧密相连，会展参与者的饮食全部由会展酒店提供，因此在厦门国际会议中心内没有固定的餐饮区。会展场馆是否需要设置固定的餐饮服务功能区，面积应该多大，这要根据会展场馆预计的市场前景来定。

会议餐饮采用何种形式，通常根据会议目的、邀请对象及经费开支等各种因素而定，包括：宴会，为正餐，有国宴、正式宴会、便宴之分；招待会，是指不备正餐，较为灵活的会议宴请形式，备有食品、酒水饮料，通常不排席位，宾客可以自由活动，常见的有冷餐会（自助餐）、酒会（鸡尾酒会）；茶会，是一种简便的招待形式，举行的时间是在上午会议的 10:00、下午会议的 16:00 左右。

会议餐饮安排根据会议的内容和时间，一是确定用餐的形式。例如，如果要在会议用餐过程中安排演讲，那么采用围桌让服务人员送餐的方式就比较好，若会议时间紧张，采用自助餐形式则比较好。二是预定餐厅。餐厅的选择要考虑大小、卫生条件、饭菜质量、距离、价格。三是统计就餐人数。统计人数的方法可根据会议签到，或者进行分组统计，然后汇总。四是印制和发放就餐凭证。一种是印制专门的会议就餐券，在与会者报到时和会议文件一起发放；另一种是凭会议代表证进入餐厅。五是商定菜谱。既要保证与会者吃饱吃好，又要将经费控制在预算之内。

此外，会展餐饮服务应当做好以下几个方面的工作。

1. 卫生管理上要严格

为会展参与者提供食物和饮料（包括饮用水）的公司要经过卫生防疫部门的认证，不允许没有卫生许可证或未被场馆认可的供应商的食品和饮料进入场馆。进入场馆经营或售卖食品和饮料的供应商应与场馆方面签订食品卫生保证书，确保提供安全卫生的食品。场馆内自行制作的食品，应从采购到加工制作、运输、供应环节全部由会展中心独立完成，且由卫生防疫站全程监督，供餐样品需 24 小时留样。在场馆周围要禁止未被批准的商贩或餐饮销售商兜售食品。无论是餐饮供应商还是场馆本身，每一位供餐人员都必须持“卫生健康证”上岗，且要按餐饮工作人员的要求穿戴。

2. 餐饮品种上要丰富多样

虽然每位会展参与者一次享用的菜式可能只有几样，但会展参与者的口味是千差万别的，因此需要最大可能地了解顾客的需求。需了解的内容包括会展参与者的来源地、来源地的饮食习惯和忌讳、不同时间的饮食要求等，以便提供符合顾客口味的餐饮。例如，如果会展有较多来自中东的客人，则可以考虑准备一些口味偏咸的肉类菜式；若是广东客人较多的会展，可以考虑多准备一份汤：若是西方客人较多的会展，则多准备一些汉堡、三明治、薯条和咖啡等食品和饮料。除了中午用餐之外，还可以考虑为有需要的客户提供下午茶和小点心，一方面可解乏，另一方面可以洽谈生意。

3. 服务上要细心到位

硬件上，要有明显的指示标志，如餐厅引领标志、禁烟标志，提醒保管好贵重物品、收银台、饭菜规格等中英文标志牌，使参展商用餐时一目了然；重复使用的餐具要完整、没有缺口，没有磨花的痕迹，餐具要经过严格消毒且不沾水；一次性用具要采用环保无毒无害的材料制成。饭盒要高档，并配有餐巾纸等用具；服务人员的着装要干净整洁，无污迹。软件上，要加强对餐饮服务人员的培训，培训其服务意识和简单的英语交流能力；根据任务制定详细的时间表，严格控制厨房出菜时间；快速搬椅铺台、清理餐桌，以便接待下一位用餐者；引导客人到餐饮区排队，保持餐饮区的就餐秩序；及时清理残渣剩羹，保持餐饮区的环境整洁。

餐饮服务中有一个问题需要特别提出，即在展厅中是否允许餐饮？不少参展商因为就餐区的人较多，或者因为业务繁忙无法脱身，而购买盒饭到自己的展位上就餐，有些场馆甚至提供为展位送餐的服务。从正规的场馆管理来说，这样的做法是不妥的。一方面，这种做法影响了整个会展及参展商的形象；另一方面，这种做法很容易使残渣剩羹四处散落，同时散发出难闻气味，这会对场馆环境带来不良的影响。因此，办展单位与场馆方面应该禁止这种行为，同时为客人提供充足的就餐座位，并延长就餐时间。

5.4.2　会展翻译服务

与会议的同声翻译服务不同，这里的翻译服务是指为参展商或采购商个人提供翻译以进行商业交易活动。会展中的翻译服务现在有很多被学生所包揽。一方面，他们有极高的热情，通过这种机会锻炼自己的外语能力，同时获得一笔收入；另一方面，雇佣学生低廉的价格也为参展商和采购商所欢迎。然而，这些“街头”翻译的水平良莠不齐，有些虽然取得国家外语水平等级考试证书，但口语能力，尤其是商业英语的应用能力可能并不尽如人意。出现这种情况的原因是国内的翻译服务队伍不足，同时缺少统一的政策规范。

随着国内会展业的蓬勃发展，中国翻译行业也面临发展机遇。中国翻译行业开始步入规范化的管理阶段：国家人事部从2003年开始试行全国翻译专业资格（水平）考试；为规范翻译服务市场，拓展行业职能，国家质量监督检验检疫总局颁布实施了《翻译服务规范》，使消费者有了选择翻译服务的客观标准。

为满足会展的需要，提供有质量保证的翻译服务，办展单位应该提供更为专业的外语翻译服务，在场馆内设置外语翻译服务中心，根据国外参展商的情况提供英语及其他小语种的翻译服务。办展单位为客户提供的翻译人员应持有国家认可的翻译专业资格证书，熟悉商务运作，有良好的职业操守和行为准则，不卑不亢，热情周到。办展单位也可委托专业的翻译公司为客人提供服务，并签订有关合同。

对于办展单位来说，翻译服务也是其服务内容之一。相对于缺乏管理的“路边”翻译市场，办展单位提供的翻译服务应该更为专业和规范。从翻译人员的素质看，办展单位提供的翻译人员应该达到国家规定的外语水平，能够准确把握关键信息，并用精确的词语翻译，在翻译质量上予以保证，贸易双方不会因此而产生歧义。从翻译人员的类别来看，办展单位应能提供多语种的翻译人员，除了英语、法语、日语等大语种外，办展单位还应配备小语种的翻译，如阿拉伯语、韩语、西班牙语等，以便为各类会展参与者提供服务。从对翻译人员的管理看，办展单位应制定对翻译人员的管理规定，明确翻译人员的职业道德准则和行为规范，使翻译人员在严格遵守国家的外事政策的同时，能提供有理有节、全面周到的翻译服务。

5.4.3　会展交通服务

会展交通包括三层含义：一是活动参与者进出会展城市的交通，二是来往于酒店与会展场馆之间的交通，三是场馆内的交通。会展参与者进出会展城市的交通不仅是办展单位的工作，还涉及会展活动举办城市的交通设施完备情况。拥有多航线的国际化机场，各条铁路主干线的枢纽，四通八达的高速公路，这些都是城市举办会展的硬件条件。从办展单位来说，当举办大型会展时，要站在会展参与者的角度考虑应该提供哪些方面的服务。从会展参与者进入举办城市考虑，办展单位应把场馆的详细地址及简易地图通过邮件、宣传资料、网站等形式向外公布，告知与会者如何通过搭乘不同的交通工具到达场馆。如果有能力，办展单位还可以和参会者约定时间派人到机场或火车站迎候，以减少参会者对城市的陌生感。

往来于酒店与会展场馆之间的交通，一般由酒店方面根据入住参展商的情况派出会展专车接送。作为办展单位，要准备场馆内旅客大巴的停放和上下点，并有专人维持秩序和引导。为保证场馆安全，办展单位还要对市内主要酒店发出有关通知，告知大巴在场馆区域内的行使路线和停车上下点，要事先为酒店的司机、跟车人员办理出入证。往返于酒店与会展场馆之间还可以搭乘公共交通工具，如地铁、公交车、出租车等，办展单位应将会展活动期间的市内交通指示通过公共媒体发布，同时在各个公共交通站标示进出场馆的交通路线。

会展中心一般占地较大，大型会展期间有时还会同时使用两个场馆，因此有必要解决场馆内的交通问题。场馆内的交通形式有穿梭巴士、自动人行道、电瓶车等。通常情况下，穿梭巴士和电瓶车是免费乘坐的，当需要控制人数时，可适当收费。电瓶车和穿梭巴士要有固定的上下客点，竖立注明停车点位置的场馆地图。场馆内要慢速行车，以行人优先，场馆区域不允许按喇叭。

5.4.4　会展保险服务

组织会展需要办理保险。会展组织者一般不负责展出者展品的丢失、损坏和人员的伤亡事故，以及在展台内发生的第三者伤亡事故。因此，展出者需要自行办理保险。保险涉及投保险种、投保金额、投保期限等问题，不仅涉及展品和运输，还涉及展台人员、参观者等。

会展涉及的险种比较多，包括展览会取消险、展览会推迟险、政治险、雇工责任险、运输险、战争险、火险、盗窃险、破损险、人身伤害险、公众责任险、人身事故险、个人财产丢失险、医疗保险等，名目繁多，比较“冷僻”的险种有展览会附属研讨会主要发言人未出场险。但是，参展商没有必要投保所有险种，只需根据规定和需要选择险种投保即可。基本险包括展品、运输、人身、第三者有关险种。会展组织者、运输公司、施工管理部门等规定了一些强制性的保险要求，这些规定应予以执行。此外，参展商可以根据自己的实际需要办理其他险种。对于参展商，主要投保险及办理投保需要注意如下事项：展品和道具险，保期要包括运输和展览会过程。

1. 运输险

为安排展品在运输和展览过程中的保险，在展品发运并取得提单后，按清册价办理保险手续。保险期从货物在国内仓库发运至运回国内仓库止。分保业务可交由承保行办理，其他险种，如战争险根据强制性的保险要求及实际需要视具体情况决定。在运输途中货物发生破损丢失，应设法向事故责任方取得理赔单证。若无法取得理赔单证，则要求责任方填写证明书。受损方填写受损报告书，连同索赔清单交承保公司办理索赔手续。索赔期一般为一年。

2. 第三者责任险

为防止施工期间施工人员发生事故、参观期间参观者受到意外伤害，如展架倒塌压伤参观者等，应在展览施工和展出期间投保第三者责任险。

3. 展出人员险

展出人员险包括医保险、人身事故险、个人财产丢失险等。例如，乘坐飞机目前还未能达到百分之百的安全，因此，有些展出者为其展台人员办理乘坐飞机的人身险。这是在飞机票价内的保险之外加办的保险，万一出现事故，事故受损方将获得航空公司和保险公司赔付的两笔赔偿金。

保险应当是展览业人士所掌握的业务，大部分展览保险是展出者听取保险公司建议后安排的。展出者一般可以使用有长期关系的保险公司。如果展览会所在地规定必须使用指定保险公司，在了解清楚后按规定办理。展览会组织者通常会推荐可靠的保险公司，有些专业的展览保险公司可以提供一揽子展览保险。

如果展出者办理了长年保险，可以不再专门为展览办理保险，只需要将展览保险纳入长年保险范围之内即可，保险公司可能不会增加保险金。如果是集体展出组织者投保，有长期业务关系，保险公司也可以提供优惠标准。集体展出组织者一般不会承担保险费用，但是往往会统一办理保险。集体办理保险可以节省参展者的精力，费用均摊，标准也会低一些。保险最重要的单证是受保险单，其他可能使用的单证有受损报告书。

5.4.5 会展秘书礼仪服务

秘书礼仪服务涉及的内容较多，而且会议和展览的侧重点有所不同，会议更侧重秘书服务，而展览更侧重礼仪服务。秘书礼仪服务的内容可以分为以下几类。

1）商务服务类：主要提供计算机文字处理、国际国内长途直拨电话、传真、打字、复印、计算机上网、预订酒店及机票、旅游咨询等服务。

2）礼仪接待服务类：主要是指会议室、贵宾室、会展场馆、开幕式或闭幕式、新闻发布会、颁奖仪式现场等场所的礼仪接待和路线指引服务，以及接待或会议过程中的翻译服务。

3）会议记录服务类：应办展单位的要求对会议的过程进行速录，或者通过现代摄像和录音设备，记录会议活动过程的服务，也包括通告编辑和会展简报发布的服务。

4）会议资料处理服务类：在会议过程中，会议的资料复制、装订、装袋、分发等服务，以及会议过程中，提案和议案的整理、分类和报送等。

5）会展调研和统计服务类：会展中通常需要了解展会的成交金额或达成意向的项目金额，以了解会展的成效。同时，会展需要进行相关的客户满意度调查，了解客户对于场馆的布置、设施、管理等各个方面情况的满意度，以便为提高自身的管理水平提供参考。

周到的秘书礼仪服务可以提升会展的形象，要做好这项工作应全面了解会展的内容和过程安排，并与办展单位共同决定所需提供的秘书服务内容。根据所商议的服务内容，确定会展场馆内提供服务的合适场地及所需工作人员的数量和素质要求。有时会展场馆仅提供会展秘书礼仪服务的场地或者部分办公设备，而秘书、礼仪小姐和工作人员由办展单位提供，这样做可以使会展的办展单位选拔更为合适和专业的服务人员参与到活动中，而且办展单位可以直接指挥和调动这些服务人员，对于协调各方面的工作更为有利。

5.4.6　会展知识产权服务

会展是向人们展示和推广产品的地方，自然会带来企业最新和最先进的产品，由于利益的驱使，不少不法商家借机偷取他人的研究成果。也有一些厂商甚至把盗取别人知识产权生产出来的产品以较低的价格在展览会上展示和交易，严重地损害了正规厂家的利益。因此，为了保证交易会正常健康地进行，防范道德风险，有必要在场馆内提供知识产权保护服务，接受参展商有关的投诉，并对侵权单位予以一定的处罚。

做好知识产权保护工作要未雨绸缪，在签订参展合同时就需要加入保护知识产权方面的条款。例如，“参展企业必须保证其所有展品和展品包装，以及宣传品或展览展位的任何展示部分，在各方面均没有违反有关法规或侵犯他人权利，包括所有知识产权；参展企业须同意赔偿办展方因第三方指使参展企业侵权而引致的一切费用与损失”，这样便能对参展企业的行为起到一定的警示作用。

在会展现场应设立知识产权保护办公室，该办公室一方面可以为参展商提供有关知识产权保护方面的咨询，另一方面受理会展举办期间发生在展馆现场的涉嫌侵犯知识产权行为的投诉。办公室的工作人员应具备一定的法律知识，特别要通晓有关知识产权方面的法律法规。如有需要，会展场馆或主办方可邀请商标、专利、版权等知识产权管理部门协助处理涉嫌侵权的投诉。

由于展期时间较短，要立即判定侵犯知识产权的行为有一定的困难，因此知识产权办公室主要承担临时化解纠纷的任务，并提供可能侵权的证据。需要注意的是，投诉人必须通过知识产权保护办公室，方可对会展举办期间发生在现场的涉嫌侵权事件提出投诉。对不通过办公室，擅自与涉嫌侵权方进行交涉，在现场引起纠纷而影响交易秩序的人员，办展单位有权禁止其进入展馆。

当参展商发现场馆内有侵犯自身知识产权的行为时，如在展馆内发现展位上陈列摆放的展品、宣传品及展示部分涉嫌侵权，参展商可持当届展会有效证件，到会展中心知识产权保护办公室投诉，并向服务部工作人员出示权属证据（权属证据包括专利证书等）。证据经工作人员审验有效后，投诉人须按要求填写相关的投诉表。办公室收到投诉表后，即可安排工作人员处理投诉。办公室处理涉嫌专利侵权个案，适用举证责任倒置原则，即被投诉方在被告知其展出的展品涉嫌侵权后，应立即出示权利证书或其他证据以证明其拥有该展品的展出权或经营权，做出不侵权的举证，并协助服务部工作人员对涉嫌展品进行查验。若被投诉方不能当场对被投诉涉嫌侵权的展品做出不侵权的有效举证，服务部工作人员有权协助国家有关部门对该涉嫌侵权展品做暂扣处理。被投诉方须立即签署“承诺书”，承诺在本届交易会期间不再经营或展出该涉嫌侵权展品。“承诺书”一式两份，分别由被投诉方和办公室持有。如被投诉人对办公室的处理结果有异议，可在规定的时间内提出不侵权的补充举证。经国家有关部门审核举证有效的，办公室应立即发回暂扣展品，并允许其继续展出；举证无效、逾时举证或不做补充举证的，办展单位有权协助国家有关部门对暂扣展品做没收处理。为维持会展的交易秩序，在办公室做出处理且被投诉人接受此处理后至当届展会结束前，投诉人不得在会展现场对被投诉人采取法律行动。

思考与练习

1. 阐述会展物流服务的内容。
2. 阐述会展搭建服务的内容及如何进行控制。
3. 简要说明会展清洁服务的操作流程。
4. 如何做好会展餐饮服务？
5. 会展秘书礼仪服务的类别有哪些？

实　训

1. 某知名会展公司的名酒展于每年春秋两季举办，为期三天，在广州琶洲展馆举行，境外参展商比例较大，需要 80 名现场服务人员，要求其中至少一半服务人员的英语口语流利。假如你代表本校与其人力资源部门沟通，承办 2014 年秋季名酒展的现场服务工作，你将如何制定谈判计划并进行现场汇报？

2. 假如该次谈判成功，你将是如何对参加现场服务的学生进行培训，并就合作细节与该会展公司进一步商谈？

管理篇

第6章　会展信息管理

❖ 主要知识点

1. 会展信息管理的概念；会展信息的来源与分类。
2. 会展企业的信息化管理；现场管理的信息化服务；会展中心的信息化服务。
3. 会展电子商务的内涵、模式与体系。

❖ 学习目标

1. 认识会展信息的来源和具体分类。
2. 掌握会展信息服务的内容。
3. 了解现场管理信息化服务的内容。
4. 理解会展电子商务信息服务。

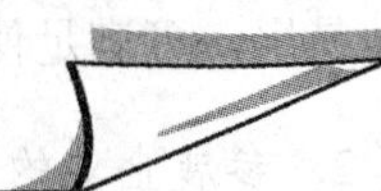

6.1　会展信息管理概述

6.1.1　会展信息与会展信息管理

1. 会展信息

从管理学角度界定，会展信息是有关会展行业的各种消息、信号、情报，是经过加工后的行业相关数据，对会展行业决策或行为具有显示或潜在价值，是展览馆、服务商、参展商、专业观众等会展利益相关者信息的集合。会展信息主要包括以下几个方面。

1）会展行业信息，包括国内外会展场馆信息、专业展览会信息、参展商和厂家信息、展览观众信息及会展服务商信息。

2）会展企业业务部门/管理部门的业务信息和管理信息，包括会展主办方对场馆租赁的需求、参展商的参展需求和服务需求、观众网上报名等数据。

3）综合评估数据，包括会展评估报告，分析报告，参展商、观众、服务商满意度等调查报告。

4）会展企业内部公文数据和办公数据。

2. 会展信息管理

会展信息管理是指为了满足会展企业管理需要而进行的信息产生、识别、筛选、收集、加工、传递、存储、检索、输出等各项工作的总称。信息是会展管理人员可以加工利用的最重要的资源。

6.1.2　会展信息的来源

1. 会展企业的信息

会展企业的内部信息主要有四类：①会展产品基本信息（如主题、时间、地点、参展产品、目标参展商、目标专业买家、活动、服务等）；②会展产品价格信息；③会展产品销售渠道信息；④产品促销信息。

目前，许多会展企业都建立了企业内部信息网。建立企业内部信息网的目的是在有限范围内，利用企业内部信息网成熟的标准构建企业内部的网络系统。它不仅是企业内部信息收集和发布系统，具有严格的网络安全保障机制，还具有良好的开放性，可有效解决系统内部信息共享和交流的问题。

企业内部信息是企业营销决策的重要依据，建立企业内部信息网的基本要求有以下几点：①从企业的管理目标出发，应建立一套规范化、科学化、系统化的信息收集指标体系；②信息的收集渠道要稳定、规范、可靠；③从实效的角度出发，信息应实用、易学、易用，可满足使用者的基本要求。

2. 参展企业的信息

参展企业的信息是根据对参展企业的调查获得的。对参展企业调查的具体内容包括参展企业所属区域、参展目标、展出效果、接待客户数、展览满意程度、展览期望、有效推广媒体调查等。其中企业参展目标是一个重要的信息来源，根据 AUMA2003 年的调查报告，企业参展目标：提高名声为 85%，密切与客户联系为 70%，赢得新客户为 70%，宣传市场占有率为 63%，新产品引入为 60%，提高产品知名度为 58%，交流信息为 50%，识别客户要求为 50%，影响客户决策为 33%，签署销售合同为 29%。从中可以分析出在企业参展目标中，提高名声和密切与客户的联系是主要的，而签署销售合同并不是主要目标。展览组织者从企业参展目标中可以准确了解参展企业需求信息，有利于展览组织机构根据参展商具体需求情况进行招展、招商工作，从而为会展活动找到准确的定位。

3. 竞争者的信息

竞争者的信息主要可以从企业外部和企业内部这两方面来获得。

（1）外部源泉

1）参展企业是竞争者信息的重要源泉。

2）竞争者本身也提供了大量的信息：从年度报告可获得其财务方面信息；从广告印刷品可了解其项目信息；从公司的新闻信件和新闻影片可了解新项目投放和销售方面的信息。

3）参观竞争对手的贸易展览会，以研究竞争对手特别是他们的新项目。

4）会议可使企业有机会与竞争对手接触，获得他们在会议上所提供的，通常是第一手并且近期的信息。

5）与竞争对手合作，共同开展一些重要项目。在合作过程中，信息流通得会更快，获取也更容易。

6）出访考察期间，可获得销售信息和产业信息，将有助于对尚未投放市场的项目进行市场定位，并发现某些以前未知的策划方式和方法。

7）从专业咨询公司获得的有关竞争者销售、财务、技术的信息。这些专业公司可以对某一特定领域、某一细分市场或某个竞争对手进行调查研究。

8）专业行政机构大都支持和帮助技术发展，也可以提供有价值的信息。

9）公共或私人的资料库可以提供比较完全的资料，它可以迅速提供有限的信息，但是需要等待很长的时间（一个月甚至更长）来获得其他附加信息。

10）新闻媒介可以向读者提供大量信息，获取这些信息的方式简单，相对来说成本较低，但经常过时，并缺乏保密性。

（2）内部源泉

1）现任雇员。会展公司的劳动力流动速度很快，曾经在竞争对手公司工作的雇员，不管是高级主管，还是低级雇员，都是非常好的信息提供者。如果来本公司的应聘者已经与公司的竞争对手有过交谈，那么他们提供的信息也是十分有用的。

2）与以前的雇员保持联系也是非常必要的，特别是当公司刚起步并有可能成为此行业强有力的竞争者时。

此外，为了对企业的长期生存环境进行监控，营销部门应该承担起对竞争对手进行评估的责任。它必须第一个对竞争者的行动并做出反应，并参与这些行动。而要做到这一点则必须收集竞争者的信息。竞争者信息的来源与参展企业信息的来源有很大的相似之处，两者往往可以同时进行。

6.1.3 会展信息的分类

1. 宏观信息

会展项目组委会应当为参展商和观众提供相关行业的宏观信息。会展项目组织者有责任和能力提供的宏观信息应包括有关本行业经济整体运行态势、前景、宏观调控力度及采取的战略性措施；有关国内外市场供求趋势和价格行情。宏观信息将有助于参展商把握企业发展的动向，节省战略成本。

2. 微观信息

会展项目组委会应当为参展和观展人士提供相关产业最新的微观发展动态，包括最新技术（产品或服务）、领军企业的最新发展动态及公开报道的实施战略与规划的行动方案等。微观信息是参展者和参观者比较关注的问题，能够直接作为他们经营发展的重要参考。

3. 参展人员之间交流的信息

会展项目组委会应该为参展商之间，参展商和参观者之间，参展商、参观者和主管部门、科研机构之间建立沟通资讯的平台，为生产经营提供市场导向、供求渠道，架设交流的桥梁。会议展览更多的内容是在交流，但展会往往“重展示，轻交流”。会展组织者如果能够采取有效方式，使企业在横向（跨地区、行业）和纵向（上下游和目标客户）两方面都得到比较理想的交流机会，对企业而言是一笔巨大的财富。

4. 参展信息

会展项目组委会应该充分利用公共信息查询服务系统，一方面深入繁华场所、交通要道，发布有关参展的信息，如会展场馆地址、乘车路线、行车路线、展览时间、联络方式等；另一方面要在展区内做好线路指引、问题咨询、参展须知等一系列方便参展者和参观者的信息服务，这将有利于提升会展的形象。会展往往人员众多、情况复杂，很难做到尽善尽美，但是组织者和工作人员必须抱着以人为本的观念，实施人性化、规范化的信息服务。

5. 其他信息

其他信息包括市场开发方面的信息，如会展市场的现状及发展趋势、同类型展览会的经营状况、展览会的市场占有率、潜在竞争者的数量和规模。会展技术方面的信息，如会展场馆建设与装潢技术、新的布展概念与工艺、更先进的会议或展览设备、其他相关技术。专业客户方面的信息，如参展商或观众的基本情况，忠诚客户的经营动态，参加会展的目的，对展会项目和服务及价格的要求、建议和意见等。

6.2 会展信息管理的内容

6.2.1 会展企业的信息化管理

会展企业信息化管理在于构建一个以会展服务为核心业务的企业管理平台，具体包括以下几个方面。

1. 客户关系管理

会展企业的客户资源主要有与公司发生现实交易的参展商、有可能发生业务的潜在参展商、被公司组团外出参展的参展商、参加公司组织会展的观众、展馆提供者、宾馆和相关服务公司，而核心业务客户是参展商和专业观众。

会展企业要管理好会展企业的客户资源，公司的客户资源及面向客户的口径应得到统一，部门之间的工作应按照客户工作的基本流程进行，部门协调工作将按照流程而不是部门进行，并通过各个部门共享的客户数据库及交流平台，统一与客户进行交易及沟通，以提高客户的满意度。

2. 销售业务管理

销售业务管理主要用于集中管理企业销售行为，包括客户跟踪、联系日志、合同签订与变更、合同注销、应收款管理、票据管理等方面。

销售业务管理的目标：全程跟踪销售进程；量化的业务部门考核；及时准确的应收应付款管理；全面的销售日志，有效分析销售中存在的问题；销售行为由个人行为转化为企业行为；全面的财务监管；电子化的销售流程，管理层对销售行为全面而及时的分析并决策。系统中与销售管理相关的模块包括应收款与应付款管理、合同管理、招商进度管理、客户资源分配管理、展位资源分配管理、销售业绩测评、票据管理等。

3. 协作办公自动化

随着企业的办公要求越来越高，对办公效率和信息处理的要求也越来越严格。办公自动化管理信息系统将有助于提高会展企业办公效率；集中管理办公数据；扩大办公范围，允许远程办公和远程监控；集中管理企业内部资源，提高利用效率；保留办公痕迹，集中办公管理。系统中与办公自动化相关的模块包括公文管理、合同档案管理、音像档案管理、邮件/快递件管理、电话/传真管理、资料管理、规章制度管理、员工管理、绩效考核管理等。

6.2.2　现场信息化服务

现场信息化服务不仅提升了会展信息化的水平和会展形象，还可更好地为会展参与者服务，更能获得宝贵的会展信息资源。

1. 展前信息服务

在会展开幕前，主办方要围绕参展商和观众处理细节工作。会展准备服务主要包括以下几个方面。

1）参展证。应提前为目标参展商制作个性化或通用的参展证，在会展举办前寄送到参展商手中。

2）专业观众证。对于预登记的专业观众应提供制卡服务，可制作个性化或通用的参观证，在会展举办前寄送或在现场直接领取。

3）现场触摸屏参观导览系统。此系统可帮助参与会展的人员了解会展的相关情况与相关服务，提高会展参与者的满意度。

2. 现场信息服务

1）参展商、专业观众报到注册系统。在数据库中预注册的参展商、和专业观众可直接拿到自己相关的会展证卡和资料等。未预注册的参展商、专业观众在提交相关信息后可现场制卡，也可领取相关资料。

2）参展商、专业观众资料管理系统。对发放给参展商、专业观众的资料应进行管理，可以及时发放给参展商、专业观众参展指南、观展指南、搭装证等资料和证明。

3）参展商、专业观众申请服务管理。参展商、专业观众在报到时可以申请其他服务，如住宿、饮食、租用设备等。

4）参展商、专业观众信息管理。收集参展商、专业观众的姓名、单位、职务、地址、电话等基本信息，并对数据进行录入、分类等操作。观众入场时，门禁系统需要采集入场者的信息和入场时间信息，以便统计流量等信息。

5）电子会刊。电子会刊是以光盘为载体的会刊，与普通会刊相比，它能提供更详细的数据，具有检索分类更方便、成本更低、更美观等优点。

6）事件管理。对会展期间举行的酒会、培训、讲座、研讨会等要进行管理，如对参加资格的审核、收费、特殊要求等的管理。

3. 展后信息服务

1）参展商、观众调查表的发放和回收。此表录入后可利用系统对参展商、观众的信息进行统计和分析，形成分析报告提交给会展主办方。

2）参展商、观众满意度调查。通过回收调查问卷，在参观观众或参展商中抽样选取样本进行问卷调查，可更深入地了解参展商、观众的信息，以及他们对会展的评价。

3）提供数据分析报告，包括门禁流量、展台流量、单位情况、观众情况、观众调查表、服务事件、收支等项目的统计分析。

6.2.3　会展中心的信息化服务

可靠、先进的信息网络系统是现代会展中心不可缺少的重要组成部分。例如，广州国际会议展览中心于 2003 年选定了美国网捷网络的网络设备解决方案，并由 IBM 全球服务部提供整体的信息技术服务和咨询服务，首期工程成功构建了完整的信息网络技术，完全满足了会展中心对网络设计在高性能、数据多、语音和视频合一、安全性、可扩展性及易于管理等方面的要求。

1. 建立安全、先进、完善的信息技术网络

会展中心建设应以建筑为平台，兼备建筑设备、办公自动化及通信的网络系统。如在网络协议方面，能支持多种网络通信协议、多种传输介质。在局域网方面，不仅要在会展中心内部建立起计算机局域网络系统，还要建立起内部的办公局域网，要具有支持虚拟局域网（VLAN）技术及 VLAN 组网功能。在组网技术方面，以千兆以太网为网络骨干，并具有升级到万兆以太网的能力。同时，要以交换式千兆以太网为骨干、100 兆交换到桌面，部分信息端口为光纤到桌面。在网络管理方面，需要设立一个网管中心，建立一套中心数据库系统。总之，会展中心应为会展提供一个高效、安全、便利的建筑环境。

2. 建立会展中心的智能信息网络系统

会展中心应为与会者提供高水平的信息化和智能化服务，如智能卡管理系统、通信系统、网络系统等。智能卡管理系统可在会展中心的展厅、会议室、库房等重要场所设置电子卡，对出入口进行管理控制，凭卡入内，为展厅内的人员提供良好的投资洽谈及参观环境，并为采集客商信息、建立客商数据库提供条件。通信系统包括会展中心内的

直线电话服务、无线网络覆盖系统等其他的通信系统，应能为与会者提供全方位的各种通信服务，必要时还要为重要客人开设保密电话。现代化会展中心的网络系统应同时满足一定数量的信息点的交换能力，使用者通过局域网无须拨号即可直接进入互联网。会展中心还需设置一台 ATM（asynchronous transfer mode，异步传输模式），展馆的实况可即时传送到各主要酒店，展馆内还可通过网络系统进行视频点播。参展商、参观商可通过互联网、展位上的终端和公共区域内的触摸屏、公用计算机等信息服务系统进行资料查询、信息交流等。

3. 建立数据库系统

会展中心应建立专业客商数据库（如参展商数据库、采购商数据库），将收集的客户信息进行分类整理，重点突出如企业名称、产品性能、生产规模、经营方式、结算方式、联系方式等信息，并可制作光盘，将其提供给有关企业或观众，还可在会展网站上发布数据库信息，供国内外客商利用计算机上网查询，有针对性地选择各自所需的项目，与相关企业进行贸易洽谈。这样可以延续会展的功能效果，以提高社会经济效益。

6.3 会展电子商务管理

电子商务定义是 1997 年 11 月在巴黎举行的世界电子商务会议上与会专家提出的：电子商务是指实现整个贸易过程各阶段贸易活动的电子化。这一定义包括以下三个方面的内涵。

一是贸易手段。电子商务利用的是电子通信方式，不仅包括当前探讨比较多的互联网和电子数据交换技术，也包括其他各种电子工具，如电子证券交易、电子资金转账等。

二是贸易范围。电子商务包括交易各方以电子交易方式而非面对面交换或交谈方式进行的商业交易。

三是贸易内容。电子商务涵盖信息交换、售前售后服务、销售、电子支付、运输等多个贸易环节，由此也可以将电子商务分为两种：不完全电子商务（部分环节实现电子商务）和完全电子商务（实现整个贸易过程的电子化）。

6.3.1 会展电子商务的内涵

电子商务进入会展业是会展业自身发展的需要。因为会展本身就是人们进行信息交流发布、洽谈商业合作和进行市场营销的场所，它发挥的是一种桥梁和媒介的作用，而电子商务在这方面有着传统会展业无可比拟的优势，它提供了一个更为快捷、互动、有效的商务通道。

结合电子商务的定义，可以将会展电子商务定义为，为了满足会展企业、会展场馆、参展商及参展观众的交易愿望，通过以互联网为主的各种电子通信手段开展的一种新型的会展商业活动。按照电子商务对传统会展业介入程度的不同，也可以将会展电子商务分为两个层次：一是不完全会展电子商务，即在会展的运作过程中部分地借助电子商务方式为会展服务，实现网上广告、订货、付款、货物递交、售前售后服务，以及市场调查分析、财务核算等一项或多项内容；二是完全电子商务，即网上会展，会展的组织、举办等各个环节都实现了电子化，组展商、参展商和参展观众之间的交流主要通过互联网进行。

对会展电子商务的理解应从“现代信息技术”和“会展商务”两个方面考虑。如果将“现代信息技术”和“会展商务”分别看成一个集合，“会展电子商务”是两个集合的交集（图 6.1），是现代信息技术和会展商务活动的结合，是会展商务流程的信息化和电子化。

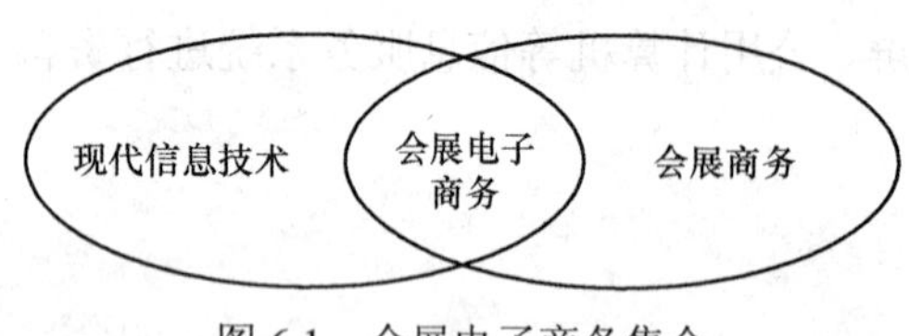

图 6.1　会展电子商务集合

目前，网上会展备受关注，通过对网上会展和传统会展加以比较（表 6.1），我们可以认识会展电子商务的特性。

表 6.1　网上会展与传统会展的特性对比

比较指标	网上会展	传统会展
组展手段	网上发布信息，辅以其他媒介进行宣传	文件、传真、电话等，辅以电子邮件和互联网
信息发布范围	世界各地、非定向发布	有限范围、定向发布
展出场所	虚拟空间	会展场馆
展出手段	文字、图片、声音、动画等，通过逻辑说理宣传企业形象和产品形象	实实在在的产品，以直观形象对外展示
参展费用	仅需支付远程登录费	需支付展品运输费、展位费、施工费、人员费用等
展出期限	从理论上来说可以无限期地进行下去	一般有固定展期，多为 3～5 天
观众范围	面向广大网民，遍布世界各地	面向特定区域或特定专业人士
观众收集目标展商方式	借助互联网搜索，到达包含展商信息页面	在展出场地中按照产品分类和摊位编号查找
交流方式	依靠电子邮件或其他移动聊天工具	多为面对面交流

目前，网上会展的发展需要依附于实物展览会，特别是定期举办的展览会。组展方可以把参展商的资料放到互联网上加以广泛宣传，这将成为组展单位吸引参展商和观众的必要手段之一。

6.3.2　会展电子商务的运行模式

电子商务是通过信息技术手段将交易各方联系起来进行商贸活动的。按照交易所涉及的对象，通常将电子商务分为三种类型或模式：企业—企业（business to business，B2B）、企业—消费者（business to consumer，B2C）、企业—政府（business to government，B2G）。会展电子商务涉及组展单位、参展商和采购商（专业观众/买家）三方。组展单位可能是政府，也可能是会展企业，因此会展电子商务在运行过程中主要表现为以下四种特有模式。

1. 会展企业对会展企业的电子商务模式（B2B 模式）

这里的会展企业包括专业展览公司及会展场馆方。会展企业间的电子商务是指会展企业之间通过网络信息手段实现相互之间一对一或者一对多的合作交流和商务合作。它的功能在于通过会展企业之间的信息交流，开展网络合作，共同搭建会展网上交易平台，为广大的参展商和采购商（专业观众/买家）提供更加广泛、全面、权威的会展咨询，并在此基础上结合相应的会展在线商务往来、交易管理等需求，设计并构架相应的、符合各目的地运营模式的系统。

2. 会展企业对参展客户的电子商务模式（B2E 模式）

这里的 B2E（business to enterprise）中的 B 指的是组展的会展企业，E 指的是参展的各类企业客户。会展企业对参展客户的电子商务是指会展企业通过网络发布会展信息，提供专业服务，宣传招徕目标企业客户上网参展的在线营销活动。它的功能在于通过互联网向各类产品运营商提供一个便捷的网上展览和促销环境——跨时空、形象化的产品效果展示，专业权威的会展咨询，从而促进产品销售。同时利用网络开展一对一营销，尽可能多地吸引和招徕参展企业，为广大的采购商提供广泛的产品选择机会。

3. 参展企业对采购商的电子商务模式（E2C 模式）

这里的 E2C（enterprise to consumer）中的 C 是指上网的会展产品采购商。参展企业对采购商的电子商务就是通常所指的互联网销售和网络购物，是一种利用互联网推销参展企业产品和提供服务的销售方式。它的功能在于通过互联网向产品采购商中的网络用户提供一个便捷的网上购物环境——丰富全面的展品信息、专业权威的使用咨询、个性定制的产品设计等，通过交流促进采购商做出购买决策，并通过电子支付实现网上交易。

4. 会展企业对政府的电子商务模式（B2G 模式）

这里的会展企业是指承办会展的专业会展公司。会展企业对政府的电子商务模式是指当会展由政府主办、企业承办时，会展企业与政府之间进行的电子商务活动。例如，政府将拟举办的会展在互联网上公布，通过网上竞标的方式选择会展承办企业。它的功能在于通过网络的公开信息发布与反馈，一方面，增强政府办展的公开性和透明度；另一方面，政府可随时随地了解承办企业的办展情况，加强对会展活动的有效监督。

6.3.3　会展电子商务的体系构成

会展电子商务的相关要素十分复杂。完整的电子商务系统是在网络服务平台的基础上，由会展机构（会展场馆、办展单位和参展企业）、使用互联网的消费者、专业会展网站运营商和提供物流及支付服务的机构共同组成的信息化会展市场运作系统，如图 6.2 所示。

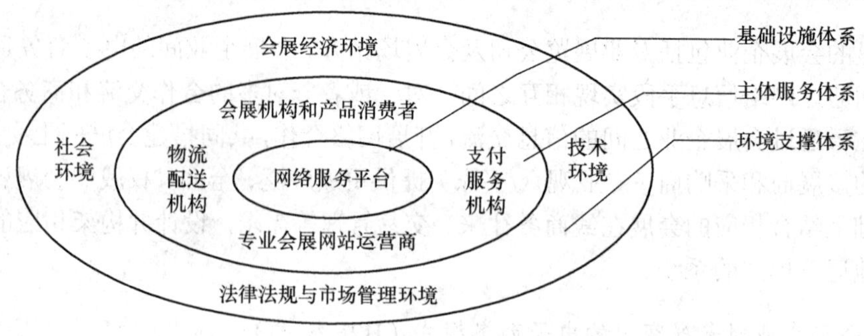

图 6.2　会展电子商务的体系构成

1. 会展电子商务的基础设施体系

会展电子商务的基础设施体系主要是指会展电子商务的网络服务平台。会展电子商务的网络服务平台在比较完备的情况下，由网络系统、基于 Intranet（企业内部网）的管理信息系统和电子商务网站组成。

1）网络系统，即计算机网络是通过一定的媒体，如电线、光缆等将单个计算机按照一定的拓扑结构联系起来，在网络管理软件的统一协调管理下，实现资源共享的网络系统。会展机构应用的网络系统分为内部网（Intranet）、外部网（Extranet）和互联网（Internet）。网络系统是沟通会展机构内外信息传输的媒介。

2）基于 Intranet 的管理信息系统，是信息加工、处理、存储的工具。会展机构通过管理信息系统，在机构内部收集、处理、存储和传输信息，实现内部管理信息化。管理信息系统一般包括营销管理系统、内部流程管理系统、财务和人力资源管理系统等子系统。

3）电子商务网站，是指会展机构在 Intranet 上建设的具有信息服务或营销功能的，能连接到 Internet 上的 WWW 站点。电子商务网站是会展机构的信息窗口，极大地方便了同业合作伙伴和消费者直接了解会展机构及产品信息，并通过网站与会展机构进行沟通、开展交易，是收集市场信息反馈的良好渠道。

2. 会展电子商务的主体服务体系

会展电子商务的主体服务体系包括交易主体——会展机构和产品消费者、专业会展网站运营商、物流配送和支付服务机构。

（1）会展的主要网站

专业会展网站按照创办机构的类别可以分为四种类型，即会展综合信息网站、会展中心网站、大型会展网站和会展企业网站，如表 6.2 所示。

表6.2　中国会展专业网站概览表

网站分类	网站名称	网址
会展综合信息网站	中国会展网	www.exp-china.com
	中国国际会展网	www.cc356.com.cn
	中国会展经济信息网	www.ceeinfo.net
	展览联盟	www.s999.net
	中会展网	www.expoinchina.com
会展中心网站	上海新国际博览中心	www.sniec.net
	上海光大会展中心	www.secec.com
	深圳高交会展览中心	www.chtf-expo.com
	武汉国际会展中心	www.whicec.com
	广东现代国际会展中心	www.gde.cc
	深圳会展中心	www.szcec.com
大型会展网站	上海世博会	www.expo2010china.com
	广州广交会	www.cantonfair.org.cn
	北京国际汽车展览会	bjauto.chinacars.com
	南博会（中国东盟博览会）	www.caexpo.org
	义博会（中国义乌国际小商品博览会）	www.chinafairs.org
会展企业网站	中国展览总网（广州时空展贸中心）	www.2t2.net
	优博会展网（优博国际展览有限公司）	www.ubexpo.com
	广东科展网（广东国际科技贸易展览公司）	www.ste.com.cn/kz
	广州光亚展览有限公司	www.medical-fair.com

会展综合信息网站一般由会展学术机构与会展传媒共同建设，面向会展主办机构、承办场馆、参展企业及观展者，可提供全面综合的会展信息。具体包括对外发布会展场馆及企业的综合信息，并提供专业咨询服务；对内开展信息和学术交流，并密切关注业内动态。

会展中心网站通常由会展场馆机构主办，主要面向组展机构、参展企业、展品购买者提供展馆的有关信息。具体包括该场馆已举办或承办的会展项目、未来的会展安排、场馆的硬件设施、功能布局及配套服务情况，同时向广大消费者提供展品信息咨询服务。

大型会展网站是由大型会展主办机构创建的，主要围绕定期举办的大型会展主题提供相关信息，如世界博览会网站、广州交易会网站等。会展前会发布招展与促销信息、提供咨询服务；会展期间会跟踪发布会展交易信息，开展对外交流；会展结束后会公布会展情况总结，跟踪客户需求，为下届会展做准备。

会展企业网站则由专业会展企业创办，主要面向政府、行业协会、其他会展企业等会展组展机构，以及向广大参展商提供企业办展的有关信息。具体包括会展企业为办展发布的促销信息，办展企业之间为加强协作开展的信息交流，针对参展商的各项服务信息等。

（2）电子支付服务

电子支付指的是以金融电子化网络为基础，以各类电子交易卡为媒介，以计算机技术和通信技术为手段，以电子数据形式存储在银行的计算机系统中，并通过计算机网络系统以电子信息传递形式实现流通和支付。它是会展电子商务活动的关键环节和重要组成部分，是会展电子商务能够顺利发展的基础条件。如果没有良好的网上电子支付环境，网上贸易商只能采用网上订货、网下支付的方式，实现较大层次的会展电子商务应用，这就使得电子商务的高效率、低成本的优越性难以发挥，使得会展电子商务的应用与发展受到阻碍。

（3）物流配送服务

物流是指物质实体从供应商向需求者的物理移动，由一系列创造时间价值和空间价值的经济活动组成，包括运输、保管、配送、包装、装卸、流通、加工及物流信息处理等多项基本活动，是这些活动的统一。物流配送在会展电子商务服务体系中占据举足轻重的地位。在设计会展电子商务物流系统时，要将物流的各个环节联系起来看成一个物流大系统进行整体设计和管理，以最佳的结构、最好的配合，充分发挥其系统功能、效率，实现会展物流整体的合理化。

3. 会展电子商务的环境支撑体系

（1）会展经济环境

会展业作为新经济是紧紧依附于市场经济基础之上的，是生产力发展到一定阶段的产物，必须依赖于国家或地区的生产力发展水平和经济发展状况。举办任何会展都需要一定的经济实力和资金投入，企业没有雄厚的经济实力作为保证，是难以举办大型会展的。例如，德国会展业的发展是建立在欧洲经济发展基础之上的，上海会展业的发展也是建立在上海乃至中国长江三角洲地区经济发展快速、中国经济发展势头稳健的基础上的。经济波动会引起经济繁荣或经济萧条。在经济萧条时期，多数企业经营状况恶化、财务紧张，有的企业甚至会倒闭，在这种情况下，以企业为主要客户的展会一般要面对参展商和专业观众数量减少、展览规模缩小、展会收入下降、成交效果不够理想的局面。

（2）社会环境

会展经济发展演变的过程是人类社会文化发展的过程。有序的社会文化氛围能够为会展提供较稳定的法律、法规和制度保证，使会展有一个质的稳定性，又在不断创新中发展新的文化和文明，进而实现现代文明化进程。就未来会展而言，它所形成的社会文明是品牌战略和精神支柱，并产生永久的生命力。一个国家人口中宗族与宗教组成的变化会影响到人们对会展的要求。例如，欧洲国家历史悠久、文化特殊性强，加上自然景观优美，这些构成了承办展览会的有利因素，也是目前为止欧洲国家仍然成为国际展览会举行最多的地区的重要原因之一。

（3）法律法规与市场管理环境

会展的政策法规是举办活动的保证，它促使会展有序、有效地开展，对促进和规范会展是必不可少的。会展是"集聚"经济，瞬时产生的人流、物流、信息流，可使一个地区或城市汇聚不同国家和地区的物品及人员，对此国家必须采用一致的法规、制度进行约束和规范，包括地方为促进会展业发展的鼓励政策和举办展览会时应具备的条件。会展城市为了更好地举办各类会展，也应制定相应的政策。另外，一个国家或地区的市场管理水平是会展发展的环境，城市的行政效率、市场管理服务效率等往往成为会展要考虑的因素。例如，全球性的体育盛会奥运会大都是在发达国家举办。

（4）技术环境

会展经济的快捷性、关联性、效果性这三大特征是由科技因素决定和形成的。会展业作为新经济，是以高科技产业为支柱的：现代信息技术的应用使得会展服务与管理的效率及水平越来越高；以网络技术建立的网上销售和网上虚拟展会形成热点。据美国展会研究中心调查，贸易展览会作为最有效的市场营销和对外联系、交流的途径及方法，必须与电子商务等联合起来。另外，举办会展需要相应的技术支持，尤其是举办技术性强、专业性强的会展。例如，举办园艺博览会须有园艺方面的管理技术和研究能力；举办医学技术博览会，没有一定的医疗技术和管理水平是难以取得成功的。

知识链接

浅谈会展与互联网

以前有人认为网上会展最终将取代实物会展。而这些年的发展证明，网上会展和交易不会取代传统的会展和交易，两者只是更好地相互补充和优化配置，因为两者各自有着互相不可替代的特点和作用。

时代发展至今，会展业与互联网行业都被视为新兴产业。当传统会展遇上互联网、移动互联及多媒体视听等新技术，将碰撞出什么样的火花？互联网技术运用到会展中，又会对会展业产生什么样的影响？

会展与互联网的关系现在是越来越"暧昧"，具体表现为三个方面：一是互联网技术在会展中的运用，即"会展信息化"；二是电子商务与会展的结合，即"会展电子商务"；三是互联网对整个行业带来的影响与变化。

1）关于会展信息化，大致可以分为以下三类。一是以提高企业经营效率为目的，服务于会展主办方自身的企业内部管理信息化，如办公自动化协同系统、客户关系管理系统、财务管理系统、人力资源管理系统、数据库管理系统等。二是以发布会展信息与提供参展服务为目的，服务于参展商和参展观众的展览会管理信息化，如企业/会展官方网站、企业/会展官方微博、企业/会展微信公众账号、会展APP（application，应用软件）及门禁管理系统等。三是其他会展利益相关者利用互联网技术提高自身工作效率，如展馆的信息化建设、参展商使用二维码等。

2）关于会展电子商务。电子商务的交易模式主要有三种，即 B2B（企业对企业，如阿里巴巴）、B2C（企业对消费者，如当当）、C2C（消费者对消费者，如淘宝）。而网络展览、网络会展、网上展览、虚拟展览、虚拟会展等概念也层出不穷，以上概念都可以归为会展电子商务的范畴。目前，会展业与电子商务的融合发展尚处于摸索之中，当前主要有以下两种模式。

①“电子商务—网络展览”模式。以电子商务服务商为主，是目前电子商务服务企业涉足会展业的重要方式，他们借助此种模式帮助传统企业拓展新的发展空间。在国内，包括阿里巴巴、网盛生意宝、慧聪网、环球资源、中国制造网在内的五家 B2B 电子商务上市公司在线上内外贸交易平台、线下展览或买家见面会和认证服务中均有涉足。而以线上线下互动办会展的形式，提供贸易撮合、招商引资等服务，成了我国近年来电子商务产业发展的一大趋势与热点。但是此种模式更多的是电子商务的功能延伸，未能完全展现会展最强大的功能：宣传、交流。

②“实体展览—电子商务”模式。以会展服务商为主，会展行业作为各种行业的交叉点和集合体，充分利用种类繁多、日益便利的上网手段，为实体展览服务。以往的品牌会展主要通过建立网站来宣传，而如今的网上会展则具备更多传统展览会所不具备的功能和手段，日益成为一个相对独立的新的展览形式。在展览过程中运用电子商务平台比较成功的案例是深圳电信在第十四届国际礼品工艺品展览中推出的全新的商业模式，即立体会展（网上会展＋现场会展＋B2B 行业交易频道）。此模式利用电信提供的融视频、音频、短信等为一体的网络会展平台，将传统的现场展览发展成为线上线下同时进行的互动多媒体立体会展，并在现场结束后，过渡到平台的 B2B 行业交易频道，持续提供在线的行业交易服务。此种模式利用了网络会展的特点成为实体会展的重要补充，但是网络会展自身的平台优势未能得到充分发挥。除此之外，目前较有影响力的会展电子商务平台有网上广交会、阿拉丁网（隶属广州光亚展览公司，依托全球第一照明展——广州国际照明展）。

3）互联网对会展业的变革产生深远影响。从早期进入的会展管理软件、线上注册系统、论文管理系统，到微信、微博等微营销模式的风靡，以及 APP 在移动客户端的应用，新技术的每一个改变都不同程度地影响着传统会展行业的操作习惯甚至思考模式。

互联网技术无论是信息传递，还是新产品生产与开发都以一种前所未有的速度高速运转。这种快捷性对会展业的影响主要表现为以下三个方面。

① 对会展营销的影响。新经济时代，传统产品生产周期理论中产品开发和生产周期大大缩短，企业生产产品类别和公司经营业务领域的调整频率大大提高。在这种情况下，会展的营销人员必须留意业界的变化，时刻保持与客户的联系。

② 对会展项目开发的影响。与产品生产周期缩短一样，会展的组织者根据市场的变化进行新项目的开发时，其开发的周期也将大大压缩。如果再像过去那样用 18 个月或两年的时间进行市场调研，开发新会展项目，那么同行竞争对手早已“捷足先登”。

③ 对会展组织工作的影响。网络经济时代，参展商和参展观众对会展组织者提

供的服务不仅要求优质，还要求快捷。大多数会展组织者对此采取各种措施积极应对，如试行网上招展、网上旅行机票和旅馆预订、对客户的咨询通过电子邮件及时回复及网上下载客户需要的各种资料（展馆展位平面图、会展日程安排、会展服务手册）等。

互联网给会展业带来的变化包括网络会展营销、网上招展、网上报名、视频直播乃至网上会展等应用，从行业发展来看，会展业在新技术的带动下产生了巨大的改变。而随着微博、微信等移动互联网的广泛应用，商务活动中也开始逐渐增加移动互联应用的身影，如会展期间的 APP 应用。在欧美等发达国家，会议和会展期间的 APP 应用已经成为会展的标配，这种新技术的应用对会议、会展的组织模式及会议、会展价值产生了重要影响。APP 产品核心价值主要包括发布参会、参展指南，实时便捷；参会、参展代表行程规划，高效实用；多维互动，会议、会展价值倍增；O2O 约见，精准社交。目前国内的很多大型会展和会议虽然也已经采用了移动互联服务，但总体处在尝鲜和发展阶段。在国内，首个会展 APP 是在 2013 年第十五届中国（广州）国际建筑装饰博览会上推出的会展社交平台——精英汇 APP，它提供了会展的信息查询、现场商务社交、产品导航等一系列服务功能，方便了参展商与采购商。而在 2014 年北京车展中，其推出的展会 APP“车展中国”在短短三天内下载次数约 8 万次，可见其受欢迎程度之高。

总之，互联网与会展业有相互融合的趋势，现在可看到两条路径：一是从线下向线上走，即会展主办方利用网站、微信、微博、APP 等工具服务参展商和参展观众，乃至依托会展品牌组建电子商务平台；二是从线上向线下走，即电商兴办会展服务客户，如阿里巴巴（广州）网货交易会、久久结婚网（广州）婚博会等。这说明结合是大势所趋，但这种结合仍在探索中，是否会出现颠覆性创新，需拭目以待。

思考与练习

1. 会展信息服务的内涵是什么？
2. 具体列举会展信息管理的内容有哪些？
3. 会展信息来源有哪几方面？
4. 具体列举会展现场管理信息化服务内容有哪些？
5. 会展电子商务的运行模式有哪些？

实　训

1. 分组了解我国的知名会展场地（如展馆、酒店、会议中心等）是否免费提供 WiFi？是否使用方便及使用者体验如何？

2. 分组举例说明 APP 在会展信息服务管理中的作用，要求在 PPT 汇报中加入截图。

3. 分组举例说明微信在会展信息服务管理中的作用，要求在 PPT 汇报中加入截图。

第 7 章　会展营销管理

❖ 主要知识点

1. 会展营销的概念、要素与特征。
2. 会展营销的产品管理和价格管理。
3. 会展营销的渠道管理和促销管理。

❖ 学习目标

1. 了解会展营销的概念与要素。
2. 理解会展产品的内涵、开发策略和组合策略。
3. 了解会展产品的定价方法。
4. 了解会展分销渠道的类型。
5. 掌握会展公共关系促销的内容。

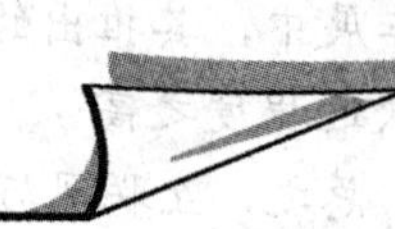

7.1　会展营销管理概述

7.1.1　会展营销的概念

会展营销有双重概念：一方面是参展商的营销，是参展商以观众的需求为中心的服务营销活动，目的是实现商品的价值；另一方面是会展主办方的营销，是会展主办方对会展项目的决策、策划、设计、定价、招展及展后评估的过程，是以参展商与观众的需求为中心的服务营销活动，其目的是实现会展的价值，属于市场营销范畴。本书重点阐述的是后者。

7.1.2　会展营销的要素

在市场营销学中，形成了多种理论。其中，4P（产品、价格、渠道、促销）一直占据主流地位。后来，在传统的 4P 基础上，学者又根据外部营销环境的变化增加了 3P。它们分别是人员（participant）、有形展示（physical evidence）和过程（process）。会展营销要将这七个要素结合起来，进行科学配置和有效组合，制定科学的营销策略。

1. 产品

从会展的角度看，会展的题材、质量、档次、品牌效应、服务质量和服务项目无不对会展营销产生影响。这些都是会展服务与管理产品构成的内容。从某个特定的角度看，展位的位置好坏和面积大小直接影响展位的销售，也能影响参展商和采购商对会展服务与管理产品质量的认知。

2. 价格

展位价格是企业识别不同会展的一项综合指标。在执行价格策略时，不仅要考虑价格水平、折扣幅度、付款条件等有关绝对数量指标，还要考虑参展商对会展的认知价值、会展质量的价格化（性价比）、差异化系数等有关相对指标。

3. 渠道

会展所在地及它在地缘上的可到达性是影响会展营销的重要因素。在交通便利、信息发达、产业集中的地方举办的会展，吸引力往往较大。地区的可到达性不仅指地理上的，还指传播和接触等其他方式上的，如宣传信息到达的难易程度、营销渠道的形式及其覆盖范围等。

4. 促销

促销包括各种形式的广告和宣传、人员推销、电话推销、营业推广及公共关系等。上述促销方式在会展营销中经常是有选择性组合使用的。组合促销往往比单一促销更有效率。

5. 人员

会展营销中的“人”指两个方面：一是办展单位的工作人员；二是客户。会展业是“高接触度”性质的服务业，会展工作人员的行为是会展营销的一部分，其作用也和会展营销人员一样重要。会展业是一个很重视口碑传播的行业，一位客户对一个会展的质量的认知，通过口碑传播会影响到与他有关的一大批客户。

6. 有形展示

有形展示就是想方设法将无形的会展服务用可以看得见的有形事物表现出来，让客户对无形的会展服务质量看得见、摸得着。有形展示包括对会展现场环境的布置、会展服务的实物装备和实体性线索等。实体性线索是指能明白提示客户其享受服务的质量和提醒客户其正在享受哪些服务的指示物，如会展的广告及推广计划等。

7. 过程

会展服务的传送过程在会展营销中十分重要，态度良好的服务人员能弥补会展中的问题，但不能弥补服务流程的缺陷。因为会展运作是一个系统的过程，是由多方面密切配合协调而成的，会展的运作策略、运作程度和手续、服务中的自动化程度、工作人员的裁量权、客户的参与程度、咨询与服务的流动性等，都是会展营销需要特别关注的事情。如果上述过程出现阻滞，会展营销效果将受到影响。

7.1.3 会展营销的特征

1. 不可分割性

会展主办方的营销只针对参展商不针对观众，可能会出现参展商多、观众少的局面，致使会展不能成功进行。会展主办方的营销只针对内部不针对参展商也不行，因为会展项目与场所这朵“红花”虽好，也需参展商的策划、展品、营销活动这些“绿叶”的扶持，否则，就显现不出“红花”的漂亮与生气。反之，“绿叶”缺少了“红花”也会显得毫无生气。总而言之，参展商要依托会展主办方的营销策划与广告，才能更好地实现其商品价值，而会展主办方也要依靠参展商与观众的充实，才能更好地实现会展活动的价值。因此，会展营销具有不可分割性。

2. 不可预料性

会展质量的好坏是以参展商与参观者的直接感受为标准加以衡量的。同时，很多管理细节若处理不当都可能造成事故，这些都将影响会展营销质量。一方面，会展营销主要提供的是一种策划与服务，策划与服务的优劣因人而异，具有不可预料性；另一方面，会展是主办者、参展商与观众共同参与进行的活动，会展主办方既要对自身人员进行管理，又要对参展商与观众进行管理，还需要举办者、参展商与观众之间进行沟通和配合，以提高对会展活动营销的满意度。

3. 时间的重要性

会展营销的时间因素十分重要。这不仅因为会展的时间具有不可储存性、不可逆转性，还因为要为参展商与观众提供便利快捷、高质量的服务，对参展商与观众投诉的处理、回复要及时。

4. 渠道的分销性

会展营销的商品分销（招展）渠道与有形产品不同。有形产品一般是通过物流渠道送到消费者手中，而会展的招展是通过主办单位与承办单位、合作单位、支持单位、赞助单位共同合作，分销或包销展位。

5. 综合性与专业性

会展是综合性与专业性相结合的活动。尽管会展有主题定位，专业展也越来越多，但仍有许多会展是综合性的。不仅如此，会展综合性还表现在不仅需要参展商参加，而且需要政府部门、非营利性机构与有关协会等的支持；会展活动还需要食、住、行、游、购、娱等相关行业的默契配合，才能组成整体商品。

7.2 会展营销的产品管理

7.2.1 会展产品的内涵

会展产品不同于通常意义上的有形产品，也不同于一般意义的无形服务。它是一种以服务为核心价值的特殊产品。一个完整的会展产品包括核心价值、形式产品、期望价值、附加价值和潜在价值五个层次。

1. 核心价值

核心价值是会展客户所真正追求的利益，是会展产品最核心的内容。例如，适合客户需要的会展的功能即是核心价值。

2. 形式产品

形式产品是核心价值得以实现的形式。例如，会展的现场布置、有形展示和展位等是客户核心利益得以实现的形式。

3. 期望价值

期望价值是客户在参加会展时期望得到的与会展相匹配的一系列属性和条件。例如，参加会展时，客户希望会展的展区划分科学，展位搭建有特色，观众或展商的数量和质量都令人满意。

4. 附加价值

附加价值是客户在参加会展的核心利益得到满足后能得到的附加利益或服务，如会展为客户量身定制的个性化服务等。

5. 潜在价值

潜在价值是会展功能或服务创新而产生的所有可能吸引和留住客户的因素。例如，以贸易成交为主要功能的会展逐步增加产品发布功能，这一新功能即是客户的潜在价值。

会展产品层次如图7.1所示。

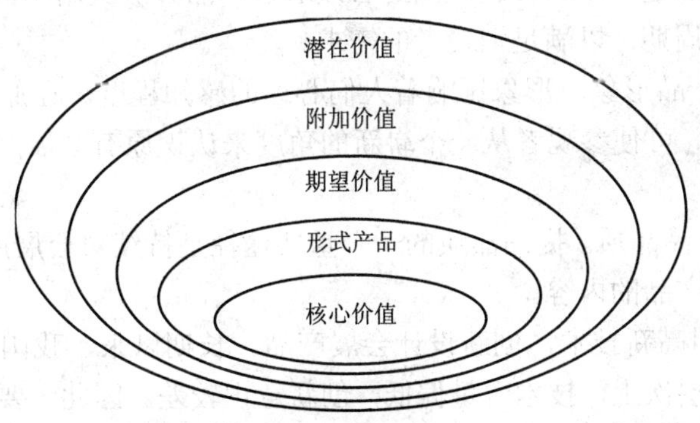

图7.1　会展产品层次

会展产品的五个层次是由内到外、由核心到一般依次过渡的，越是内层的越基本，是会展产品的核心竞争力所在；越是外层的越一般，是会展产品较能体现差异化和个性化的地方。在开发会展产品时，把握好核心价值层是最关键的，对其他层次进行开发和给予满足时，要充分考虑客户的需求和会展为此投入的成本。

7.2.2　会展营销的产品开发策略

1. 资源重组策略

首先，从市场需求的角度来组合资源。资源的整合要能够激发会展企业的动机，满足或创造会展的需求。这种整合方式基于对会展市场的深入调查和对会展消费行为仔细分析，具有灵活性强的特点。例如，在图书交易会逐渐失去吸引力之后，如果在原有客户的基础上，整合图书积压的现实困境，推出以版权交易为主题的图书交易会，将会受到会展企业的喜爱。

其次，以关联性来组合资源。随着专业的细分，相应的专业观众数量减少。在强化会展专业化的同时，研究各专业会展的内在联系，将相关主题的会展进行整合，这样观众可交叉，而且参展商能互为观众，将大大增加观众的数量。对于参展商来说，因观众增加将增强展出效果；对于主办方来说，会展能连续举办，并逐渐扩张；对于观众来说，可以同期、同地观看更多会展，提高了观展的效率。其实，将主题相关联的会展项目同期、同地举行，这在国外早有先例。例如，德国汉诺威展览公司就将其参与主办的"亚洲国际动力传动与控制技术展""亚洲国际物流技术与运输系统展""亚洲国际能源技术与设备展""亚洲国际自动化技术与设备展"四个主题相关联的会展同期、同地举办。目前在我国有意识地将相关联的会展进行整合已经出现，但会展企业之间缺乏主动合作。

最后，从经济效益的角度来组合资源。经济效益是会展企业发展的动力，因而从经济效益的角度进行资源组合，能够增加会展价值和利润回报率，从而提高产业贡献率。

2. 产品升级策略

由于会展市场的竞争不断加剧，因此必须通过产品升级战略不断地营造新的产品，来延长会展的生命周期，以满足消费者的需求。

1）提升会展产品形象。形象影响着人们心理的感知程度。在原有会展产品形象的基础上提升新形象，可使参观者从一个崭新的角度来认识原有会展产品，并产生强烈的兴趣。

2）提高会展产品品质。提高品质的一个重要途径是持续对会展产品不断进行改进，不断丰富原有会展产品的内容。

3）引入和应用高新技术，创新设计会展产品。长期以来，我国会展产品的开发与设计还停留在初级层次上，技术含量偏低，创新意识较差。因此，要依托科技，引入和应用高新技术，创新设计会展产品，不断推出具有竞争力的会展产品。

7.2.3　会展产品组合策略

1. 会展产品的组合类型

一方面是地域组合形式。地域组合形式的会展产品组合是由一定地域内特色突出的若干个会展产品组成的。组合产品以内容丰富、强调地域间的反差为特色。根据组合地域范围大小可以分为国际与国内两种组合形式，国内组合形式还可细分为全国型、区域型等。

另一方面是内容组合形式。内容组合形式的会展产品组合是根据会展活动的主题选择会展产品组成的。它可以分为综合型组合产品与专业型组合产品。主题的选择是会展企业生产设计内容组合形式的会展产品的关键。

2. 会展产品的组合策略

（1）会展产品组合扩展策略

会展产品组合扩展策略是会展企业为扩展经营范围，而扩大会展产品组合广度的策略。这一策略有助于会展企业扩大经营范围，实行多元化经营，充分利用企业资源，提高经济效益。会展企业采用这一策略的条件是：第一，会展产品系列之间的关联度要强，否则，会加大会展企业的经营风险；第二，会展企业应明确和突出主打会展产品的优势，如果会展企业放弃市场定位，则会在竞争中变得盲目；第三，会展企业应有步骤、分阶段地拓宽会展产品组合的广度，否则，会造成企业资金、资源紧张。

（2）会展产品组合简化策略

会展产品组合简化策略是会展企业缩小会展产品组合广度的策略。这一策略可以减少会展企业资金占用，提高资金利用率；实现会展生产的专业化，淘汰已经过时的产品。会展企业采用这一策略的条件是：第一，会展企业的产品处于饱和或激烈的市场竞争状态，会展企业为有效地利用资源，可以放弃获利较小的产品系列，降低成本；第二，会展企业追求专业化经营，集中企业资金、资源，经营少数会展产品系列，有助于突出企业经营优势，树立企业市场形象。

（3）会展产品组合改进策略

会展产品组合改进策略是会展企业改进现有产品，发展组合深度的策略。这一策略可以增加细分市场，提高会展产品的质量，吸引更多观众。会展企业还应根据市场变化不断调整组合结构，使会展产品组合深度保持在合理的范围内。

7.3 会展营销的价格管理

7.3.1 会展产品价格的影响因素

会展产品价格的影响因素从性质上可以归纳为两大类：一类是可控因素，即营销人员在定价时有能力控制的因素，包括会展企业的经营成本、利润目标、经营战略等；另一类是不可控因素，即指对会展企业的价格制定有影响，但营销人员又无法控制的因素，包括市场需求、市场供给、行业竞争、市场发展环境等。

1. 行业竞争状况及企业的竞争能力

行业竞争状况将直接影响会展企业的定价。价格如高于竞争对手的，则会减少需求者数量，降低营业额；价格如低于竞争对手的，便会引发同行业的价格大战，导致“数败俱伤”。所以，竞争状况对会展企业的定价影响力很大，会展企业应客观地评估自身的竞争能力，并根据自身竞争能力优劣制定出可行的价格方案。

2. 成本状况

成本是确定会展企业项目价格的重要依据，决定了价格的最低限度。会展成本包括投资成本和经营成本两部分，它是向消费者提供会展服务时所发生的所有费用的总和。它包括整个会展场地租金、其他物品的购进费用、营业费用、营业税金、财务费用、设备的购置费用及为提供周到的会展服务所支出的管理费用等。在会展过程中，会展企业成本受市场变化的影响较大。场地租金和营销费用不仅受通货膨胀率变动的影响，而且受时间跨度大和行情变化较大的影响。会展举办企业投资成本的高低往往对其经营项目的价格有重要的影响，会展企业在价格的制定上一般考虑的首要因素是投资回收期。一般而言，经营较好的会展企业回收期为 1～2 年，而经营业绩平平的会展企业的回收期为 2～3 年。合理的会展价格应做到在预计投资回收期内实现利润。总之，在会展价格的制定过程中，应坚持的基本原则是，价格必须能抵偿其投资及经营成本，并在此基础上获得较好的利润水平。

3. 市场需求状况及水平

进行会展定价时必须考虑到市场需求状况及需求者的支付能力。若定价太高，易被认为该价格与所提供的价值不相匹配，而失去需求者，进而使会展企业失去获利的机会；若定价太低，又不足以补偿会展经营中的成本及其他费用开支。

4. 会展产品周期

会展产品同样存在着生命周期，并在生命周期的不同阶段呈现出不同的特点，因而要根据会展商品的生命周期制定相应的价格策略。例如，处于会展产品的导入期阶段，经营目标主要是让人们注意和了解会展产品，所以此时应以较低的价格出售；处于成长期的会展产品，则可维持一个适当稳定的价格，偶尔也可以运用促销手段再度吸引消费者的注意；处于成熟期的会展产品，主要经营目标是最大限度地获取利润，此时期的价格策略与成长期相同，但要经常注意观察，并着手准备开发或经营新的替代商品；已步入衰退期的会展产品，应尽快地收回投资或将损失降到最低程度，为此，可以运用低价策略吸引尽可能多的消费者前来消费。

5. 市场环境及发展状况

任何一个市场的发展过程均可分为四个阶段，即初期缓慢增长阶段、快速发展阶段、高峰稳定阶段及衰退下降阶段。在不同的市场发展阶段，会展企业要制定不同的经营价格。例如，当正处于缓慢增长的初期阶段时，应首先对会展商品质量进行比较分析，并相应地制定较低的价格，这样才有可能在市场中确立其竞争优势。另外，会展的现状及发展趋势、通货膨胀状况、政府政策法规的颁布、社会公众的意见及消费理念变化等，都将对会展企业的定价产生相应的影响。

6. 会展企业定价目标

会展企业定价目标一般与企业的营销计划目标直接相关，而营销计划目标又与会展企业的经营总目标相关。一般而言，会展企业的定价目标可以分为以下四类：成本导向定价目标、利润导向定价目标、竞争导向定价目标、消费者导向定价目标。

7. 会展企业经营战略

会展企业经营战略是为实现该企业的总目标而制定的各部门总体行动计划方案。一切子计划、子策略都应与整体的经营战略保持一致，不能相互冲突。所以在进行定价决策时，一定要考虑总体经营战略的要求。

7.3.2　会展产品的定价方法

1. 目标收益定价法

目标收益定价法是根据经营者在一定时期的预期利润，首先确定目标收益率，再根据要消耗的总成本和目标收益量来确定项目价格的方法。在实际运作中，主要有以下几种方式。

1）全部成本定价法。全部成本定价法是以会展企业的完全成本为基础，加上一定比例的利润和税金制定的价格方法。会展企业成本在前期的场地租金、广告宣传投入中所占比例较大，需要按一定方法进行分摊。营业成本中主要以人工费及管理费为主，这种方法为简单成本定价法。

2）目标利润定价法。目标利润定价法是指按照与投入的资本成一定比例进行利润附加的定价方法。目标利润率确定要考虑满足会展企业正常发展对资金的需要、给股东的报酬、通货膨胀等其他因素的影响。

3）成本系数定价法。此方法用于定价的关键是考虑两个因素。其一是成本计算，其二是确定一个合理的成本率。

4）倒向分析定价法。倒向分析定价法是从会展企业经营者的角度出发，综合考虑营业费用及合理的负担后，计算出最低平均价格，该方法适用于短期会展价格推算。

知识链接

如何确定会展的盈亏平衡价格

如果会展以单位展览面积来定价，并且会展的盈利模式是展位费盈余，那么，会展的盈亏平衡价格就等于会展的总成本除以会展的总展览面积。公式为

盈亏平衡价格（单位展览面积）=会展总成本/展览总面积

例如，经过市场调查，A 展览公司计划在 B 产业策划举办一个面积为 22000 平方米的展览会。A 公司计划在 D 展馆举办该展会。目前，知道 D 展馆场地使用率为 60%，展馆的场地租金和场地水、电、空调、地毯等固定成本等固定成本总计为 300 万元。A

公司不包括宣传推广在内的其他变动成本总计为200万元。现在，为扩大展会影响力，A公司制定了投入200万元和350万元做会展宣传推广两种方案。那么，在两种方案下，要保证A展览公司不会亏本，会展的价格应分别是多少？

解析：250万元的宣传推广方案：会展的最低价格应为每平方米＝（300＋200＋250）/（2.2×60%）≈568.18（元）

350万元的宣传推广方案：会展的最低价格应为每平方米＝（300＋200＋350）/（2.2×60%）≈643.94（元）

2. 竞争导向定价法

在会展业激烈竞争的局势下，价格是增强竞争能力、扩大市场销售率的有效手段。以竞争为导向的定价方法就是密切注视和追随竞争者的价格，以达到维持和扩大市场占有率和扩大销售量的目的。这种方法是以主要竞争者的价格水平为定价基础的。当竞争者变更价格时，会展企业经营者也变更价格，尽管市场需求因素和成本因素不变。其价格水平可能与竞争对手的持平，也可能略高于或略低于竞争对手的价格。

竞争导向定价法虽然可以顾及会展项目价格在市场上的竞争力，但是极易产生副作用。例如，有些会展企业将与对手之间的竞争注入更多的感情色彩，忽视企业自身的整体营销策略，一味地竞相降价，其结果是受到更强烈的报复和反击，利润全部丧失。同时，这种方法必须反复探测竞争者的价格变化。在这里要明确的是，竞争导向定价法绝不是或不主要是竞相降价，靠降价而取一时之利是会展企业不成熟的表现。最有竞争力的竞争导向定价行为是以会展企业的经营成本为基础的，通过降低成本来达到提高利润的目的。

3. 需求导向定价法

需求导向定价法是会展企业在实践中经常运用的一种重要的定价方法。运用这种方法的关键是，要估计在不同价格水平上的需求量状况，并把注意力集中在同既定销售目标相关的价格上。在一般情况下，市场对于会展业项目的需求量同定价的高低呈相反方向的变化，即会展项目价格高则需求量小，价格低则需求量大。但是，不同类型的会展项目具有的需求特征也不尽相同，所以可以针对不同的需求特征来决定相应的价格制定方法。这种方法在具体应用时手段很多，常用的有声望定价法。

声望定价法的出发点是经营者设想某些特殊参展企业，在进行某种会展项目的消费前为自己设下价格的最低限，他们不会购买低于最低限价的会展项目或服务。因为具有一定实力的参展企业，将购买廉价品看成有失“身份”的表现。会展企业可以利用他们把高价看成高质量和身份标志的心理，从而制定高价格，以获取超额利润。

4. 消费者导向定价法

消费者导向定价法是指依据参展企业的感受价值，而不是会展项目的成本来定价。会展企业定价时主要考虑的是参展企业的意愿和心理价位。通常要首先调查参展企业愿意接受的价格水平，以消费者愿意支付的价格为出发点，然后反过来调整会展项目的品种及成本，会使会展企业获利。但这种方法操作起来很难，需要一系列的试验，才能确定消费者的感受价值，所以较少采用。

7.3.3　会展产品的折扣策略

会展价格折扣是展会给予参展商或者招展代理的一种价格优惠，其主要目的是吸引更多的企业到会参展。不管处于什么阶段的展会，是否给予参展商一定的价格优惠，都是与会展本身的发展潜力和价格策略有关的。如果会展发展潜力很大，即使会展是刚刚创立的，企业参展十分踊跃甚至展位供不应求，这时，可以严格执行既定价格而不给予参展商价格折扣；如果会展一开始执行的就是稳定的价格策略，那么，也可以不给予任何参展商价格折扣。常见的价格折扣有以下几种。

1. 统一折扣

统一折扣是指所有的参展商都适用于一个统一的折扣标准。这种折扣标准通常是按参展商参展面积来制定的。参展面积越大，所得到的折扣也越大；当参展面积达到一定的规模时，折扣不再增加，即有一个折扣上限。

2. 差别折扣

差别折扣是指将价格折扣标准按需求分为几种，针对不同的标准执行不同的价格折扣。例如，按参展商地区来源不同给予不同的折扣，或者对标准展位与空地展位执行不同的折扣标准等。差别折扣如果从整个会展的角度看，各参展商适用的折扣标准是不一样的，但从某个具体折扣标准所覆盖的所有参展商来看，它们适用的折扣标准又是一样的。因此，这种折扣办法一般不会引起会展价格混乱。

3. 特别折扣

特别折扣通常是给予那些参展规模较大、在行业内有较大影响力和知名度高的企业特别价格优惠。行业知名企业参展对于提高会展的档次和影响力、促进其他企业参展意愿有着重要的影响。为了吸引这些企业参展，会展公司一般会给予他们特别的价格优惠，也就是针对他们制定一个特别的折扣标准。特别折扣只适用于少数企业，不适用于一般企业。

4. 位置折扣

位置折扣是针对展馆内场地位置的优劣而制定的折扣标准。同一个展区内不同的展位，其位置有好有坏，同一个展馆内不同的展位位置好坏也有差别，为了避免相对较差的位置无人问津，对这些较差的位置可以给予较多的价格优惠。

如果执行得好，价格折扣对会展招展有一定的促进作用；如果执行得不好，价格折扣往往会引起会展价格混乱。会展价格的混乱对于会展招展非常不利，因而在会展营销过程中执行会展价格时，企业必须注意。

7.4 会展营销的渠道管理

会展产品分销渠道是会展主办方在完成决策、策划、设计后，会展摊位的使用权被参展企业认购的途径。它的起点是主办、承办单位，终端是参展商，中间各种途径均可称为分销渠道或市场通路。

7.4.1 会展产品分销渠道的特点

1. 直接分销渠道为主渠道

直接分销渠道是一种由会展主办方在其市场营销活动中，不借助任何一个中间商，而直接把会展摊位销售给参展商的销售渠道，也就是零层次分销渠道。通过直接分销渠道，会展主办方可以直接获得参展商的信息。在会展商品直接销售量大、参展商购买力较稳定的情况下，会展主办方可以省去中间商的分销费用，以降低成本，提高效益。目前，国内会展主办方大多采用这种分销渠道。

2. 间接分销渠道短而窄

根据间接分销渠道中介入中间商层次的多少，会展商品分销渠道可以分为长渠道与短渠道。会展商品大多由会展主办方完成分销任务，因此分销渠道较短，承担的销售任务也多，但能较有力地控制分销渠道和进行价格、服务、宣传等方面的管理。根据一个时期内会展项目销售网点的多少、网点分配的合理程度及销售数量的多少，会展商品分销渠道可以分为宽渠道与窄渠道。分销渠道越宽，分销渠道的每个中间环节中使用同类型中间商的数目就越多。一般大众化的商品主要通过宽渠道进行销售。由于会展具有专业性较强、费用较高的特点，因此它的分销渠道较窄。

3. 分销渠道通路多

根据分销渠道的类型，会展分销渠道又可分为单渠道和多渠道。单渠道是指采用的渠道类型比较单一，如全部直接销售或全部交给中间商。根据不同层次或地区参展企业的不同情况，有时会展举办企业会采用不同的分销渠道。例如，在本地采用直接渠道，在外地采用间接渠道，或同时采用长渠道和短渠道，这些都称为多渠道。这种多渠道结构也称作双重分销。一般情况下，当会展举办企业规模较小或经营能力较强时，可采用单渠道销售。反之，则可采用多渠道，以便提高销售的覆盖面。

7.4.2 会展产品分销渠道的类型

会展产品分销渠道的类型包括代理制、合作制和部门制三种。

1. 代理制

代理制指办展单位授权相关企业开展的招展业务。代理制分为两种，一种是区域代理制，即授权某企业在指定区域开展业务；另一种是专业代理制，即授权某些特定企业（如专业的广告公司）在其特定的客户群体中开展业务。

2. 合作制

合作制是指办展单位通过与赞助单位、协办单位、支持单位（如酒店、旅行社）等合作单位开展的招展业务。这种方式有利于会展企业建立更大的营销网络，从而拓展市场，获得更多的资源和更大的收益。

3. 部门制

部门制是指办展单位内部独立成立的招展业务部门开展的招展业务。部门制营销渠道是企业的直接营销渠道，其管理和企业其他部门管理相似。

知识链接

会展营销怪状：法国独特的会展营销模式

法国的会展界坚持一种做法，即会展公司不拥有场馆，而场地公司不主办会展，也不参与展览经营。业界认为，这样能够促进会展公司之间的公平竞争，也有利于场馆公司专心做好自己的场馆服务工作，法国还有世界上独一无二的全球展览促销网络。法国会展业的这种组织结构值得中国会展业学习和借鉴。

在法国，有一种较为独特的会展营销模式，即法国的主要会展公司共同组织了法国国际专业展促进会，专门从事促进国外专业人士来法国参观和交流的工作，自成立以来，在全球范围内推广法国专业会展。

法国拥有 160 万平方米的展馆，分布于 80 个城市。每年大约举办 1400 个展览会(包括只允许专业人士入场的专业会展和可允许社会公众入场的大众性会展两种)和 100 个博览会（指以社会公众为观众的多种行业参加的展览会）。其中全国性的国内会展和国际会展约为 175 个，而真正的专业会展只有 120 个左右。

近年来，法国大型展览会的国际化程度不断提高，国外参展企业占总数的 33%，国外参观者占参观总数的 8%，其中有些世界著名展览会，国外参展商人数超过参展商总数的 50%，国外参观者占参观总数的 15%以上。

法国国际专业展促进会是由商会和政府牵头组织的民间团体。其理事会由巴黎工商会、法国外贸中心、法国专业展联合会、法国雇主协会、巴黎市政府、法国外贸部及展览中心和专业会展公司的代表组成。

法国国际专业展促进会经费由两部分组成：一部分是巴黎工商会和展览场地公司等主要理事单位提供的年度补贴；另一部分是参加促进会的会展公司按宣传工作量而定的促销经费，占促进会经费的大部分。

法国的任何一家会展公司均可申请加入法国国际专业展促进会，但法国国际专业展促进会对于同一个专题的会展只接纳一个会展加入，而且优先接纳质量最好的会展。目前共有 65 个会展参加了这一组织，都是法国最知名的国际性专业会展，规模大，国际性强，这些会展依靠法国国际专业展促进会在世界各地做国外参展商的招募工作或国外参观人员的促进工作。

法国国际专业展促进会为了向这些会展提供国际促进业务，在近50个国家和地区建立了办事处。这些办事处的任务是在各自负责的国家和地区为这65个会展开展形式多样的促进业务。在这50个办事处之中，除意大利、德国、英国、比利时、西班牙等少数国家是由法国国际专业展促进会总部独自投资的公司外，其他办事处都是财务独立的机构或公司。根据国家不同，办事处可以是法国使馆商务处、法国驻外商会、办事处或独立的商务公司。这种会展境外促销网具有很强的招展能力，因为哪怕是财力强大的展览集团也没有足够的实力在世界上50个国家建立属于自己的办事机构网络，但是从属于不同展览公司的65个会展把其促销经费集中到一起，就能组成一个有效的会展国际促销网络。

7.4.3　会展产品分销渠道的管理

1. 确定分销渠道的原则

1）经济原则。经济效益是营销决策的基本出发点。在选择代理商时，应当考核选择代理商所需要花费的成本，以及可能引起的销售收入的增长，并以此评价对代理商、合作商选择的合理性。

2）控制原则。会展企业与代理商都是相对独立的经济实体，它们之间在管理上不存在隶属关系。因此，选择代理商时，应充分考虑对其控制的程度，代理商是否稳定可靠，能否维持并扩大市场份额等问题。如果代理商的依赖性较强，会展主办或承办单位对代理商的控制就较容易，其选择代理商的风险就较小。

3）适应原则。代理商对于会展主办方而言，属于不完全可控因素。会展主办方与代理商作为一种协作关系，它们之间是相互适应的关系。这种适应性体现为以下三个方面。

① 地区的适应性。会展主办方应根据不同地区的市场环境，建立与之相适应的代理商体系。

② 时间的适应性。会展主办方应根据不同的会展商品在市场上的适销状况，采取不同的代理商政策与之适应。

③ 对代理商的适应性。会展主办方应根据代理商的销售实力、商业信誉、管理水平，对不同的代理商采取不同的渠道策略。

总之，会展主办方在选择代理商时应保留适当的弹性，根据市场变化，适时做出调整，以促进营销目标的实现。

2. 加强与代理商的合作

由于相互关联的经济利益，会展主办方与代理商的目标存在着一致性。而代理商的工作开展得越顺利，会展商品的销路就越好，因此会展主办方应支持和协助代理商开展促销活动。首先，会展主办或承办单位应了解代理商不同的需求，维护与尊重代理商的利益。其次，会展主办方应及时向代理商提供较为全面的信息资料。再次，会展主办方应加强广告宣传，帮助代理商分担一定的会展推广费用，这实质是对代理商有力的支持。最后，为激励代理商，会展主办方应对业绩良好的代理商给予必要的优惠与奖励。

知识链接

对代理商的激励

代理商有自己的经营体制与利润目标，代理商与企业的配合热情和动力来源于企业对它的鼓励、支持及带给它的实际利润。企业为使代理商有良好的表现须采取必要的措施，对代理商进行激励。

1. 根本性激励

代理商首先是参展企业认购的代理商，其次才是企业的销售代理商，与参展企业一样，他们总希望得到物美价廉的项目或展位。企业提高项目的辐射力和服务水平就从根本上为代理商创造了良好的销售条件。这是对代理商的根本性激励。

2. 驱动性激励

代理商有自己的利润目标和价值取向，企业通过对代理商的营业数量、信誉、财力、管理能力的考核给予较高的让利和折扣，合理分配利润，是对代理商的驱动性激励。

3. 保健型激励

产销矛盾不可避免，但企业应尽力把其影响降至最低限度。一方面，企业要弄清代理商的需求；另一方面，要明确自己能满足代理商的要求，并与代理商的需求结合起来，妥善解决矛盾，这是对中间商的保健型激励。

4. 辅佐性激励

市场信息是市场推广活动的重要依据，会展企业及时将市场信息传递给各级代理商，以使他们及时调整销售措施，是对代理商的辅佐性激励。

3. 加强对代理商的评价

会展主办方应采取切实可行的方法，对代理商的工作绩效进行检查与评价，主要表现为评估代理商销售指标完成情况，提供的利润额和费用结算情况，代理商的宣传推广情况，推销的积极性，代理商的服务水平，代理商之间的关系及配合程度，代理商占销售量的比例等方面的状况。通过评估，会展举办者可以了解代理商工作中存在的优势与不足，并采取相应的激励措施，对分销渠道结构进行调整。

4. 调整会展分销渠道

当会展市场状况发生变化，或者代理商业绩不佳而影响会展主办方会展营销目标的实现时，就要及时调整会展分销渠道。调整会展分销渠道的方式主要有以下三种。

1）增减分销渠道中的代理商。当会展主办方的销售策略发生改变，如将专营渠道改为密集型销售渠道，或将密集型分销渠道改为选择型分销渠道，分销渠道的宽度都会发生相应改变。

2）会展主办方可以剔除效率低下、对分销渠道整体运作有严重影响的代理商，或增加较为合适的代理商。

3）增减某一分销渠道。从提高分销效率的角度考虑，会展主办方可以缩减分销作用较小的渠道，根据市场的变化相应增加或减少渠道，以便更有效地实现分销目标；改变整个分销渠道，即放弃原有的分销渠道，建立新的分销渠道。当会展主办方对原有的营销组合实行重大调整时，或者原有的分销渠道功能严重丧失与混乱时，都有必要对原有的分销渠道进行重新设计与组建。

5. 寻求赞助单位

1）寻求对象，一般为政府主管部门、权威协会、具有影响力的综合或专业媒体。

2）寻求赞助的目的：第一，可以提高会展的档次和权威性；第二，可以扩大会展的影响力，吸引媒体的广泛关注，便于展开新闻宣传和造势；第三，可以提高行业号召力，有利于组织目标客户参展和目标买家参加；第四，能代表行业的发展状况和趋势；第五，能有效地形成项目的品牌效应，最终实现可持续发展战略。

3）关注赞助商利益，各种机构之所以提供赞助是因为利益上的关系。一是希望与参加会展的观众群接触的机构；二是会展可以协助其解决某个特定问题的机构；三是正在重新定位推出新型商品的厂商；四是准备扩展进入新市场的厂商；五是为上述机构与厂商服务的机构。

知识链接

寻求适当的赞助者方法

最有可能成为赞助者的机构是希望与参加会展的观众群接触的机构，或者是会展可以协助其解决某个特定问题的机构，以及正在寻求重新定位、扩展进入新市场或推出新型产品或服务的机构。会展主办者要学会分辨这些机构。

分辨结束后，根据会展的性质，有些组织就可能成为目标赞助者。举例来说，一位园艺展的组织者可能会注意到有一家园艺公司刚刚推出了一套新肥料，如果能使公司相信，本次会展能为公司提高知名度、增加新产品系列销售量提供良机，该公司就会考虑赞助。

会展管理者还可以通过参阅潜在赞助者的年度报告或浏览其网站等方法来寻找潜在的赞助者。这些材料可以表明某一机构当前所遵循的一贯方针，表明他们适合进行何种赞助，以及是否会对赞助有特殊要求。这些信息可以显示某机构是否存在赞助的可能。

另一个分辨潜在赞助者的方法就是了解曾经赞助过类似的会展的赞助者，为此可以查阅宣传材料或网站，或联系负责管理的会展组织者。

一旦分辨出合适的潜在赞助者后，就要确保对每一个潜在赞助者进行更加详细的调查。额外信息包括赞助者愿意赞助的展览类型、该机构是否与特定的事业有关联、在策划周期中何时调配赞助预算，赞助策划书应该先于该时间几个月前送抵，所有这些信息最好直接向其询问。

制定完潜在赞助者名单后，会展管理者将要面临的问题是决定应该将赞助策划书交给该组织的何人。如果在调查该组织的过程中，已经与负责赞助的人员沟通，答案就很明显。在小型公司里，这个人可能就是首席执行官或总经理。中型公司的市场部经理或公关经理就可以对此问题做出决定。在大型企业中，负责赞助的部门有可能设置在市场部、公共关系部或公司事务部。计划书送出后，通常要在适当的期间进行跟进。

6. 寻求合作单位

1）寻求合作会展组团单位对象，一般包括当地行业协会、主办单位的分支机构、行业权威机构、办展公司及海外的代理机构（国际展）等。

2）合作单位应具备的条件：有专职人员负责项目；有广泛的社会网络；能切实有效地开展会展工作；该行业有较高的信誉度和成功历史；有一定的组团会展经济实力；有成功的会展组团工作经验。会展主办方在进行会展市场营销活动中，不仅需要高效迅捷的会展营销渠道、合理的定价和高质量的会展项目，还需要符合会展主办方自身特点需要的、有效的会展促销策略。会展促销手段包括公共关系、宣传广告、人员促销、营业促销等。有效的会展促销策略就是这四种手段的有效整合。

3）寻求对口的合作单位，其作用是提高会展的影响力；加快信息的有效快速传递；利用资源、优势互补，加快资源整合；最大限度挖掘新客户，壮大参展队伍；最大限度地降低会展成本。

7.5 会展营销的促销管理

会展促销（exhibition promotion）是会展企业通过各种营销宣传手段，向参展企业传递会展项目与服务的有关信息，以实现会展项目与参展企业的有效沟通，从而影响参展企业购买行为的活动。

7.5.1 会展促销概述

1. 会展促销的功能

（1）传播信息

传播信息即通过会展促销活动，使参展企业了解会展产品与服务的有关信息。

（2）刺激需求

会展企业可通过促销活动加深参展企业对相关会展产品的认识，刺激参展企业的需求，通过劝说和提示参展企业认购有关会展产品，以达到扩大销售的目的。

（3）强化竞争优势

会展促销通过对同类会展产品某些差别信息的强化传递，可使参展企业意识到所宣传的会展产品的特色和优势。

（4）树立良好形象

在扩大会展产品销售的同时，树立会展企业和会展产品在公众心目中良好的形象，可为企业的长远发展创造有利的条件。

2. 会展促销的原则

（1）出奇制胜原则

利用参展企业的求新、求奇的心理制定促销措施，就是出奇制胜原则的心理学依据。新奇式促销策划重在创意内容的新奇上，内容新奇能引起消费者的心理共鸣，至于促销选用的工具是为了更好地烘托主题，以帮助促销方案顺利执行。因此，企划人员在进行这类促销策划时，应将重点放在创意内容的新奇上。

（2）让利诱导原则

利用人们的趋利本能，采取奖券、折价、减价、赠奖、竞赛、印花、会员、积分等形式来促销，是让利诱导原则的具体体现。运用这一原则，必须注意设计让利的幅度，否则，让利幅度太小，参展企业不会响应；幅度过大，又会增加企业成本。

（3）突出优势原则

利用促销活动突出会展产品的特色和优势，能使参展企业对产品留下深刻的印象，产生认购冲动。

3. 会展促销的效应

（1）注意力效应

在激烈的会展市场竞争中，会展企业必须制定有效的会展促销策略，针对目标市场和公众，选择适当的促销手段和富有创新性的促销方式，才可能将参展企业的注意力从同类会展产品的宣传活动中吸引过来。同时，可以扩大会展产品和会展企业的知名度，从而激发参展企业的认购需求和引起更多潜在参展企业的关注。

（2）名牌效应

与传统产品不同，会展产品的质量存在着事前不可评估性。而我国目前的会展市场上，一些会展企业的服务质量难以令参展企业满意。因此，建立企业品牌，提高企业信誉度与顾客信任感是会展企业发展的关键，增加了产品的无形价值，如通过UFI认证的会展具有强吸引力。为了树立品牌，一方面要通过内部管理与控制提高质量；另一方面，要运用广告、公共关系等手段，加强对企业形象的长期性、持续性的宣传，以获取名牌效应。

（3）特色效应

在进行市场调查分析、确定市场定位的基础上，会展企业应针对主要目标参展企业的需求，突出企业在某一领域的核心竞争力与独特之处。这就需要采用合适的促销策略，在消费者心目中建立对本企业的鲜明的形象，从而增进企业与顾客间的了解和沟通。

4. 会展促销方式

展出——在相关的或竞争性的会展上，用来告知购买者关于会展的性质并减少他们的疑虑；再次提醒广告目标客户或直接邮寄给客户关于会展的情况的文件。

惠顾券——由特定参展商向观展者提供的观展机会。

赠品——赠送免费样品或低成本的礼品可以为组织和会展建立一种“亲密温暖”的

形象，如日历、鼠标垫、咖啡杯、手提袋等。这些礼品必须是常见的、常用的、有价值的、不易碎的，使用时间长并且最好与会展或当前的广告活动相关。

彩票或奖金——通过彩票或奖金促销，可增加潜在客户线索。

差价——给观展者提供差价以增加登记数量，通常包括数量差价、人群差价和时间差价。

增值服务——将会展精心包装使之更有吸引力，如现场日托、享受内部优惠、免费运送、豪华服务、免费研讨会、给家庭度假提供的双层住所。

娱乐——通过名人出席和表演吸引更多的观展者。

视频指南——用于传播会展参与者的好处，使之更为引人注目。

竞赛——用以刺激销售人员、参展组织、观展组织或第三方以增加参展和观展数量。

宣传手册——用以解释参加会展的最基本的利益，但不要强调立即承诺。

知识链接

关于会展促销的关键问题

1. 促销目标是否准确和清晰

促销活动涉及面是否广泛？是否有能力接触到不同类型的参展企业，也可以完成多个目标下的任务？促销活动的对象是消费者、中间商还是服务人员？

2. 促销是否瞄准会展产品的参展企业

目标消费者是否习惯会展企业的促销形式？如果不习惯，他们是否认为它不合适？这种促销是否可以减少会展产品及服务的购买风险？促销活动的所有条款是否理解、易记？促销向参展企业提供的是即时利益还是延时利益？参展企业为了获得优惠条件，需付出多大程度的努力？促销活动的所有条款是否具有灵活性，是否向参展企业提供多个选择机会？

3. 促销是否有利于取得竞争优势

竞争对手最近是否也在使用该工具进行促销？竞争者对于类似或更优的促销活动产生反应的迅速程度如何？

4. 促销活动的成本效益如何

促销活动预期的最大效果有多大？促销提供的条款是否可以尽量减少促销费用？预期的促销费用的准确程度如何？促销是否会对服务能力给予过大的压力？在设计促销方案时，是否已考虑获利一次参展企业的数量？

5. 促销活动是否进行了整合

该促销活动能否和营销组合中的其他因素（广告、人员推广、公关等）整合成一体？该促销活动是否可以增强会展企业的广告效果，或者有利于会展品牌的建立？该促销活动能否和其他促销活动整合在一起形成一个具有吸引力的事件？

6. 促销活动实施的可行性如何

为了使促销活动举办成功，管理者和服务人员要付出多少努力？会展工作人员是否希望促销活动可以促进其经营任务的完成？参展企业的经营者能否控制促销活动全过程的费用和时间的安排？参展企业的经营者在此之前是否具备类似促销活动的经验？在促销活动实施过程中和结束后，促销的影响时间有多长？

7. 促销活动是否便于效果的评估

是否存在评估促销反应的标准？如何评估？是否可用较低的费用对效果进行评估，并与其他同类或不同类的促销活动进行比较？参展企业反应是否集中在促销推出后的很短的一段时期内？是否存在一些不相关的因素降低了评估的精确度，而且增加了其费用？

8. 促销在法律上是否有冲突

对这一类型促销活动的制定和实施是否存在法律上的约束？

7.5.2 会展公共关系促销

会展公共关系是指会展企业或组织为了取得企业或组织内部及社会大众的信任与支持，为自身的发展创造最佳的社会关系环境，在分析和处理自身面临的各种内部及外部关系时所采取的一系列决策及行为。会展公共关系对于塑造企业的公众形象，提高其知名度与美誉度，以增强市场竞争力具有重要的作用。

1. 会展公共关系的基本模式

会展公共关系营销是会展利用各种传播手段，与包括参展商、会展服务商、观众、政府机构和新闻传媒在内的各方面进行沟通，建立良好的社会形象和营销环境的活动。其基本模式如表 7.1 所示。

表 7.1　会展公共关系的基本模式

项　目	公共关系的基本着眼点
核心概念	通过与公众沟通，建立良好的社会形象和经营环境
营销目标	较少是为了直接将展位销售出去，主要是为了树立办展单位和会展的良好形象，希望通过良好形象改善会展的经营环境
客户关系	比较牢固，竞争对手较难破坏
价　格	不是竞争手段
营销强调	树立办展单位和会展的良好形象
营销追求	提高办展单位和会展的社会知名度，树立良好形象，不追求单向营销支出的回报，着眼于长期利益
市场风险	小
对方的企业文化	可以不了解
营销结果	客户基于对办展单位或会展的信赖，且与办展单位或会展建立起一种长期的关系

2. 会展公共关系的表现形式

会展公关关系的表现形式一般包括开幕式、招待会、拜会等。会展公关工作对象主要是参展企业、重要贵宾、展出地的政府相关机构、相关协会、新闻媒体等，是一项系统的人际交流工作，需要有周密的流程安排和详细计划，并切实执行。

（1）开幕式

开幕式是会展的重要仪式，也是为会展公关工作提供了重要的时机和场所，举办开幕式的主要目的是制造气氛以扩大会展和会展组织者的影响力。开幕式的规格和档次体现了会展组织者的实力和会展的规格。

1）开幕式的邀请对象。开幕式的邀请对象为政府官员、工商名流、新闻人士、外交使节、公司老板等，他们本身就有相当大的影响力，具有宣传价值。借助其影响，加强会展宣传，可以提高会展的知名度并扩大会展的影响面，吸引更多的观众参加会展。另外，这些人物有一定的参展权或建议权，对会展效果有着直接的或间接的重要影响。

2）开幕式时间。开幕式时间通常安排在会展的第一天，若有一些国家和地区邀请最高领导出席开幕式，就要根据该人物的出席时间安排开幕式。也可能由于其他原因将开幕式安排在第一天之后。如果开幕式不是第一天，前几天的展览称作预展或贸易日等。如果是面对普通公众开放的会展，开幕式可以安排在节假日。

3）开幕式新闻工作。开幕式应当通知新闻媒体，并安排摄影报道人员。开幕式的效果在很大程度上依赖于新闻报道，从某方面看，举办开幕式就是为媒体提供报道素材。此外，根据当地的规定通知有关部门安排好停车、引导、保卫、消防等事项。

举行开幕式的目的是扩大展览影响，如果会展的影响已经很大，知名度很高，可以不举行开幕式，这样可将宣传精力放在新闻工作上，对于这些会展，新闻工作就是公关工作。

（2）招待会

招待会是在会展与关键人物或重要客户接触的重要方式。举办招待会的主要目的是扩大交际范围，加深与参展客户的关系。

招待会涉及费用、人员、事项、时间等管理因素，因此要做好策划等，统筹安排。招待会需要考虑的事项包括地点安排、酒水安排、座位安排、讲话安排等。会展期间的招待会可能比较多，因此要早做安排。人数多的招待会采用自助方式，以便出席人员可以自由交谈。自助方式还有一个优势是饭菜酒水费相对低。使用自助的招待会可以另外安排一个单间供少数主要人员用餐。主要人员在发言后并与招待会出席人员稍做接触就离开。这是一种习惯做法，但是不公开说明。如果安排的是坐餐方式，要考虑桌次及座次，考虑不同地区的不同习惯，尤其在重视排位的地区要特别考虑。排序决定后要书写或打印座位标签，餐前放在相应的位置上。关于就餐人员的座位排序有专门知识，应请教专家或参阅专业书籍。座位排序除了考虑习惯之外，还要考虑便于交流。

（3）拜会

拜会是一种“走出去”的公关方式，主要形式是会展企业方面的人员上门拜访参展企业的有关人士。拜会是一种礼节，表示对被拜会人的尊重，也是公关工作，其目的是获得被拜会人的支持。

拜会人可以是高级别的人士，如会展企业方面的高级官员拜会重要参展企业的相关人士，级别高的拜会多出于宣传和巩固关系的考虑，作用是为了建立更进一步的联系，并通过被拜会人间接地扩大会展和会展组织的影响力。

级别高的拜会要早安排，用书信、传真等方式约会确定，用电话再次确认。如果拜会级别高，具体安排人还需要事先为拜会人提供有关被拜会人的基本情况，以便拜会人掌握，使会谈气氛融洽，内容更有针对性。拜会可以准备一些资料和礼品。拜会人在拜会后的适当时间可以致函被拜会人表示感谢，告之相应的展出效果，并表示愿意长期保持关系。

（4）贵宾

贵宾工作是一种“请进来”的公关方式，主要形式是邀请相当级别的人士参观展览，因此，也称作“贵宾参加”工作。贵宾参加的主要作用是提高会展知名度，扩大会展影响力，以吸引参展企业的注意和参加兴趣。但是这项工作的目的要通过新闻宣传方能实现，因此要与新闻工作紧密结合。

贵宾可以是会展所在地的政府高官、工商名流、企业巨头，也可以是参展企业方面的相关人士。从这方面看，贵宾为重要人物。不论是哪方面的贵宾都有宣传效应。

（5）支持单位

通过与有关单位的交际工作获取有关单位的支持叫作支持单位。支持单位是指向会展企业提供支持的单位的统称，包括赞助单位、后援单位、协办单位等。支持单位有提高知名度、扩大影响力和吸引更多的参展企业及更广泛的关系的作用。

支持单位可以是政府有关部门、工商会、行业协会等。支持方式可以是提供经费、帮助宣传、协助办展。由于支持单位本身具有一定的影响力和号召力，因此会展企业借助支持单位可以提高宣传和公关工作的效果。常见的支持方式是宣传、公关和名义上的支持。

（6）会议

会议是一个统称，包括报告会、研讨会、交流会、说明会、讲座等。在会展期间举办会议是很普遍的做法，并有普及的趋势。会议和展览是相互配合的，可以以会议为主，也可以以展览为主，根据组织者的要求和目的不同而定。

会议是场地展览的补充，是会展的一个重要组成部分。会议的直接目的是丰富展出内容。但是由于会议通常能吸引真正感兴趣的参展企业，而且很多是决策人物、专业人员或咨询人物，他们大多有相当大的影响力，因此会展企业可以通过这些人士间接地扩大企业影响力。

（7）评奖

评奖是一种具有宣传价值的会展宣传。会展企业可利用评奖做宣传文章，评奖团大多由专家组成，评奖结果对参展企业是一种肯定，使之感到参展投入是有所值的，从而强化参展企业的再投入。评奖内容多种多样，包括展品、设计等。展品评奖比较多，而且可以细分为多种，展品评比能吸引行业的注意，而设计评比一般是参展企业之间的评奖，会展公司要事先通知所有参展企业。参展企业需要提前报名，提供展品，并提供详细的技术介绍和说明。会展评比不太可能使用专业测试，大部分是看外观，进行简单操纵，看资料包括专业测试资料后下结论，经权威人士的民主投票方式评出金奖、银奖和铜奖或其他名称的奖。

3. 会展公共关系决策

（1）确定会展公共关系活动的目标和对象

确定公共关系活动的目标和对象要与会展企业的整体目标及调查研究中所确认的问题紧密结合起来，使之具体化，具备可操作性。在此基础上，明确公共关系活动的对象。

（2）确定公共关系活动的行动方案

会展公共关系活动是由一系列活动产品组成的，这就要求运用相应的策略加以指导。在进行公关活动过程中，要求会展企业树立“诚信共赢”的思想，对参展企业、参展观众、社会负责；要求会展企业坚持实事求是与真诚合作的公关态度，改善与参展企业的关系；要求会展企业考虑企业长远利益，有放眼未来的战略眼光。此外，可以选择多种公关手段进行公关活动，如新闻发布会、公关会议、展览会及对外开放接待参观、纪念庆祝活动等扩大企业影响力，使公共宣传的信息以最有效的方式传播出去，并力求达到预期效果。

7.5.3　会展广告促销

广告是会展宣传的重要方式，也是吸引参展企业的主要手段之一。会展广告是覆盖面最广的，范围可能覆盖已知的和未知的所有参展企业。可以将展出情况传达到直接联络所遗漏的参展企业，还可以加强直接联络的效果。会展广告是最昂贵的展览宣传手段。因此，对广告安排要严格控制，登广告要目标明确，根据需要、意图和实力安排。

1. 广告规模

广告预算决定了广告规模，要根据需要和条件决定预算。如果经费充裕，可以多在几家报刊上登载广告。如果经费有限，集中力量在少数影响大、效果好的报刊上做广告，而不要使用多家影响小的报刊。广告开支与效果不一定成正比例。选择合适的媒体是降低成本、提高效率的最好办法。

2. 广告时间

广告时间也需要安排，在一般情况下，做出会展决定后就开始并连续刊登广告，时间间隔要事先安排好。连续刊登广告有利于加深客户的印象。

3. 广告媒体选择

选择媒体主要看媒体的对象是否是会展企业的目标参展企业。如果是消费品的展出，可以选择大众传媒，包括大众报刊、电视、电台、集中地的招贴、旗帜等。如果是专业性质的贸易展出，就在综合媒体上刊登广告，要选择使用生产和流通领域里针对观众的专业媒体，包括专业报刊、内部刊物、展览刊物等。

（1）电视和电台

消费型的会展组织者应使用电视和电台。因为它是覆盖面最广的媒体，效果十分理想，但费用通常很高。

（2）互联网

由于互联网的迅速发展，在互联网上做广告的情况越来越普遍。互联网上的广告费用低廉，宣传面却非常广，但作为“信息的海洋”的网络信息，信息量太多，被淹没的可能性也很大，会展企业可将其作为辅助宣传方式。

（3）专业刊物

专业刊物是指生产、流通领域的专业报纸杂志，如果与会展企业的目标与参展企业一致，就可以选择刊登广告，效果很好，而且费用要比大众媒体低。某一专业领域往往会有数家报刊，如果预算有限，可以选择影响最大的专业报刊刊登广告。如果预算充足，可以多选几家刊登广告。交叉使用行业内的不同刊物刊登广告可以加深参展客户的印象。

（4）内部刊物

内部刊物是指政府有关部门、贸易促进机构、行业协会的刊物。在内部刊物上刊登广告的优势是发行对象多是特定的专业读者，费用低、效果好。缺点往往是覆盖面不够理想。会展企业如果与内部刊物有特殊关系，可以在做广告的同时安排新闻性质的报道，以加强宣传的可信性。

（5）广告夹页

在重点刊物中设广告夹页，可以刊登丰富的文字信息和照片，印刷质量也容易控制，可给人留下印象。

（6）广告牌

广告牌广告的主要作用不是推销而是吸引人们注意，扩大影响，激发其参加兴趣。

知识链接

不同媒体的优劣势比较

不同媒体的优劣势比较如表 7.2 所示。

表 7.2　不同媒体的优劣势比较

广告媒体	优　点	缺　点
报纸	时效性强，较有弹性；对当地市场的覆盖面广；可信度高，费用较低	延续时间短；广告表现力差；广告不易被记住
杂志	声誉与可信度高；持续时间长；广告表现力强；易于被传阅；地区和人口选择性强	广告周期长；发行量少；价格偏高
广播	地区覆盖面广；地区和人口选择性强；成本低；信息传播不受时间与地域限制，及时、灵活	缺乏视觉吸引力，表达不直观；听众记忆起来相对较困难
电视	视听并存、图文并茂，富有感染力；传播范围广，速度快	费用高；时间短，观众选择性小；存在一定设计制作难度
邮件	灵活性强；读者的专业性强；受时空限制少	针对性不强，限制创造性的表现；人员、时间、经济投入相对高，有时会导致收件人反感
户外广告	灵活性强；可重复展示；成本低；醒目	针对性不强，限制创造性的表现；内容局限性大
网络广告	成本低；受时空限制少；读者的专业性强；地区覆盖面广	诚信度不高

4. 广告战略

开展和实施一项合理的创新战略是广告宣传最重要的组成部分。因为如今广告俯拾皆是，以杂乱和吵嚷充斥着人们的生活，所以广告很容易被置之不理。制定并实施富有创意的广告战略对于冲破人们的心理障碍是至关重要的。

除了在众多可以应用的媒体工具，如出版物、网络、广播、户外广告中进行合适的选择外，对于广告客户来说，好的广告战略必须辅以广告出现的强档饱和度和正确时段。专业的媒体计划者会考虑“覆盖率”“频率”和“时间安排”。

覆盖率指的是在某一给定时期内，接触到该媒体信息的不同的潜在客户的数量。覆盖率和频率用来分析、比较预算相同的各种媒体计划。在一项媒体计划中，覆盖率或频率通常作为优先考虑的目标，当这些目标显著不同时，很容易在可替代的计划中进行选择。

媒体计划者还常常强调其他的关键性战略，其中包括以下几个方面：

“选择主流媒体，重磅出击”。例如，选择行业中的顶级杂志进行高强度的广告宣传。这样可以接触到目标市场中的大批观众。

“先入为主”，列入媒体时间表。对于会展促销来说，要尽早传出消息，给潜在观展者充分的时间以便进行决策、预算、授权及其他工作。

“买尽先机”。尽量利用已选定的媒体提供的特刊、折扣和大量交易的好处。在选择印刷品媒体的情况下，可能利用的机会包括利用媒体的插页邮寄名单与直接邮寄活动效果互补联动。

知识链接

广告制作注意事项

1．广告内容要简洁、清楚、准确

清楚是广告成功的关键。阅读广告的人只关心事实，因此广告用语一定要简洁明了。广告用语要讲究措辞语法，切不可过于修饰。广告对象不是语言学专家，广告所表达的内容要使文化水平不高的读者也能立即领会。

2．广告内容要有吸引力、全面

不仅要将有关信息传达给目标观众，还要吸引观众的注意和兴趣。因此，不能仅刊登公司名称、联络地址、展出目的、展出产品，必须强调项目的特色、适合哪些需要、对参展企业带来的益处等，要有承诺。如果可能，要在广告中提及会展企业在当地的代理或代表，注明有兴趣者可以索取更详细信息。

3．广告要有规模、重质量

广告要有一定规模，可以相对集中做，即次数可以少些，但容量大些（报刊的大版面、电视电台的长时间），这样做比分散做效果好。时间短、版面小往往被人忽略，效果不佳。对广告质量最有影响的人是广告设计师和撰稿人，他们可能不在乎广告公司的盈利情况，而是最关心作品的质量，与他们建立良好的关系，可能会使他们下功夫制作出高质量的广告。刊登广告可以使用代理，代理有专业技术和经验，可以协调广告安排，并且报价可能比直接的媒体报价低。会展所在地的广告代理比展出者所在地的代理要好，展出地代理熟悉展出地的新闻媒体并与之有更近的关系，熟悉当地的广告文化和效果。

7.5.4 会展人员促销

人员促销是指企业的从业人员通过与参展企业（或潜在参展企业）的人际接触来推动展位销售的促销方法。从事推销工作的人员通常称为推销员或业务员。随着推销活动的发展，目前，多采用推销人员或销售代表等来称呼从事此项工作的人员，有时也称销售顾问。

会展人员促销的方法主要有发函、打电话、拜访，会展人员促销是一种直接的成本比较低的宣传方式。会展企业可通过与目标展出单位直接联络，告之展出情况，邀请其参加展览，达到宣传目的。

1. 直接发函

直接发函就是将各种资料直接寄给潜在的参展企业，并邀请它们参加展览。直接发函是一种直接的、单向的宣传方式，是会展业使用最广泛的宣传方式，也是成本效益最佳的会展宣传方式。每一个会展组织者、承办者都应该安排直接发函工作。直接发函工作要根据需要和预算安排工作量。由于现代电子技术的迅速发展和普及，利用电子手段包括电子邮件、传真等发送邀请的现象越来越多。

（1）直接发函对象

直接发函主要针对已知的参展企业。已知的参展企业指会展企业本身及会展企业委托的发函代理所掌握的。寄发目标除现有客户、潜在客户外，还包括政府有关部门、商会、行业协会、新闻单位等。拟定参展企业名单是直接发函的关键工作。好的会展组织者应有参展企业数据库，以行业、地区、产品兴趣、公司规模大小等为标准，展览时可以加以利用。会展企业还应积极地参加其他公司的展览，从中寻找潜在的客户，邀请其参加自己的会展。

（2）直接发函日程安排

日程安排有两方面需要考虑，一是要安排尽快发函，当组织者做出会展决定后就要发函，对参展企业来说，参展是公司经营的一项较大决策，企业要进行统筹安排，太晚把展览信息传达给参展企业不利于客户统筹安排；二是对参展企业要多次发函，反复提醒，还要配合其他的宣传手段。

（3）直接发函内容

直接发函内容要精心设计，必须能引起目标客户的参展兴趣。当然，针对不同的客户发送不同内容，对长期的老客户有时可以只发一份展览订单，对要争取的目标客户发照片及其他资料。一般情况下是将会展公司情况介绍资料寄给目标客户，也包括展览综合介绍和回执。

2. 直接联系

直接联系工作是一种通过电话联系和登门拜访的直接的、双向的宣传方式，是加强直接发函效果的一种措施。

直接联系的具体对象是最重要和重要的两类参展企业。拜访是一种比较特殊的方式，由于成本可能较高，因此只针对少数最重要的客户。因为这类客户参加会展或者有商业价值，或者有很大的新闻价值。

发函、打电话、拜访工作可结合起来进行。先发函邀请，继而打电话邀请，最后上门邀请。直接联络可能是最有效的会展宣传方式。但是也有不足：不论从何种途径获得的名单都会有遗漏，使用时要配合其他宣传方式，以吸引未发现的潜在客户，加强宣传效果。

思考与练习

1. 阐述会展营销的要素。
2. 举例说明会展产品的内涵。
3. 简述会展营销的产品开发策略与组合策略。
4. 如何做好会展餐饮服务？
5. 简述会展产品的定价方法。
6. 如何进行会展分销渠道管理？
7. 会展公共关系的形式有哪些？

实　训

1. 2014年第26届陶瓷工业展的出入证上罗列了四家参展商，试分析其原因。

2. 某知名会展企业在广州、深圳、西安三地开办酒店用品展，会展举办前的一个月在人流密集地派送免费参观券，试分析其意义。

3. 奥驰展览公司的知名会展项目如海事展和华南幼教展都为采购商如船东和幼儿园院长提供免费住宿，试分析其意义。

第 8 章　会展人力资源管理

❖ 主要知识点

1. 会展人力资源管理的概念、体系与要求。
2. 会展人力资源的招聘、培训与开发。
3. 会展人力资源的绩效管理；会展人力资源的激励。

❖ 学习目标

1. 了解会展人力资源管理的体系。
2. 掌握会展人力资源招聘的过程。
3. 掌握会展人力资源培训和开发的过程。
4. 掌握会展人力资源绩效管理的过程和方法。
5. 理解激励的类型及会展人力资源激励的方法。

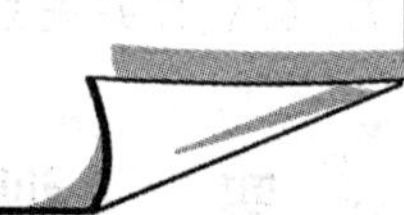

8.1　会展人力资源管理概述

8.1.1　会展人力资源管理的概念

1. 会展人力资源

会展人力资源是人类可用于会展产品或提供各种会展服务的能力、技能和知识。通俗地理解，会展人力资源就是从事会展相关行业的专业人才。有关专家将会展人才分为核心、辅助、支持三大类型，如图 8.1 和表 8.1 所示。处于最里层的是会展核心人才，这类人才既可以在各类会展公司、会展场馆、政府部门和参展企业从事会展发展战略、高层策划、市场营销和业务管理等工作，也可以到高等院校从事会展专业的教学和科研工作；中层是会展辅助人才，这类人才主要从事会展物流运输、展示设计、展台搭建、器材生产与销售等工作；外层是会展支持人才，这类人才主要为会展活动提供相关服务和产品，包括服务接待、外语翻译、旅游及酒店管理等，对会展起到补充作用。

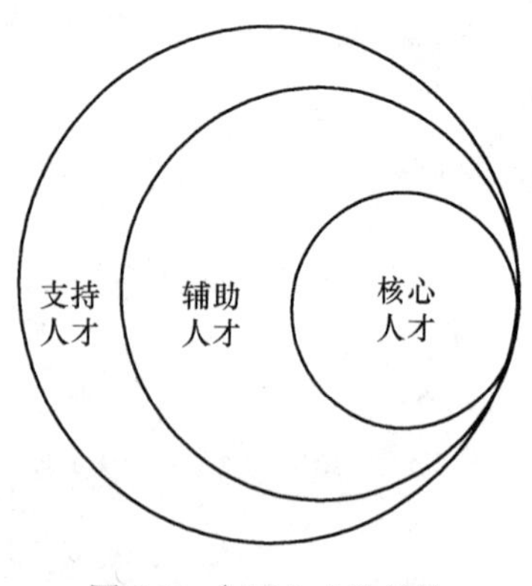

图 8.1　会展人才的结构

表 8.1　会展人才分类

人 才 分 类	涉 及 领 域	人才培养特点	支 撑 专 业
核心人才	会展策划、运营与管理、营销、人力资源管理等	所属层次高、专业性强，对企业发展起关键作用	会展经济与管理、策划、营销管理、人力资源管理
辅助人才	场馆设计、展厅搭建、展品的运输与处理、展览器材生产与销售等	承担某一项专门的管理职能，对行业的发展和完善具有重要作用	会展艺术与设计、现代物流、交通运输管理
支持人才	会展翻译、服务、旅游接待等	提供辅助性服务	外语、服务接待、旅游与酒店管理

2. 会展人力资源管理

会展人力资源管理就是“通过对会展中人和事的管理，处理人与人之间的关系、人与事的配合，以充分发挥人的潜能，并对会展中人的各种活动予以计划、组织、指挥和控制，以实现组织的目标”。

会展人力资源管理的职责如下。

1）获得和保持一定数量并具备特定技能、知识结构及能力的人员，充分利用现有人力资源，对会展人员的需求进行分析。

2）能够预测会展企业组织中潜在的人员过剩或人力不足，对现有的人力资源能否满足已知的需要进行评估。

3）建设一支训练有素、运作灵活的员工队伍，增强企业适应未知环境的能力；对会展人员应具备的技术、知识和能力予以分析。

4）减少会展企业在关键技术环节对外部招聘的依赖性，制定为减少开支或由于经营状况不佳而必须裁员时应采取的应对措施。

8.1.2　会展人力资源管理的体系

会展人力资源管理是通过设计人力资源的计划、组织、领导、协调、控制等具体的职能活动，以实现人与事的优化组合，达到事得其人、人尽其才的目的。其功能主要体现在选择、培育、使用、维护人才四个方面，即“选、育、用、留”。

1. 选：员工招聘

这是会展企业获得人才的第一步。会展企业根据招聘计划提出人员需求数量与任职资格要求，通过各种招聘渠道来选取企业所需的人员，并满足企业未来发展的需要。招聘程序包括人员的招募、甄选与测试、录用及评估等内容。

2. 育：员工培训与开发

会展企业为使员工不断适应新形势的需要，通过对员工进行教育和培训，使员工拥有能够满足当前和未来工作需要的知识及技能，以提升企业人力资源优势，获取长远发展。具体包括对员工的知识、技能和职业发展的培训。

3. 用：员工绩效管理

绩效评估就是会展企业的各级管理者通过各种手段对其下属的工作完成情况进行定量和定性评价，进而为企业用人提供指导。绩效评估最普遍的用途是检查和改进现有的工作绩效，为企业对员工职务升降、调配、解雇、加薪等提供依据。

4. 留：员工激励

会展企业实行激励机制，不但可以正确诱导员工的工作动机，使他们在实现企业目标的同时满足自身的需要，增加其满意度，使他们的积极性和创造性继续保持和发扬下去，而且可以培养员工对企业的忠诚度，留住人才。

8.1.3 会展人力资源的要求

根据会展行业的特点，会展人才的基本要求是拥有健康的体魄，正常的心理，良好的观察、理解、判断、应变、人际沟通、组织、协调能力，较好的语言、文字表达、自主学习能力。具体要求如下。

1. 职业道德要求

遵纪守法，恪尽职守；爱岗敬业，积极进取；文明礼貌，热情服务；诚实守信，团结协作；勤勉好学，追求卓越。

2. 知识要求

会展从业人员的知识要求可概括为“博、精、深”。“博”是指会展从业人员应该具备广博的知识面，包括会展业的特征及发展趋势、会展的运作模式，以及会展流程中所涉及的调研、策划设计、营销宣传、现场服务、运营管理等诸多环节的相关知识等。“精”是指会展从业人员要熟悉会展的业务操作流程。“深”是指会展从业人员要深入掌握会展方面的专业知识和理论，并具有丰富的实践经验，专业会展人员要具备专业知识，成为这个行业的专业人士。

3. 能力要求

1）组织能力。会展涉及各个行业和不同的社会部门。组织能力也是会展从业人员应具备的核心能力之一。会展是一项系统工程。一个会展从预算到客户服务有许多环节，每一阶段的工作不仅要有计划性，还要有灵活性，既要有条理，又要随机应变，因此要求会展人员具备较强的组织和协调能力。

2）沟通能力。会展业提供的是一种面对面的人性化服务。人性化服务的关键就是与服务对象进行沟通和交流。沟通能力主要指会展从业人员的语言能力和人际交往能力。会展业开放性的特点要求会展从业人员尽可能掌握多种语言，以减少沟通障碍。

3）创新能力。会展从业人员应该具有很强的创造性思维能力，善于独创、开拓和突破。由于会展是一项系统工程，从策划、运作到客户服务包括许多环节，环境和事态的发展瞬息万变，要求从业人员能够随机应变，及时解决突发问题。因此，创新能力是会展从业人员最核心的素质之一，从业人员只有具备较强的创新能力，会展业才能不断地实现自我超越，保持旺盛的竞争力。

8.2　会展人力资源的招聘

会展人力资源的招聘工作是获取人力资源的第一个环节，是人员选拔的基础，也是人力资源管理的第一个环节。

8.2.1　人员配备计划

在人力资源管理中，人员配备计划是首要工作。它主要是根据人力资源总体规划的要求，制定整个项目实施过程中的人力资源规划。以会展项目运营为例，在整个过程中可能需要配备以下几种人员。

1）会展项目经理。会展项目经理的主要职责是承接会展项目，负责会展项目的组织、实施，完成公司下达的创收指标等工作。要求熟悉会展业务，能独立承担会展项目，具有较强的文字表达能力和公关、协调能力。

2）会展项目策划师。会展项目策划师是从事会展市场调研、方案策划、销售和运营管理等相关活动的人员。其主要职责是开发新主题，赋予现有的会展项目新的元素，拓展其深度和广度，使原有的项目规模化、效益最大化。要求熟悉会展运作流程，有营销、项目策划、市场调研经验及出色的语言表达和沟通能力。

3）会展设计师。会展设计师需根据品牌特色和客户要求进行会展相关环节设计，包括构思会展主题、展位布置设计制图、会展视觉系统设计等。

4）会展销售业务人员。负责会展的展位与广告销售，主要是展位销售，对于签约参展的客商提供售后服务。

5）会展宣传推广人员。负责推广会展，特别是向展商和观众推广会展。具体业务工作范围一般是会展宣传、观众邀约、自办配套活动执行等，同时参与会展的广告销售。其中，会展宣传可细分为会展宣传品制作（包括参展商/观众邀请函、会刊/会报、展期招贴/证卡等）、自媒体维护（包括展会官方网站、微博、微信、APP 等）、新闻宣传（包括媒体提供的原创新闻宣传和利用社会媒体的新闻宣传）、广告宣传等；自办配套活动组织执行，一般指与会展配套的开幕典礼、会议或活动的组织与操作。

6）会展运营业务人员。负责会展的服务工作，一般包括两方面：一是对报名参展的客商和观众提供服务；二是承担会展现场的服务工作。会展现场的服务工作一般包括与展馆的业务衔接、展品物流的服务、接待参展商/观众的服务、布展/撤展的服务等。其中，与展馆的业务衔接一般包括现场展位图布置、展位搭建、标准展位楣板制作、保安、保洁、供电/供水、展品进馆物流运输、展期餐饮等工作事项；接待参展商的服务，一般包括协助展商展品的物流搬运、现场布展的水电提供、布展加班、撤展物品撤出展馆等服务工作事项。

知识链接

会展策划师的工作要求

会展策划师的工作要求如表 8.2 所示。

表 8.2 会展策划师的工作要求

职业功能	工作内容	能力要求	相关知识
调研	收集调查资料	① 能通过多种途径收集行业、市场信息 ② 能开展会展项目的可行性调查 ③ 能制作会展前与会展后调查评估问卷	① 市场调查方法与应用 ② 可行性分析理论与方法 ③ 会展评估与总结
	分析调查资料	① 分析行业、市场信息 ② 能撰写规范、科学的可行性研究报告 ③ 能调查及评估行业合作伙伴 ④ 能进行客户及观众结构分析 ⑤ 能完成会展项目评估与总结报告	① 可行性研究报告的撰写 ② 客户关系管理
策划	整体策划	能完成会展项目总体实施方案的策划	项目管理
	实施方案策划	① 能进行招展、招商方案策划 ② 能策划会展的宣传推广方案 ③ 能提出展位搭建、运输等代理商的选择方案 ④ 能设计有效的寻求赞助方案 ⑤ 能制定财务预算方案 ⑥ 能提出风险预测和调整控制方案	① 实用广告学知识 ② 财务管理 ③ 风险预测与防范
	相关文案写作	① 能撰写会展项目立项书 ② 能撰写会展项目总体实施方案和各类具体实施方案 ③ 能制定会展财务预算方案 ④ 能策划（大、中型）会展相关活动方案	① 商务文书写作 ② 会计学基础
营销	制定营销方案	① 能制定总体营销方案 ② 能制定细分市场营销方案	市场营销战略
	准备营销资料	① 能编制参展商手册 ② 能编制赞助说明书	
	客户联系与销售	① 能与展位搭建、运输等代理商谈判，并拟定合同文本 ② 能进行赞助提案谈判 ③ 能寻找招展、招商国际代理商，并与之谈判 ④ 能拟定国际合作合同 ⑤ 能用商务英语进行简单的口头和书面交流	① 商务谈判策略 ② 合同法 ③ 经济合同写作 ④ 国际经济与贸易 ⑤ 商务英语和会展英语基础
	网络营销	能制定会展网络营销总体方案	网络营销的策略与方法
营运管理	现场管理	① 能制定并执行项目实施日程表 ② 能与场馆方、搭建、运输等合作伙伴沟通和协调	会展项目组织与实施
	财务管理	① 能执行成本预算并控制成本 ② 及时采取措施规避财务风险	会展的成本控制及风险管理
	信息管理	① 能选择和评价会展观众登记系统 ② 能建设和更新参展商数据库 ③ 能建立会展项目监控机制	① 会展信息系统 ② 项目过程管理

续表

职业功能	工作内容	能力要求	相关知识
营运管理	人力资源管理	① 能组建会展项目团队 ② 能制定奖惩考核制度 ③ 能指导和组织团队员工培训	① 团队建设与团队管理 ② 绩效考核 ③ 培训方案和课程
	危机管理	① 能独立处理会展危机 ② 能有效开展媒体公关活动	危机管理

8.2.2　招聘渠道选择

对于会展企业而言，招聘员工的渠道按照招聘的内外环境可以分为内部选拔和外部选拔两种方式。

1. 内部选拔

内部选拔是企业在组织成员中选择适合的人员填补职位空缺的方法。内部选拔有两种方式。一是内部提升。当员工的能力和素质得到充分肯定后，被委以比原来责任更大、职位更高的职务，以填补企业由于发展需要或其他原因出现的岗位空缺。二是内部员工推荐。企业的某些岗位出现空缺时，由企业内部员工推荐其他候选人，候选人可以不是企业的正式员工。

2. 外部选拔

外部选拔可通过以下几种方式进行。一是广告招聘。企业通过广播、报纸、电视等各种媒体发布信息吸引招聘者前来应聘。广告的辐射范围较广，是目前应用最广泛的外部招聘方式。二是通过中介机构招聘。人才中介机构是指为用人单位寻找合适的职业候选人，为求职者寻找工作机会的服务性机构，主要包括劳动力市场、人才交流中心或者人才市场等。三是校园招聘。应届毕业生的招聘可以在校园内直接进行，方式主要为参加校园招聘会、招聘专场讲座等。四是网上招聘。企业可以通过互联网发布有关招聘信息，而应聘者也可以通过互联网寻找适合自己的工作。近年来，网上招聘得到了迅速发展。

内部招聘与外部招聘都有优点和缺点（表 8.3），因此，会展企业要根据自身的需要来选择合适的招聘渠道。

表 8.3　招聘渠道的优缺点

招聘渠道	优　点	缺　点
内部选拔	① 有利于节约成本 ② 有利于降低风险 ③ 有利于激励员工	① 不利于吸收优秀人才 ② 可能导致企业内部的“近亲繁殖”现象 ③ 可能引起内部纷争
外部选拔	① 有利于增加企业的活力 ② 有利于平息内部竞争者之间的紧张关系 ③ 可以带来外部先进管理经验	① 外聘者对企业不了解 ② 外聘者进入工作角色时间较长 ③ 挫伤内部员工的工作积极性

8.2.3　招聘信息发布

依据制定的招聘计划，如果确定要面向社会公开招聘，一般应对外发布招聘广告，让潜在的应聘对象获悉这一信息。那么，会展人员的招聘广告需要包括哪些内容，才能明确传递出招聘者的意愿？表 8.4～表 8.6 分别是总经理、会展设计师、会展销售业务代表的招聘说明。从职位描述中可以看出这三个职位的差异，如对应聘者经验、外语、计算机及年龄要求等。

表 8.4　会展公司总经理的招聘广告文案说明

职位名称：会展公司总经理					
职位类型	总经理/副总经理	学历要求	本科以上	招聘人数	1
工作地点	北京市	年龄要求	35～55 岁	性别要求	不限
工作形式	全职	待遇要求	面议	有效期限	半年
外语要求	懂英语者优先				
计算机要求	熟悉操作设计类软件及相关软件				
经验要求	会展经济、市场营销、广告学、经济管理等专业，具有对会展涉及行业的了解能力、对会展整体策划能力、对宏观市场的把握能力、根据市场变化及时调整展会组织方案的整体控制能力、销售能力、会展各方面的协调能力等会展综合业务能力，有相当的会展资源，事业心、责任感强，有优秀的团队领导能力。业内大型会展企业高层领导有五年以上工作经验，有良好的组织协调能力、语言表达能力、创新能力				
职位描述	1．领导制定公司会展发展规划及年度工作计划 2．领导并完成以下工作 ① 确保完成年度会展经营收入指标和利润指标 ② 各会展立项前调研、策划方案制定 ③ 会展推广及会展形象设计方案制定 ④ 对外招展招商业务指导 ⑤ 展位设计与施工指导协调 ⑥ 会展形象设计管理与培训 ⑦ 重要会展业务洽谈与会务组织 ⑧ 会展项目开发 ⑨ 完成上级交代的其他任务 3．人才培养和团队建设				

表 8.5　会展设计师的招聘广告文案说明

职位名称：会展设计师					
职位类型	设计经理/展台设计	学历要求	大专以上	招聘人数	3
工作地点	上海市	年龄要求	18～35 岁	性别要求	不限
工作形式	全职	待遇要求	面议	有效期限	长期
外语要求	懂英语者优先				
计算机要求	熟悉操作设计类软件及相关软件				

续表

经验要求	① 设计、美术或相关专业，专科以上学历，具有一定的艺术设计能力、审美观点和创新思维，具有丰富的会展设计经验且具有成功的设计作品 ② 熟悉材料及制作工艺，合理控制成本 ③ 工作积极主动，富于创新，勇于挑战，有很强的团队协作精神 ④ 有卖场专柜、专卖店、展厅设计经验者优先
职位描述	① 独立完成整体方案，具备丰富的空间想象力及创新能力，熟知商业展示的结构和制作工艺及运作流程 ② 分析目标客户需求，理解客户意图，确保作品创作质量，积极与客户和项目团队沟通，确保在各方对方案充分了解和认可的条件下，得以顺利实施

表 8.6　会展销售业务代表的招聘广告文案说明

职位名称：会展销售业务代表					
职位类型	市场销售	学历要求	大专以上	招聘人数	5
工作地点	广州市	年龄要求	18～25 岁	性别要求	不限
工作形式	全职	待遇要求	面议	有效期限	长期
外语要求	懂英语者优先				
计算机要求	办公自动化软件及相关软件				
经验要求	① 具有较强的服务意识和一定的市场分析能力 ② 具有较强的沟通、应变、创新能力，思维敏捷 ③ 具有敬业精神，有强烈的竞争意识，能积极面对工作中的挑战 ④ 具有良好的职业道德、合作意识和团队精神 ⑤ 有销售经验及客户资源者优先录用				
职位描述	① 完成公司既定的销售目标，扩大公司市场份额，提升公司知名度 ② 维护原有客户渠道并开拓新的销售渠道 ③ 负责客户的日常谈判及跟进 ④ 保持公司与客户的良好关系，树立、维护公司形象				

知识链接

项目经理的八大技能

现代项目管理的新技术、新情况使项目经理面临严峻的挑战。项目经理应具备更高的技能，包括项目管理技能、人际关系技能、情境领导技能、谈判和沟通技能、客户关系和咨询技能、商业头脑和财务技能、解决问题和处理冲突技能、创新技能，如表 8.7 所示。

表 8.7　八大技能的具体含义

序　号	技　能	具 体 含 义
1	项目管理技能	项目管理过程中的启动、计划、实施、控制、收尾五个步骤，以及项目范围管理、进度管理、成本管理、质量管理、人力资源管理、风险管理、沟通管理、采购管理等八个方面的内容
2	人际关系技能	与项目的老板、客户、职能部门经理、项目小组成员、供应商、承包商、政府官员等方面交往的技能
3	情境领导技能	管理因人而异，需要针对项目不同成员的不同需求，在不同情境下因需而变
4	谈判和沟通技能	演讲与沟通技巧。无论是与客户还是员工相处，项目经理 85%的时间都用在谈判、沟通上
5	客户关系和咨询技能	具备聆听和理解客户需要的能力，以及针对客户的需求，量身定制更有价值解决方案的咨询能力
6	商业头脑和财务技能	分析方案能否给组织带来利润和收益，企业目标是通过项目管理来实现的，项目经理需要把项目放在整个企业战略中考虑
7	解决问题和处理冲突技能	应具备较强的应变能力及化解冲突的能力
8	创新技能	从项目策划到管理，各个环节都需要创新

8.2.4　甄选

甄选是指根据既定的标准对申请人进行评价和选择，是招聘过程中的重要阶段，企业最终能否选到合适的人选很大程度上取决于这一步，一般包括以下工作。

1. 资格审查与初选

资格审查即人力资源部门通过阅读申请人的个人简历或申请书，排除明显不符合职位要求的人员，将符合要求的应聘者名单与资料交给用人部门，由用人部门选择。初选工作的主要任务是从合格的应聘者中选出参加面试的人员。

2. 面试

面试即面试测评，也叫专家面试，是企业招聘时必不可少的测算手段。招聘小组成员通过与应聘者的面对面交流掌握其心理素质和潜在能力，更深入地了解应聘者。面试的重点内容包括应聘者的个人素质、仪表风度、工作经验、求职意向、人际交往及沟通能力、应变能力、分析能力等。

3. 测试

测试是指在面试的基础上对面试者进行深入了解。其主要目的是通过这种方式，消除面试过程中招聘人员主观因素的干扰，提高招聘的公平性及录用决策的准确性。常见的测试方法有以下几种。

（1）智力测试

智力是指人类学习和适应环境的能力，包括观察能力、记忆能力、想象能力、思维能力等。智力测试就是对智力的科学测试，主要测验人的思维能力、学习能力和适应环境的能力。智力的高低以智商（IQ）来表示，不同的智力理论或者智力量表用不同的分数来评估智商。例如，在韦氏量表中，正常人的智商为 90～109 分；110～119 分是中上水平；120～139 分是优秀水平；140 分以上是非常优秀水平；而 80～89 分是中下水平；70～79 分是临界状态水平；69 分以下是智力缺陷。一般来说，智商比较高的人的学习能力比较强，但这两者之间不一定呈正相关。因为智商还包括社会适应能力，有些人的学习能力强，但社会适应能力并不强。

（2）个性测试

虽然个性并无优劣之分，但是是施展才华、有效完成工作的基础。研究表明，个性特点与工作行为关系极大。会展公司对员工的吃苦耐劳精神、主动性和创造性及沟通能力都有较高的要求，所以个性测试对于会展人员的招聘具有重要意义。

（3）情境模拟测试

情境模拟测试是指设置一定的模拟情境，要求被测试者扮演某一角色并进入角色情境中，处理各种事务及问题和矛盾。招聘人员通过观察和记录面试者在情境中的表现测评其素质潜能，或看其是否能适应或胜任工作。情境模拟测试的主要方式如下。

1）机关通用文件处理的模拟。这一项目可作为对招考对象的通用情境模拟手段。它以机关的日常文件处理为依据，编制若干个（15～20 个）待处理文件，让被测者以特定的身份对文件进行处理。

测试的待处理文件的编制大体可分为三类：第一类是工作中已有正确结论的，这可以在文书档案调查的基础上对某些文件略作加工提炼，这类文件便于对被测者处理结果的有效性进行评价；第二类是某些条件和信息尚不完备的文件，这主要是测试其是否善于提出问题，假设或要求进一步获取有关信息的能力，此类文件的处理应有一定难度，以评价被测者观察力的细致性和深刻性，思维力的敏感性、逻辑性和周密性；第三类是文件处理的条件已具备，要求被测者在综合分析问题的基础上做出决策。这类文件应难易相间，以拉开档次。

2）工作活动的模拟。这个测试项目可以采用以下两种形式进行。一种是上下级对话形式，模拟接待基层工作人员的情境，由被测者为上级，测评员为下级，或向上级领导汇报或请示工作。这种模拟测试可采用主考人员与其对话，其余测评人员观察并打分的方式进行。测试前应让被测者阅读有关材料，使其了解角色的背景和要求。测试主题可一个专业一题，需有一定难度和具体评分标准，时间以每人半小时左右为宜。

另一种是布置工作形式。要求被测者在阅读一份上级文件或会议纪要后，以特定的身份，结合部门实际，对工作进行分工布置和安排。这一项目可以个别测试的方式进行，测评人员一般为招考部门的领导，在一定条件下测评人员可向被测者发问，以对其进行较深入的整体测评。最后依据评分标准分别评分。

3）角色扮演法。事先向面试者提供一定的背景情况和角色说明，模拟时要求面试者以角色身份完成一定的活动或任务，如接待来访、主持会议、汇报工作等。

4）现场作业法。给面试者提供一定的数据和资料，在规定的时间内，要求面试者编制计划、设计图表、起草公文、计算结果等。计算机操作、账目整理、文件筐作业都属于此类形式。

5）模拟会议法。将若干（10 人左右）面试者分为一组，就某一需要研讨的问题或布置的活动或决策的议题，由面试者相互切磋探讨。具体形式有会议的模拟组织、主持、记录及无领导小组讨论等。其中，文件筐测验、无领导小组讨论是在借鉴国外先进测评技术基础上开发的面试方法。

8.2.5 录用与评估

1. 员工录用

在上述工作完成的基础上，招聘小组通过加权的方法，计算出每个应聘者的智商、智力和能力的综合评分，并根据招聘职务的资格和要求对应聘者做出录用决定。

2. 工作评估

在对应聘者做出录用决定后，招聘小组还要对整个招聘工作进行招聘结果评估，以检查招聘工作的成效，总结招聘过程的得失，并通过反馈不断改进招聘工作。

（1）招聘成本效益评估

招聘成本效益评估指标主要有招聘成本、成本效用、招聘收益成本比。招聘过程中的各个环节都会产生费用，为了评估招聘工作的有效性，可以将招聘的人数与招聘所产生的总成本、收益进行比较：

招聘单位成本＝招聘总成本/录用人数

这个指标值越小，说明招聘录用一个新员工所花的费用越少。也可采用招聘收益成本比指标：

招聘收益成本比＝新员工创造的总价值/招聘总成本

这个指标是核算新员工入职一段时间后为企业带来的直接经济效益、企业市场竞争力提高、市场份额增加等各方面的收益价值。指标值越大，说明招聘工作越有效。

（2）录用人员评估

对录用人员从数量和质量方面进行评估，是判断招聘工作质量的另一个重要指标，主要的评估指标有

录用比＝录用人数/应聘人数

招聘完成比＝录用人数/计划招聘人数

应聘比＝应聘人数/计划招聘人数

录用比越小，相对来说，录用者的素质越高；反之，则录用者的素质较低。招聘完成比大于 100%，说明在数量上全面或超额完成计划。应聘比越大，说明发布信息的效果越好，录用人员素质越高。对录用人员质量的评估，除了运用录用比和招聘比这两个指标外，还可以根据招聘的要求或职位分析的要求，对录用人员进行等级排列来确定其质量。

8.3　会展人力资源的培训和开发

员工的培训和开发是会展企业人力资源管理的重要组成部分，它是会展企业通过一定的措施和手段使员工的知识、技能、价值观、工作态度、工作行为等得到补充或改进，从而促进员工的发展，最终实现企业目标的有计划、有目标、有组织的人力资源管理活动。

8.3.1　会展企业员工培训和开发的类型

1. 按培训对象划分

按培训对象划分，员工培训可分为决策人员培训、管理人员培训、策划人员培训、营销人员培训、技术人员培训、业务人员培训等。培训对象不同，培训内容、方式、时间也会有所不同。

2. 按培训内容划分

按培训内容划分，员工培训可以分为知识培训、技能培训、价值观培训等。知识培训包括对企业概况、员工岗位知识、应急危机处理知识等培训；技能培训包括对员工的沟通技能、会展现场管理技能、营销策划技能、高新技术应用技能等培训；价值观培训包括企业使命和质量观、企业文化的学习、团队精神等培训。

3. 按培训性质划分

按培训性质划分，员工培训可以分为新员工的适用性培训、对老员工的提高性培训和不同技能者的转岗性培训。

4. 按培训地点划分

按培训地点划分，员工培训可以分为教室课堂培训、工作现场培训和网上培训等。

5. 按培训时间划分

接培训时间划分，员工培训可以分为短期培训（如二周以内的培训）、中期培训（如二周至三个月的培训）和长期培训（如三个月以上的培训）。

6. 按培训方式划分

按培训方式划分，员工培训可以分为头脑风暴法培训、参观访问法培训、工作轮换法培训、情境模拟法培训、授课法培训等。

8.3.2　会展企业员工培训和开发的过程

员工培训和开发是一个有目的、有计划、有组织的循环过程。这个过程包括以下三个阶段。

1. 分析培训和开发需求

这是整个培训工作的基础，主要解决培训原因和培训内容与目标的问题。在这个阶段主要进行培训的需求分析与评价，以及确定培训的内容与目标。

会展公司在做出培训决定之前应认真详细地分析企业特点，如经营战略、所处区域、主要承办的展览会的性质、目标受众及目前员工的智商和技能情况，根据分析做出培训决策。具体需从组织、任务、个人三个层面进行。

（1）组织需求分析

组织需求分析是指对在企业的经营战略指导下的培训进行分析，目的是保证培训符合组织的整体目标与展览要求。具体分析组织的经营战略、人力资源现有数量和质量、员工流动率、组织生产效率等。这一分析使企业能够从战略高度认识培训工作。

（2）任务需求分析

任务需求分析包括任务确定及对需要在培训中加以强调的知识、技能和行为进行的分析。任务需求分析的结果是有关工作活动的详细描述，包括员工执行任务和完成任务所需要的知识、技能和能力描述。例如，会展公司首先要确定哪些是策划人员的任务？哪些是招展人员的任务？哪些是展台设计人员的任务？各类人员完成工作任务所需要的各种知识和技能是怎样的？最后决定哪些人需要培训？这些人需要什么样的培训？

（3）个人需求分析

个人需求分析是指将员工目前的实际工作绩效与公司的员工绩效标准进行比较，或者将员工现有的技能水平与预期未来对员工技能的要求进行对照，从而确定哪些人需要培训。其目的是为员工提供个性化的培训。

2. 制定培训和开发计划

会展企业培训和开发计划为后期员工培训和开发工作的顺利开展指明了方向。该计划具体包括设置目标、做好准备工作和平衡各项工作三个方面。

（1）设置目标

培训目标一般由三项要素组成，即组织期望员工做什么（绩效）、组织可以接受的绩效水平是怎样的（标准）、受训者在何种条件下有望达到理想的培训效果。

（2）做好准备工作

设置了培训目标后，就可以为达到培训的预期目标做各项准备工作。例如，选择培训对象，选定合适的培训项目和内容，选择适当的培训场地和设施，制定课程设置、课程方案、教学方法等教学计划，选择高水平培训专家，制定培训经费预算并筹措资金等。

（3）平衡各项工作

会展企业员工培训和开发工作的开展涉及多方面的工作，因此必须综合平衡各项工作，避免出现大的冲突而导致企业得不偿失。首先，会展企业要平衡培训与企业正常运营之间的关系；其次，平衡对企业的要求与受训员工要求之间的关系；最后，平衡培训成本与企业效益之间的关系。

3. 实施培训和开发计划

具体地说，培训和开发计划就是选择恰当的培训方法，主要解决怎样教和怎样学的问题。目前，会展人力资源培训的主要方式有以下几个。

1）培训班。培训班是目前会展人力资源培训的主要方式。按组织者划分，分为行业协会和高校联合的培训班、政府组织和外国研究机构合作的培训班；按时间划分，分为长期培训班和短期培训班；按性质划分，分为认证性培训班和进修性培训班。培训班可以比较全面地讲授会展业的相关专业知识，帮助会展从业人员加强对会展业的宏观认识。

2）研讨会。邀请学者和企业成功人士做报告，共同探讨发展中的突出问题，交流实际工作中的成功做法，各取所长，共同发展。研讨会可增强人们对会展发展的宏观性、战略性问题的认识，但是不利于基本知识和技能的培养，而且参加研讨会的人员范围有限。

3）到国外知名会展公司进行短期工作。这种实地学习的方式可以更加直接真实地感受到国外会展的运作模式，掌握先进的管理经验和操作技巧及国外办展的先进思维。但是要注意把国外的先进经验和我国的实际情况相结合，避免犯教条主义。

4）“师父带徒弟”。这是目前会展公司培训新员工的最常见方式，有利于新员工迅速熟悉和适应工作环境，却不利于公司向更高层次发展。

5）工作轮换。将员工由一个岗位调到另一个岗位，可以拓宽受训者的智商技能和经验，使其胜任多方面的工作。同时，增加培训工作的挑战性和乐趣。会展业既需要专才又需要通才，通过这种方式，可以让员工接触不同的工作领域，从而掌握比较全面的方法和技巧。但是这种方法容易导致受训人员及其同事的短期化行为，很难形成专业特长。

6）设立“助理”职务。选择有潜力的员工，让其在一段时间内担任某职务的助理，增强对这一职务的了解，帮助他增加工作经验和培养胜任这一职务的能力，直到受训者能够独立承担这一职务的全部职责。

7）建立学习型组织。单纯地依靠培训是被动的表现，企业应致力于建立学习型组织，培养员工主动学习的积极性。学习型组织是以信息和智商为基础的组织，这种组织实行目标管理，成员能够自我学习、自我发展和自我控制。学习型组织的建立需要一定的制度和企业文化的支持。

以上列举的方法各有优势和不足，适用于不同的组织、人员和需求。会展企业应根据各自的特点、人员状况做出正确的选择，进行合理的组合和运用。

4. 培训和开发工作的评估

有关培训评估最著名的模式是由柯克帕特里提出的柯氏四级培训评估模式。柯氏四级培训评估模式简称“4R”，主要内容如下。

1）反应（reaction）评估：评估被培训者的满意程度。反应评估是指受训人员对培训项目的印象如何，包括对讲师和培训科目、设施、方法、内容、收获的大小等方面的看法。反应评估主要是在培训项目结束时，通过问卷调查来收集受训人员对于培训项目的效果和有用性的反应。这个层次的评估可以作为改进培训内容、培训方式、教学进度等方面的建议或综合评估的参考，但不能作为评估的结果。

2）学习（learning）评估：测定被培训者的学习获得程度。学习评估是目前最常见也是最常用的一种评价方式。它是测量受训人员对原理、技能、态度等培训内容的理解和掌握程度。学习评估可以采用笔试、实地操作和工作模拟等方法来考查。培训组织者可以通过书面考试、操作测试等方法来了解受训人员在知识及技能的掌握方面提高的程度。

3）行为（behavior）评估：考查被培训者的知识运用程度。行为评估指在培训结束后的一段时间里，由受训人员的上级、同事、下属或者客户观察他们的行为在培训前后是否发生变化，是否在工作中运用了培训中学到的知识。这个层次的评估包括受训人员的主观感觉、下属和同事对其培训前后行为变化的对比，以及受训人员的自评。这通常需要借助一系列的评估表来考察受训人员培训后在实际工作中行为的变化，以判断所学知识、技能对实际工作的影响。行为评估是考查培训效果的最重要的指标。

4）效果（result）评估：计算培训创造的经济效益。效果评估即判断培训是否能给企业的经营成果带来具体而直接的贡献，这一层次的评估上升到组织的高度。效果评估可以通过一系列指标来衡量，如事故率、生产率、员工离职率、次品率、员工士气及客户满意度等。通过对这些指标的分析，管理层能够了解培训所带来的收益。

知识链接

我国会展人才培训概况

1. 会展培训现状

据调查，我国会展从业人员参加短期培训的人数为10%，参加中、长期培训的人数为3%～4%，参加单位内部岗位培训的人数为30%。除了企业内部培训外，目前我国会展培训方式主要有“注册会展经理”（CEM）培训课程（美国国际展览管理协会、京慕国际展览有限公司合办，每年办两期，面向中层管理人员）；上海旅游局会展策划师职业代培。现阶段培训依据的标准有国家劳动职业监定中心《会展策划师》国家职业标准；广州市劳动培训中心会展策划师国家职业标准。

2. 会展人才教育的特点

（1）会展专业教育起步晚且分布不均

我国于2004年在高校正式开设会展经济与管理专业，2008年才有真正意义上的会展专业毕业生。会展人才的培养还未形成规模化效益。受社会经济发展水平的限制和影响，东部沿海地区会展人才集中，西部地区会展人才严重不足。

（2）未构建从业人员再教育体系

现有会展从业人员的受教育程度、组织策划水平、市场开拓与创新能力偏低，需要通过各种方式进行再教育，但目前这一体系还未建立起来。由于会展及相关专业科班出身的人才比例偏小，造成会展从业人员的知识结构不全面。会展作为现代服务产业，需要从业人员具备更宽、更高和更全面的知识体系。

（3）专业结构、课程设置不合理

目前，会展专业一般设在旅游学院或经济管理学院，其中大部分设在旅游院系，造成专业结构、课程设置的不合理。

3．会展人才培训的特点

（1）高校没有成为社会培训的主体

由于高校会展师资力量不甚雄厚，因此还没有足够的力量承担起会展人才培训的重担。

（2）会展培训市场的粗放状态

目前，培训市场处于“见树不见林”的粗放状态，表现在培训内容缺乏系统性、实践性和操作性；主讲专家的理论脱离实际，涉及实际问题往往难以表述清楚，对业务素质提高帮助不大；培训活动的主要目的还停留于信息交流方面。

（3）会展企业培训的意识不强

国内大多组展单位和展览公司的规模为 20～50 人，会展从业人员注重师傅带徒弟、一对一的作坊式学习方式，注重在项目中的磨炼和实践经验的积累。

8.4　会展人力资源的绩效管理

绩效管理是指管理者与员工之间就目标与如何实现目标达成共识，通过激励和帮助员工取得优异绩效从而实现组织目标的管理方法。绩效管理的目的在于通过激发员工的工作热情和提高员工的能力及素质，以达到改善公司绩效的效果。

8.4.1　会展人力资源绩效管理的作用

1．绩效管理促进组织和个人绩效的提升

绩效管理通过设定科学合理的组织目标、部门目标和个人目标，为企业员工指明了努力方向。管理者通过绩效辅导沟通及时发现下属在工作中存在的问题，给下属提供必要的工作指导和资源支持，下属通过工作态度及工作方法的改进，实现绩效目标。在绩效考核评价环节，对个人和部门的阶段工作进行客观公正的评价，明确个人和部门对组织的贡献，通过多种方式激励高绩效部门和员工继续努力提升绩效，督促低绩效的部门和员工找出差距改善绩效。

2．绩效管理促进管理流程和业务流程的优化

企业管理涉及对人和对事的管理，对人的管理主要是激励约束问题，对事的管理就是流程问题。所谓流程，就是一件事情或者一个业务如何运作，涉及因何而做、由谁来做、如何去做、做完了传递给谁等几个方面的问题。上述四个环节的不同安排都会对产出结果有很大的影响，极大地影响着组织的效率。

在绩效管理过程中，管理者应从公司整体利益及工作效率出发，提高业务处理的效率，在上述四个方面不断进行调整优化，使组织运行效率逐渐提高，在提升组织运行效率的同时，逐步优化公司管理流程和业务流程。

3. 绩效管理保证组织战略目标的实现

企业一般有比较清晰的发展思路和战略、远期发展目标及发展目标，在此基础上，根据外部经营环境的预期变化及企业内部条件制定年度经营计划及投资计划、企业年度经营目标。企业管理者将公司的年度经营目标向各个部门分解作为部门的年度业绩目标，各个部门向每个岗位分解核心指标作为每个岗位的关键业绩指标。这些业绩指标都直接和员工待遇、福利挂钩。通过不同部门、不同岗位的业绩指标的实现达到整个企业的绩效考核的实现，并保证组织战略目标的实现。

8.4.2　会展人力资源绩效管理的过程

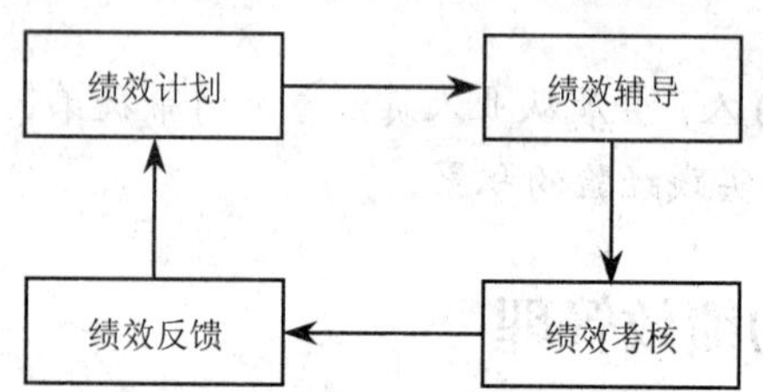

图 8.2　会展人力资源绩效管理过程

绩效管理的过程通常被看作一个循环，分为四个环节，即绩效计划、绩效辅导、绩效考核与绩效反馈，如图 8.2 所示。

1. 绩效计划

绩效计划是绩效管理过程中的起点，是绩效管理的主要环节，通过它可以在会展企业建立起一种科学合理的管理机制，能将企业的整体利益和员工的个人利益整合在一起。绩效计划是被评估者和评估者对员工应该实现的工作绩效进行沟通的过程，并将沟通的结果落实为订立正式书面协议，即绩效计划和评估表，它是双方在明晰责、权、利的基础上签订的内部协议。

（1）制定绩效目标计划及衡量标准

绩效目标分为两种：一是结果目标，指做什么，要达到什么结果，结果目标来源于公司目标、部门目标、市场需求目标及员工个人目标等；二是行为目标，指怎样做，确定一个明智的目标就是既要确定实现的结果又要确定怎样去做，才能更好地实现要达成的目标。

明智的目标（SMART）原则：S（specific，具体的）——反映阶段的比较详细的目标；M（measurable，可衡量的）——量化的；A（attainable，可达到的）——可以实现的；R（relevant，相关的）——与公司、部门目标的一致性；T（time-based，以时间为基础的）——阶段时间内。

（2）对目标计划的讨论

在确定 SMART 目标计划后，组织员工进行讨论，推动员工对目标达到一致认同，并阐明每个员工应达到的目标与如何达到目标，共同树立具有挑战性又可实现的目标。管理者与员工之间的良好沟通是达成共识、明确各自目标分解的前提，也是有效辅导的基础。

（3）确定目标计划的结果

通过目标计划会议达到管理者与员工双方沟通明确并接受，在管理者与员工之间建立有效的工作关系，听取员工意见，从而确定监控的时间点和方式。

2. 绩效辅导

在确定阶段性的 SMART 目标和通过会议明确各自的目标之后，管理者的工作重点就是在目标实现过程中对员工进行辅导。辅导的方式有两种：①会议式，指通过正式的会议实施辅导过程；②非正式式，指通过各种非正式渠道和方法实施对员工的辅导。

对员工实现各自目标和业绩的辅导应为管理者的日常工作，在辅导过程中既要认可员工的成绩，又要帮助和支持员工实现目标，引导其达到所需实现的目标和提供支援，同时根据现实情况，双方及时修正目标，朝着目标发展。这是对怎样实现目标（行为目标）过程进行了解和监控。需要强调的是，良好的沟通是有效辅导的基础。对于员工的参与，要求员工能够描述自己所要达到的目标（或实现的业绩），对实现的目标进行评估。

有效的辅导应该是：①随着目标的实现过程，辅导沟通是连续的；②不仅限于一些正式的会议，强调非正式沟通的重要性；③明确并加强对实现目标的期望值；④激励员工，对员工施加推动力（推动力是指一种连续的需求或通常没有意识到的关注）；⑤从员工处获得反馈并直接参与；⑥针对结果目标和行为目标。

3. 绩效考核

在阶段性工作结束时，对阶段性业绩进行考核，以便公正、客观地反映阶段性的工作业绩，目的在于对以目标计划为标准的业绩实现的程度进行总结，进行业绩的评定，不断总结经验，促进下一阶段业绩的改进。

通过对实际实现的业绩与目标业绩进行比较，明确描述并总结业绩的发展和表现趋势。在对阶段性业绩评价之前收集信息，尤其是收集实现目标过程的信息，在沟通和综合员工与管理者双方所掌握的资料后，通过会议的形式进行阶段性业绩的评价，包括对实际业绩与预期业绩的比较、管理者的反馈、支持与激励、业绩改进建议、本阶段总结、确定下阶段的计划等。

在考核过程中需要管理者具备较好的交流技能，如提问、倾听、反馈和激励等。

一般绩效考核的内容和程序包括以下几个方面。

1）量度：量度原则与方法。

2）评价：评价的标准和评价资料的来源。

3）反馈：反馈的形式和方法。

4）信息：过去的表现与业绩目标的差距，需要进行业绩改进的地方。一般评价的标准是选择主要的绩效指标（定量指标和定性指标）来评价业绩实现过程中的结果目标和行为目标。

4. 绩效反馈

绩效管理的最根本目的是不断提高员工和企业的绩效，而不是以得出绩效考核的结果为主要目的。如果只做考核而不反馈结果，那么考核便失去其重要的激励、奖惩和培训功能。因此，会展企业管理者在员工绩效考核周期结束时需要与员工进行绩效反馈。绩效反馈的主要方式是绩效面谈，要求会展企业管理者把员工的绩效考核结果通过面谈的方式反馈给员工，让员工清楚自己的表现，取得员工的认可，并对员工在绩效方面的不足提出建设性的改进意见，与员工一起制定绩效改进计划，使员工在下一个绩效周期能够做得更好。

8.4.3　会展人力资源绩效管理的方法

绩效管理的方法有关键绩效指标法、目标管理法、360° 反馈评价法、关键事件法、关键事件法、等级评估法、序列比较法、相对比较法、强制分布法等。每种方法都有优缺点，下面介绍几种常用的方法，会展企业需要根据自己的情况选择适合自己的评估方法。

1. 关键绩效指标法

关键绩效指标（key performance indicator，KPI）法是企业绩效考核的方法之一，其特点是考核指标围绕关键成果领域进行选取。企业关键绩效指标是通过对组织内部流程的输入端、输出端的关键参数进行设置、取样、计算、分析，衡量流程绩效的一种目标式量化管理指标，是把企业的战略目标分解为可操作的工作目标的工具，是企业绩效管理的基础。KPI 可以使部门主管明确部门的主要责任，并以此为基础，明确部门人员的业绩衡量指标。建立明确的切实可行的 KPI 体系是做好绩效管理的关键。KPI 是用于衡量工作人员工作绩效表现的量化指标，是绩效计划的重要组成部分。

KPI 法符合一个重要的管理原理——“二八原理”。在企业的价值创造过程中存在着这个规律，即 20%的骨干人员创造企业 80%的价值；而且“八二原理”同样适用每一位员工，即 80%的工作任务是由 20%的关键行为完成的。因此，必须抓住 20%的关键行为，对之进行分析和衡量，这样就能抓住业绩评价的重心。

2. 目标管理法

目标管理（management by objectives，MBO）源于美国管理学家彼得 · 德鲁克，他在 1954 年出版的《管理的实践》一书中首先提出了“目标管理和自我控制的主张”。概括地说，目标管理即是让企业的管理人员和员工亲自参加工作目标的制定，在工作中实行“自我控制”，并努力完成工作目标的一种管理制度。目标管理法是由员工与主管共同协商制定个人目标，个人目标依据企业的战略目标及相应的部门目标而确定，并与它们尽可能一致；该方法用可观察、可测量的工作结果作为衡量员工工作绩效的标准，以制定的目标作为对员工考评的依据，从而使员工个人的努力目标与组织目标保持一致，减少管理者将精力放到与组织目标无关的工作上的可能性。

3. 360° 反馈评价法

360° 反馈（360° feedback）评价称为全方位反馈评价或多源反馈评价。传统的绩效评价主要由被评价者的上级对其进行评价；而 360° 反馈评价则由与被评价者有密切关系的人，包括被评价者的上级、同事、下属和客户等，分别匿名对被评价者进行评价。被评价者也对自己进行评价。然后，由专业人员根据有关人员对被评价者的评价，对比被评价者的自我评价向被评价者提供反馈，以帮助被评价者提高其能力水平和业绩。由于被考核人的上级、同级、下级和服务的客户等都对他进行评价，通过汇总各方面的意见，被考核人了解了自己的长处和短处，可以有针对性地提高自己的能力。

4. 关键事件法

关键事件法是指负责考核的主管人员把员工在完成工作任务时所表现出来的特别有效行为和特别无效行为记录下来形成的一份书面报告，每隔一段时间（通常为 6 个月），主管人员和其下属人员面谈一次，根据记录的特殊事件来讨论员工的工作绩效。所记载的事件必须较突出，与工作绩效直接相关，而且是具体的事件与行为，而不是对某种品质的判断。关键事件法有助于确认员工的绩效是否正确，但是该方法难以对员工之间的相对绩效进行评价和排列。所以该考评方法一般不单独使用。

5. 等级评估法

等级评估法又称等级鉴定法，是一种历史最悠久的也是应用最广泛的员工业绩考核技术。在应用这种评价方法时，评价者首先确定业绩考核的标准，然后对于每个评价项目列出几种行为程度供评价者选择。根据工作分析，将被考评岗位的工作内容划分为相互独立的几个模组，在每个模组中用明确的语言描述完成该模组工作需要达到的工作标准。同时，将标准分为优、良、合格、不合格等等级选项，考评人根据被考评人的实际工作表现，对每个模组的完成情况进行评估，总成绩为该员工的考评成绩。

8.5 会展人力资源的激励

一个好的企业必定有一整套行之有效的激励模式，通过吸引、激励和留住人才，使企业得到持续发展。要激励员工，调动员工的积极性，就必须掌握员工的心理规律，从而制定相应的激励措施，最终实现组织的目标。

知识链接

会展业员工工作的现状

由于公司大多有系统的工作安排，分工也较明确，会展业员工总是重复大量的单一工作。例如，从事会展招商工作的员工，每天做的工作就是拨打电话，向不同的公司介绍某会展的内容、参展的好处或优惠条件，所说的内容几乎是一样的。有些公司员工的普通话不标准或使用方言，沟通上很困难，若遇到态度不好的客户，知道打电话的目的后就会挂断电话……可是工作还得继续，要再接着打下一个电话，一直到该展会的招展工作结束。又如，从事设计的员工每天要对着计算机做标识、做动画等，可是每一单都得有新的创意，他们得坐在办公室绞尽脑汁。人都有灵感枯竭的时候，可是客户不会允许拖延，按照客户的要求把它完成后，若客户不满意还要重新做。即使交出了客户满意的，另一个会展又要进入策划筹备阶段了。每天重复同样的工作，结构性的工作疲惫势不可免。工作效率和态度会受到极大的影响。那么如何让员工更好地积极地工作，成为会展业发展不可小觑的问题。

8.5.1 会展人力资源激励的类型

激励一般分为精神激励和物质激励，而且分为对普通员工和对管理层员工两个层次的激励。在计划经济时期，激励同样是存在的，但主要是精神激励。例如，光荣榜、奖章、评标兵等都极大地激励了一代人。现在市场经济中激励更多的是物质激励，通过价格机制来进行。尽管仍然需要精神激励，但在市场经济下物质激励更为普遍。此外，激励还可以分为目标激励、尊重激励、参与激励、工作激励、培训和发展机会激励、荣誉和提升激励、负激励等。

1. 目标激励

目标激励就是确定适当的目标，诱发人的动机和行为，达到调动人的积极性的目的。目标作为一种诱引，具有引发、导向和激励的作用。一个人只有不断启发对高目标的追求，才能启发其奋发向上的内在动力。每个人除了金钱目标外，还有如权力目标或成就目标等。管理者就是要将每个人的目标挖掘出来，并协助他们制定详细的实施步骤，在工作中引导和帮助他们努力实现目标。当个人的目标强烈和迫切地需要实现时，他们就会关注企业的发展，对工作产生强大的责任感，能自觉地把工作做好。这种目标激励会产生强大的效果。

2. 尊重激励

我们常听到“公司的成绩是全体员工努力的结果”之类的话，表面看起来管理者非常尊重员工，但当员工的利益以个体方式出现时，管理者会以企业全体员工整体利益加以拒绝。这时员工就会觉得“重视员工的价值和地位”只是口号。显然，如果管理者不重视员工的感受，不尊重员工，就会大大打击员工的积极性，使他们仅仅为了获取报酬而工作，激励会大大削弱。这时，懒惰和不负责任等情况将随之发生。

尊重是加速员工自信力爆发的催化剂，尊重激励是一种基本激励方式。上下级之间的相互尊重是一种强大的精神力量，它有助于企业员工之间形成和谐气氛，有助于企业团队精神和凝聚力的形成。

3. 参与激励

现代人力资源管理的实践经验和研究表明，员工有参与管理的要求和愿望，创造和提供一切机会让员工参与管理是调动他们积极性的有效方法。因此，让职工适当地参与管理，既能激励职工，又能获得有价值的知识。通过参与，形成职工对企业的归属感、认同感，可以进一步满足自尊和自我实现的需要。

4. 工作激励

工作本身具有激励力量。为了更好地发挥员工的工作积极性，管理者要考虑如何才能使工作本身更有内在意义和挑战性，给职工一种自我实现感。管理者要进行“工作设计”，使工作内容丰富化和扩大化，并创造良好的工作环境。管理者还可通过员工与岗位的双向选择，使员工对自己的工作有一定的选择权。

5. 培训和发展机会激励

随着知识经济的到来，当今世界日趋信息化、数字化、网络化。知识更新速度的不断加快，使员工知识结构不合理和知识老化现象日益突出。虽然他们在实践中不断积累知识，但仍需要对他们采取等级证书学习、进高校深造、出国培训等激励措施，通过这种培训丰富他们的知识，提升他们的能力，给他们提供进一步发展的机会，满足他们自我实现的需要。

6. 荣誉和提升激励

荣誉是众人或组织对个体或群体的崇高评价，是满足人们的自尊需要，激发其奋力进取的重要手段。从动机看，每个人都具有自我肯定、光荣、争取荣誉的需要。对于工作表现比较突出、具有代表性的先进员工，给予必要的荣誉奖励是很好的精神激励方法。荣誉激励成本低廉，但效果很好。

在荣誉激励上存在着评奖过滥过多的不正确现象。例如，评优中的“轮庄法”“抓阄法”“以官论级法”“以钱划档法”“老同志优先、体弱病残者优先”等，都使荣誉的“含金量”大大降低，使榜样的示范作用大打折扣，这是必须大力加以纠正的。

另外，提升激励是对表现好、素质高的员工的一种肯定，应将其纳入“能上能下”的动态管理制度。

7. 负激励

激励并不全是鼓励，也包括许多负激励措施，如淘汰激励、罚款激励、降职激励和开除激励。

淘汰激励是一种惩罚性控制手段。按照激励中的强化理论，激励可采用处罚方式，即利用带有强制性、威胁性的控制技术，如批评、降级、罚款、降薪、淘汰等来创造一种令人不快或带有压力的条件，以否定某些不符合要求的行为。

现代管理理论和实践指出，在员工激励中，正面的激励远大于负面的激励。越是素质较高的人员，淘汰激励对其产生的负面作用就越大。如果用双因素理论来说明这一问题可能更易让人理解。淘汰激励一般采用单一考核指标，给员工造成工作不安定感，也很难让员工有总结经验教训的机会。还会使员工与上级主管之间的关系紧张，同事间关系复杂，员工很难长期工作下去。

8.5.2 会展人力资源激励的方法

1. 建立精神激励机制

建立精神激励机制的重点是满足员工更高层次的需求，以实现高级别精神激励。

人类的需求多种多样，不同的个人需求模式或结构也不同。许多经济学者研究和命名了人类的各种需求，在激励理论的研究中，亚伯拉罕·马斯洛的需求层次论影响最为广泛。20 世纪 40 年代，马斯洛根据人的基本需求按其产生的先后顺序划分为生理需求、安全需求、社会需求、尊重需求、自我实现需求。由此可见要满足更高层次的需求仍然要采用精神激励。

除了有竞争力的薪酬外，富有挑战性的工作、晋升培训机会和可信赖的领导应该成为企业必有的激励手段。企业为员工提供富有挑战性的工作机会，一方面可以保持本公司的技术领先性和增强凝聚力，另一方面使员工得到锻炼。

2. 建立物质激励机制

（1）构建市场竞争机制，实现环境激励

为了对我国会展业员工形成有效的间接环境激励，必须创造充分竞争的市场环境。一是通过完成项目的成败以直接反映企业的财务收益率，以及会展企业经营者的管理能力和努力程度，从而形成会展企业员工实施长期化的评价、监督的内部竞争激励环境。二是创造把企业的资本最大限度地量化为员工的责任权利，使我国会展企业与其他国家会展业在同等条件下参与竞争，以形成在充分竞争条件下的双向激励的外部竞争激励环境。

（2）构建薪酬管理机制，实现报酬激励

尽管薪酬不是激励员工的唯一手段，也不是最好的办法，却是一个非常重要、最易被人运用的方法。工资分配应形成比较灵活、有效的分配制度。由于单一结构的报酬方案易引发员工工作的投机化行为，会展企业应根据本企业的劳动特点逐渐实施包括基本收入和效益收入两个组成部分的多元化年薪报酬制度。基本收入是员工日常劳动在报酬上的体现，根据企业净资产规模的大小、同行业工资的水平及员工本身的情况等几个方面综合评定，旨在为员工提供最基本的生活保障。只要员工履行了合同规定的基本义务，就可按时定额获得。效益收入是根据员工的工作业绩所确定并通过利润分配所获得的收入。会展企业对于这部分收入必须打破平均主义倾向，打破员工报酬界限和“封顶”限制，合理拉开员工的收入差距，如给予公司股票、提供交通和住宿补贴、补充养老保险等。让员工的效益收入最大限度地与企业经济效益和资产增值幅度挂钩，使得员工人力资本得到合理的报酬。

效益收入又可以分为当期效益收入和远期效益收入。当期效益收入是以某两个项目或半年为单位考核员工的工作成果并浮动发放的工资模式，它将按劳分配与按生产要素分配紧密地结合起来，使员工作为会展企业的人力资本而对企业所做出的贡献与所获取的报酬处于对等地位，有利于激发员工的事业心和责任感；远期效益收入是会展企业员工通过持股、期股和期权三种形式持有本企业的股份之后所获得的收入，是把产权改革和激励创新有机结合起来的一种尝试，实际上就是使剩余所有权和控制权最大程度地对应起来。由于股票的增值与持股员工的自身利益密切相关，持股员工会从自身利益最大化的角度出发来提高会展企业经济效益，从而在企业内部构建起持久的激励源。远期效益收入还通过剩余索取权的设置解决了员工难以观察和监督的问题，避免员工由于利己动机和信息不对称所造成的道德沦丧的风险。另外，收入可趋于显性化、福利社会化。例如，有些美国公司提供给雇员的收入主要是薪金（工资）及各种保险，薪金和保险均直接取决于个人的能力和贡献，而住房、医疗等福利则完全是雇员个人与社会房产公司和医疗机构之间的事，与公司无关。这种灵活的分配制度有效地调动了雇员的工作积极性。

（3）建立绩效考评机制，实现考核激励

绩效考核是实现企业各项激励目标所必需的一种管理行为，会展企业应建立以激励员工积极进取为手段的科学考核体系。首先，构建具有公平性特征的评价标准，以达到全方位地反映员工的经营能力和经营绩效的目的。由于会展企业属于竞争性企业，因此主要考核员工的工作创新能力和企业效益。由于各项目的完成需要团队力量，不能单凭个人能力，因此还要考虑团队组织协调能力。这就要求考核指标的制定要综合完善，确保员工绩效考核指标的公平性和合理性。其次，实现测评过程的规范性。现代企业在绩效考评过程中多借助计算机等现代化工具搭建的技术平台来减少人为因素的干扰。对会展业员工的业绩评价结果，既要横向分析以勾勒出被评价者业绩在同行业、同规模会展企业中的具体位置，又要纵向分析以展示各种指标的动态发展过程和未来趋势，然后在数量分析的基础上集合优秀专家群的集体智慧与经验给予会展业员工定性评价。为了有效地防止员工谎报业绩等不正当行为的发生，企业可借助内部与社会的监督力量建立考核监督机制，对员工绩效考核情况进行定期评价和监督，从而确保绩效考评的客观性、科学性和规范性。

（4）构建员工的保险机制，实现保障激励

为了让会展业员工产生“退有所依”的安全感，从而在一定程度上防止他们在职时的逆向选择行为，必须构建起会展业员工的保障机制。首先，会展企业将对员工的激励约束机制延伸至任期后。可以实行专业人才高额退休金计划，对于全面完成甚至超出预定指标的员工，可由企业出资购买终身商业养老保险和医疗保险，可以建立完善的离职后业绩奖惩制度和终身追偿制度。对于造成经营性亏损者，除免职外还应削减其社会保障待遇，这样才能使员工的权与责趋于对称，遏制短期经营行为。

（5）构建岗位聘任机制，实现任职激励

为了让会展企业的岗位聘任机制成为一种行之有效的激励措施，应更多地利用如公开招标选聘、实绩考核选聘等方式。重要的是建立公平竞争上岗的人力资本市场和形成自由流动的阶层，因为将来的市场机制会逐步完善。例如，职业经理人市场中将会伴随着业绩档案和信用制度的强化，人力资本的价值将取决于员工们过去的工作业绩，这种优胜劣汰的人才市场竞争机制使得员工为自己能够从众多竞争者中脱颖而出备感自豪，又使他们产生了“不进则退”的危机感。

（6）建立监督约束机制，实现反向激励

健全监督约束会展业员工的制度，不仅是制度创新能否取得应有成效的关键所在，也是通过惩罚措施来建立人力资源活水机制的反向激励措施。首先，运用法律条例和规章制度的形式来确立员工的职责权限。其次，要充分发挥员工“主人翁”责任感和使命感的积极作用，运用员工民主管理来完善监督约束机制。最后，建立科学的企业法人治理结构，对会展企业管理行为实施过程管理。企业法人对企业日常工作实施经常性监督，经营者在授权范围内拥有对企业的高度控制权，他们之间明确的权责利关系可实现有效的监督约束。

知识链接

激励员工的方法

积极向上的工作环境需要自强自立的员工。行为科学认为，激励可以激发人的动机，使其内心渴求成功，产生推动其朝着期望目标不断努力的内在动力。在实施激励之前，企业应该清楚通过激励应该达到的目标。目标明确以后，企业就可以采取以下措施。

1）为员工提供一份挑战性的工作。按部就班的工作最消磨斗志，公司想要员工有更好的表现，工作必须富有挑战性。

2）确保员工得到相应的工具，以便把工作做到最好。拥有本行业最先进的工具，员工便会自豪地夸耀自己的工作，这夸耀中蕴藏着巨大的激励作用。在项目、任务实施的整个过程中，企业应当为员工出色完成工作提供信息。这些信息包括公司的整体目标及任务，需要专门部门完成的工作及员工个人必须看重解决具体问题。做实际工作的员工是这项工作的专家，所以，企业必须听取员工的意见，邀请他们参与制定与其工作相关的决策，并与之坦诚交流。如果把这种坦诚交流和双方信息共享变成经营过程中不可缺少的一部分，激励作用就更明显了。因为公司应当举行便于各方交流问题或者答复问题会议。有人做过一项调查，让 1500 名员工身处不同工作环境，以求找出有效的激励因素。

3）当员工完成工作时，当面对其表示祝贺。这种祝贺要及时、具体。如果不能亲自表示祝贺，经理应该写一张便条，赞扬员工的良好表现。书面形式的祝贺能使员工看得见经理的赏识，那份“美滋滋的感受”更会持久一些。公司的表彰能加速激发员工渴求成功的欲望，经理应该当众表扬员工。这就等于告诉他，他的业绩值得所有人关注和赞许。如今，许多公司视团队协作为生命，因此，表彰时不要忘了团队成员，应当开会庆祝，鼓舞士气。庆祝会不必太隆重，只要及时让团队知道他们的工作相当出色即可。

4）经理要经常与手下员工保持联系。学者格拉曼认为：与你闲聊，我投入的是最宝贵的资产，即时间，这表明我很关心你的工作。此外，公司文化的影响也不容忽视，公司若缺少积极向上的工作环境，不防把一些措施融合起来，善加利用。

5）了解员工的实际困难与个人需求，设法满足。这会大大调动员工的积极性。如今，人们越来越多地谈到按工作表现管理员工，但真正做到以业绩为标准提拔员工仍然可称得上一项变革。凭资历提拔的员工太多，这种方法不但不能鼓励员工争创佳绩，反而会养成他们观望的态度。谈到工作业绩，公司应该制定一整套内部提拔员工的标准。员工有很多想做并能够做的事，公司给他们提供了多少机会实现这些目标？最终员工会根据公司提供的这些机会来衡量公司对他们的投入。许多人认为，工作既是谋生的手段，也是与人交往的机会，公司如果洋溢社区般的气息，就说明公司已尽心竭力建立一种人人欲为之效力的组织结构。当今许多文学作品贬低金钱的意义，但金钱的激励作用还是不可忽视的。要想使金钱发挥最大作用员工的薪水必须具有竞争性。即要依员工的实际贡献来确定其报酬。

上面这些方法其实并没有创新之处虽无创新之处，但对激励员工还是有一定作用的。其实，激励员工最基本的就是要做到尊重员工，这也是员工所需要的。

思考与练习

1. 会展人力资源管理体系包括哪些内容？
2. 会展人力资源培训与开发包括哪些类型？
3. 简述会展人力资源培训与开发的过程。
4. 简述会展人力资源绩效管理的过程。
5. 如何进行会展人力资源的激励？

实　训

1. 在教师指导下分组，搜索知名会展企业与会展场馆的网站，了解其招聘要求并进行比较。

2. 对所在地高校会展专业的开设情况进行调研，包括开设时间、课程设置、校企合作情况、实习与就业情况等。

3. 与所在地会展企业或场馆合作开展调研，包括会展企业用人要求、会展专业学生就业意愿、对口就业率等。

第 9 章　会展项目管理

❖ 主要知识点

1. 会展项目管理的概念、特征与趋势。
2. 会展项目的启动、规划与实施。
3. 会展项目的总结与评估方法。

❖ 学习目标

1. 了解会展项目管理的概念与特征。
2. 掌握会展项目管理的趋势。
3. 掌握会展项目管理的过程。
4. 了解会展项目的评估方法和分类。

9.1　会展项目管理概述

9.1.1　会展项目管理的概念

会展项目管理就是在一定的约束条件下，通过会展项目经理和会展项目组织的共同努力，运用系统理论和方法，对会展项目与资源进行规划、组织、协调、管理，以高效率地实现会展项目目标为目的的管理方法。

从组织管理目标系统定义，会展项目管理是为了达到特定的项目目标，采用各种制度、程序、方法和手段，对会展项目人员和会展项目活动进行组织、规划、指挥、协调、管理和监督的一系列活动。

从技术经济管理系统定义，会展项目管理作为一门新兴科学，是管理科学的组成部分。它集目标管理、全面质量管理、网络计划技术、系统工程、价值工程等现代化管理技术于一身。项目管理适用于诸如水电工程、高速公路等规模大、投资大、涉及面广、管理要求高的项目。

从管理理论系统定义，会展项目管理是“在生产中创立的一种对设计、采购和施工进行管理的环境，以更好地满足投资者对高回报率的期望”。

9.1.2　会展项目管理的特征

1. 会展项目管理的一次性

由会展项目的定义可知，会展项目的整个活动过程是不能重复的，具有明显的单体性，这也决定了会展项目管理是一次性的管理。在会展项目建设中没有完全相同的两个项目。

2. 会展项目管理目标的明确性

任何会展项目都有明确的目标，会展项目管理的一切活动都要围绕项目目标进行，并最终实现目标。会展项目的最终目标一般表现为增加或提供一定生产能力、形成具有一定使用价值的固定资产，并通过对固定资产的经营使其保值和增值。项目目标实现的程度与否，是检验项目管理是否成功的重要标志。

3. 会展项目管理的经理负责制

会展项目最终要通过人来贯彻实施，其负责人就是会展项目经理。无论是参展单位、招展单位、施工承包商还是设计单位，会展项目经理均必须获得充分的授权。同时，应对会展项目管理的目标进行全面研究、综合了解，全权负责会展项目管理的全过程。当然，实行会展项目经理负责制，必须强调会展项目经理在道德品质、知识结构、经验水平、领导艺术和协调等方面的能力及素质，必须挑选好的项目经理。

4. 会展项目管理合同的约束性

会展项目管理中，参展商与招展商、业主与设计部门、监理部门等之间的关系均为合同关系。合同规定了各主体的权利和义务，由经济手段来约束双方的职责。在我国，合同管理是社会主义市场经济发展的必然需求，较之以往行政手段的管理方法，其更科学、更有效、更合理。

9.1.3 会展项目管理的趋势

1. 会展项目管理的全球化发展

知识经济时代的一个重要特点是知识与经济的全球化。竞争的需要和信息技术的支撑，促使会展项目管理向全球化发展，具体表现在以下几个方面。

1）国际间的会展项目合作日益增多。国际间的合作与交流往往是通过具体的会展项目来实现的。通过这些会展项目，各国的会展项目管理方法、文化、观念也得到了交流与沟通。

2）国际化的专业活动日益频繁。如今每年都有许多项目管理专业学术会议在世界各地举行，吸引着各行各业的专业人士参加。

3）会展项目管理专业信息的国际共享。由于互联网的发展，许多国际组织已在网络上建立了自己的站点，各种项目管理专业信息可以在网上查阅到。例如，美国 PMI 的 *A Guide to the Project Management Body of Knowledge* 整本书都可以从网上查阅或下载。

会展项目管理的全球化发展既为企业创造了机遇，也向企业提出了高水平国际化发展的要求。

2. 会展项目管理的多元化发展

目前，在会展项目类型方面有各种不同角度的理解，如宏观与微观、重点与非重点、工程与非工程、硬项目与软项目等。正是因为会展项目类型的多样化，有的会展项目是大类，如城市建设项目、技术改造项目；有的项目则是具体任务，如筹办运动会、举办培训班等。反映在项目的规模上也有类似情况。项目的范围有大有小，时间有长有短，涉及的行业、专业、人员差别也很大，难度也有大有小，因此出现了各种各样的项目管理方法。

3. 会展项目管理的复杂化发展

会展项目作为一种复杂、开放性和非线性系统，其本身运作非常复杂，面对各种不同于传统产业项目的风险要素，其运作过程和投资结果带来了更多的不确定性。要管理该系统，就必须采用系统工程理论，运用系统分析方法，树立整体最优、系统稳定、适应发展的系统观念进行管理。

4. 会展项目管理的创新化发展

会展项目新的风险特征决定了会展项目在运作过程中可能出现各种新的、不可预见的干扰因素。会展项目管理应本着整体最优、系统稳定、适应发展的系统管理观念，及时创新，采取相应的管理措施。因此，会展项目管理具有创新性。

5. 会展项目管理的团队化发展

在开发型的会展项目中，由技术方出任项目经理，由市场方派出项目代表，以监管项目的履行。在转化型的会展项目中，由市场方出任项目经理，由技术方派出技术经理，从技术方面对项目履行管理责任。当双方产生争议时，由项目所有者决定。上述分权式民主管理不同于传统项目管理的集权式，它有利于及时、灵活地应对高新技术项目的新风险。

6. 会展项目管理的动态化发展

会展项目自确立伊始就建立了会展项目计划和会展项目目标。但是，会展项目计划和会展项目目标，常常因为会展项目本身的不可预见的原因，特别是技术原因，而不得不随时修改管理计划和会展项目目标。

9.2 会展项目的启动、规划、实施与总结

按照会展项目的特点，会展项目管理过程可以划分为四个阶段：启动、规划、实施、总结。

9.2.1 会展项目的启动

1. 会展项目的调研

会展市场调研有助于会展企业了解会展市场态势和发现市场机会，有助于会展企业

选定会展项目。会展项目调研的市场对象是行业市场、参展商市场、观众市场。行业市场调研包括行业发展方向、行业热点、行业市场需求规模等。参展商市场调研包括具有参展需求的产品类型、某类产品的参展需求规模、周边地区同类项目的举办情况等。观众市场调研包括观众界定、主要客源市场的观展规模、目标观众的分布等。

2. 会展项目的策划

会展项目以调研得出的需求结果为导向，确定会展项目的主题，并对该主题项目的投资目标、功能、范围，以及项目涉及的各主要相关因素进行界定。会展项目策划的具体内容包括以下几个方面。

1）确定会展项目主题。这是会展项目策划的首要步骤，会展可行性是会展项目主题策划的前提，利益性是会展项目主题策划必须考虑的因素，创新性是会展项目主题策划所追求的目标。会展主题策划考虑的因素有宏观环境因素、产业因素、市场因素、竞争因素，近期同类会展的举办情况。还包括组织者自身因素，如与政府和相关协会的关系，对相关市场情况熟悉的程度，产品、技术、销售渠道、发展趋势，对相关市场的企业了解的程度，参展商、专业观众的构成与来源，与媒体的关系，财力和人力资源因素。

2）策划项目相关内容。产品推介会、产品订货会、项目招标会等都是极为有效的活动策划，可以为参展商与专业买家建立更广泛的交易平台。在会展举办期间，举行一些专业研讨会、技术交流会、行业会议等，将行业发展的前沿信息传输给观众，能极大地丰富会展的信息传播功能，吸引更多的参展商与观众亲临现场。

3）实施项目可行性研究。这是项目启动过程中重要的环节之一，主要包括三方面的内容：第一，从市场角度分析，该主题的会展项目是否有发展前景；第二，从技术、操作角度分析，举办该主题的会展项目是否有操作的可行性；第三，从财务角度分析，企业对该主题的会展项目进行投资是否有经济上的可行性。

3. 会展项目的立项

某主题的会展项目通过可行性论证后，一般需要申报或登记，有关部门进行核准后才能启动。

1）国内项目立项的有关规定。国内项目立项一般分为两种方式，一是对国内展览不需要审批。2002 年 11 月，国务院取消了关于“全国性非涉外经济贸易展览会”的审批制，改为登记制。也就是说，以后在国内举办全国性非涉外经济贸易展览会，已经不再实行审批制，只到有关部门登记就可以启动。二是对国际展览要审批，1988 年，根据国务院《关于加快和深化对外贸易体制改革若干问题的规定》，原对外经济贸易部研究制定了《举办来华经济技术展览会等审批管理办法》，明确对来华经济技术展览会实行审批制，并且按照会展项目所涉及的主题类别、办展企业种类和级别，以及项目范围的不同，分别报不同级别的主管部门，以不同的渠道审批。随着我国对外开放程度的加深、会展市场的发展，境内举办的涉外展览会越来越多，各种市场主体争相举办涉外展览，对同类会展也有多个部门审批。这种按主办单位的隶属关系进行分渠道、分级审批的管理办法，存在很大的管理漏洞，给市场秩序造成了一定程度的混乱。

2）国际项目立项的权威机构。在国际上，一致公认的会展项目立项的权威机构是UFI。UFI 有一套成熟的会展立项评估体系，可对会展项目的参展商、专业观众、规模、水平等进行严格评估，达到标准的准予立项，从而有效地控制了会展的质量。

9.2.2 会展项目的规划

1. 制定会展项目计划

会展项目计划就是根据项目策划所选定的会展项目主题，确定会展项目所要完成的目标，并制定为实现这些目标的进度计划和预算安排。会展项目计划不仅有利于项目团队对目标有更清楚的认识和理解，提高项目管理的运行效率，还可以为项目控制提供依据。

（1）明确会展项目目标

会展项目所涉及的主体众多，既包括会展公司，又包括参展商和观众，还包括众多会展服务公司。不同的主体有不同的目标，因此，制定展览计划应该考虑多方参与者的需要，使展览目标尽量具有体系性，以满足多方的需要。

（2）确定会展项目范围

确定会展项目计划目标之后，应该明确为完成项目目标所要做的各项工作，也就是项目范围。一般来说，会展项目范围主要包括以下内容。

1）确定参会人员或参展商的类型、层次、数量。

2）区分专业观众和普通观众，即确定观展人员的类别、购买能力、决策能力、数量等。

3）制定合适的营销战略，即通过一定营销方式的组合，实现会议和展览产品的顺利销售，确保会展组织者的收入来源。

4）确定会展服务的范围，即与会展服务总承包商或分承包商签订合同，为参展商和观众提供各种服务，如展品运输、展台搭建、保险、清洁、餐饮、邮寄等各项服务。

5）做好会展现场的管理工作，即在会展现场协调参展商、观众和服务商之间的关系，确保会展顺利进行。

6）进行会展评估工作，即在会展活动结束之后，要对会展环境、展览工作、展览效果进行评估。

（3）估算会展项目进度

为了确保会展项目以合理的进度执行，发挥最大的时间效益，会展企业需要科学估算承办某主题项目可能需要的时间。对会展项目时间的估算包括以下两个方面。

1）估算每项活动或工作元素从开始到完成所需的时间，如展前筹备工作所需的时间、展会实施所需的时间、展后项目评估所需的时间等。

2）估算会展项目的总体进度与花费的时间。按进度计划所包含的内容不同，可分为总体进度计划、分项进度计划、年度进度计划。总体进度计划是对整个会展项目的工作和资源进行安排；分项进度计划则是对每一项工作做具体安排，如会展营销进度计划、招展进度计划、组展进度计划等；年度进度计划则是在会展项目期间较长时，对每年的工作做具体安排的计划，如举办奥运会时就需要做年度计划。

（4）编制会展项目预算

项目预算是项目执行的尺度，也是成本控制的有效手段。会展企业应根据会展项目范围，对企业的人、财、物等各项资源进行配置，并进行合理的总体和分项预算。费用预算是完成项目各工作所需资源（人、材料、设备等）的费用近似值。会展项目预算主要包括以下三个方面。

1）人力资源预算，即完成整个会展项目需要哪些人才，以及各类人才的需求数量、费用。

2）物力资源预算，主要解决完成该会展项目需要的专业展览设施、配套服务设施等。

3）资金成本估算，即对由人力资源成本和物力资源成本构成的直接项目成本进行资金估算。

2. 实施项目的工作分解结构

实施项目的工作分解结构（work breakdown structure，WBS）就是将整个会展项目分解为便于管理的具体活动（工作），这是会展项目时间、人员管理的重要环节。例如，展览活动的基本工作，可分为前期准备工作、具体实施工作、现场管理工作、展后评估工作。前期准备工作又可分解为制定项目目标、确定参展商和观众类型及数量、制定营销计划和项目组织计划等。所要做的各项工作中，有些工作必须按照顺序进行，有些则可以同时进行。一般情况下，制定项目日标应该是项日计划最先做的工作，只有确定了项目目标，才能确定参展商和观众，制定营销计划。而确定参展商和制定营销计划，二者可以同时进行。

知识链接

常用的会展项目管理工具——甘特图与责任矩阵

甘特图（图 9.1）是用于表示项目进度的图形管理工具，以线条作为主要的信息表达方式。横轴表示时间，纵轴表示阶段。通过线条的变化，甘特图清晰地展示了任务计划实施的时间及实际的进度之间的对比。甘特图由于清晰、简单、绘制简单，能使项目管理者清晰地了解每项任务与项目的运作状况，因此被广泛应用于会展项目。

时间 / 阶段	一月	二月	三月	四月	五月	六月	七月
启动阶段							
筹备阶段							
实施阶段							
结项阶段							
项目监督							

图 9.1　甘特图

责任矩阵是一种将工作任务分配、落实到项目组相关职能部门或个人的矩阵图形。责任矩阵明确阐述了每个部门或成员的职能、责任及与其他部门和个人的工作关系。与甘特图相比，责任矩阵对人员分工划分得更为细致，能确保每个任务都有专人完成。

责任矩阵以工作任务为行，承担工作的个人或部门为列，以字母或符号表示个人或部门在项目中的责任与身份。具体示意图如图 9.2 所示。

任　务		项目经理	公关组	后勤组	秘书组	会务组
任务 A		F	X	X	X	X
任务 B	子任务 A		F			
	子任务 B			F		
	……				F	
任务 C	子任务 A	F	X			X
	子任务 B	X	X	F	X	
	……		F			X
任务 D	子任务 A		F		X	X
	子任务 C	F	X			
……						
任务 Z		F		X		X

图 9.2　责任矩阵

注：F 表示负责，X 表示协助。

9.2.3　会展项目的实施

1. 前期实施

1）落实战略。在开办展览三个月到半年的时间里，全面落实有关会展的一些活动，包括设计、招商宣传等活动。

2）构筑平台。在展览会场开设信息平台和设施，通过一定的信息建构、反馈机制，形成与外部的沟通渠道，从而构建一个畅通的信息支撑平台。这样有助于客户和参观人员联系和反馈意见。

3）强化传播。全力实施会展服务的文化工程，以系统、周密的培训计划，来确保沟通和传播的效果，进而构建会展组织。

2. 中期实施

1）市场调查。以市场需求作为调查基点，其内容不仅是展览会市场即参展商资源的调查，更多的是参展商产品的需求市场与交易特征的分析。只有产品市场得以发展，才能推动展览会的发展。

2）会场布置。活动之前，要精心设计会场的布置方案，力求庄重而不失温馨。展览会给大众的直观印象是展厅、企业、产品、观众的组合。成功的大型展览会绝不是这些要素的简单组合，而是在展览设计师对展览项目理解调研的基础上，结合自身的设计风格，对主题、展厅、企业、观众与服务的有机整合。质量、品牌、创新是展览会得以发展的基础，也是评价展览设计师设计水平和设计方案质量的主要指标。会展设计公司的质量目标需更明确，专业观众的数量与展场服务的投诉率成为质量目标的核心。

3）资源分析。主要指设计队伍内部的资源，包括人力资源、生产组织资源。前者指是否拥有开发该项目的专业人才，后者指是否具有实施该项目的必要条件，如资金、信息、行业背景等。在会展地址、主题、目标观众、设计队伍基本确定后，对成员进行分工，对项目进行管理和规划。同时开始具体操作展区设计、媒体宣传、招展及组织专业观众。

4）会展服务，是会展质量的重要环节，主要是指展期前后的服务。一般而言，展品的运输、展台的搭建是投诉的主要来源，有必要加强人员的服务意识。

5）宣传推广。从不同角度撰写会展布置材料和宣传文件；在发布会的前后，邀请知名媒体的资深记者对该展览会进行专访和报道。

6）验证改进。展览会应在前期进行开发验证，就展览会的主题内容、宣传组织计划等，征求参展商与采购商的意见。参展商与采购商的意见将成为展览会前期验证的结果，并可作为下一步改进和做决策的主要依据。

3. 后期实施

1）协助参展商布置场地与准备参展资料。

2）会展人员的安排。主要在场馆内安排信息咨询人员、紧急情况处理人员、卫生清洁人员、服务人员等。

3）会展服务设施的安排，包括资料复印、餐饮处、休息场所等相关的服务场所的设置。

4）重点媒体的前期沟通。为保证会议内容传播的可靠性，必须与媒体记者进行前期的沟通，使他们对会展的内容及其产生的效益预先有一个比较清晰的了解，并产生浓厚兴趣。

5）嘉宾邀请。邀请与会展相关的嘉宾，参加会展开幕剪彩仪式；邀请嘉宾发表主题演讲，公开会展的目的，全面阐述会展的意义和内容。

6）媒体专访。会后安排相关媒体记者对会展进行专访，有利于进一步介绍会展的内容和相关进展情况。

7）危机预警与处理。制定严密的危机预警措施，以防媒体关注的其他敏感信息干扰主题。现场注意引导记者的不利提问，合理进行场面管理。

9.2.4 会展项目的总结

项目执行阶段的结束并不意味着会展项目管理活动的终结，还应对会展项目进行执行后的评估，主要包括以下三个方面的内容。

1. 会展总结

在项目执行工作完成后，要撰写会展项目完成情况报告，评估项目团队人员的绩效，总结会展项目成功的经验或失败原因。会展企业的发展是在一次次经验的总结、教训的吸取中完成的，因为会展总结可为以后的项目管理工作提供借鉴。

2. 会展评估

会展评估包括对会展本身的评估和相关服务的评估。会展评估涉及展览会的直接或间接的经济效益和社会效益、展览会的组织管理水平、参展商和观众质量、会展提供的直接服务与增值服务等。

3. 会展反馈

会展结束后，会展企业要与参展商、观众、会展相关服务商就会展信息进行双向反馈。会展企业需要请专业人士对参展商、观众情况进行分析，并将有关数据及效益评估结果迅速地传达给各参展商、观众，同时收集参展商、观众反馈的意见与建议，以进一步提高企业会展项目管理的质量。

9.3 会展项目的评估

被评估单位应提出书面报告与各项统计资料；评估机构对被评估单位的业绩、会展的规模、展商数量、展品构成与质量、各项统计资料等进行实地考察，对会展的实际效益进行科学评估；评估机构要对会展的合同成交额、成交的产品结构、成交的机构及协议的实施结果跟踪咨询，以获得切实可靠的数据。评估机构通过参展商、贸易商与传媒机构，了解会展的实际活动情况，对会展的服务水平、服务态度进行专项评估。评估机构出具标准的评估报告，并将评估成果在主要的会展专业网站或会展行业媒体上公布、宣传。

9.3.1 会展项目评估的方法

1. 主观定性总结评估法

主观定性总结评估法，就是主持召开会展的单位、部门或会展主持人，在会展开始和会展结束时，分别对会展的准备情况和会展进行情况提出一种结论性的看法。其内容包括会展的准备、会展议题的要求、会展议程安排、与会者的状况、形成的决定和决议、制定通过的文件、提出的意见或建议等。通过对以上诸方面的定性分析，最后对会展项目做出综合性的评价。之所以说这个评价是主观的，是因为这个评价往往出自主持者的主观判断。即使主持者事先征求过部分与会者的意见，而众多的与会者是否赞成主持者的评价，则没有或未得到充分的反映。但这是人们常用的一种简便易行的“传统”评估会展项目的方法。

2. 主客观相结合的反馈评估法

主客观相结合的反馈评估法，就是主持召开会展的单位、部门及会展主持人，在会展结束前，对会展提出评价意见（其内容与主观定性总结评估相同），并将这个意见以口头或书面的形式通知与会者，请与会者提出修改或补充意见，再把这些意见反馈给主持召开会展的单位、部门及会展主持人。最后由会展主持人综合两方面的意见和看法对会展的项目做出评价。一般来说，主持召开会展的单位、部门及会展主持人往往对会展项目的评价偏高，而与会者的评价往往偏低。这并非完全是人为的偏见，而是与评价者所处的立足点和看问题的角度不同等因素有关。这种评估方法使主观（会展主持者）和客观（与会者）两方面相结合，有助于克服看问题的片面性，从而对会展项目做出比较符合实际的评价。

3. 客观定量统计评估法

客观定量统计评估法，就是分项列出评价内容，采用民意测验的问卷方式，让与会者（包括会展主持者）以无记名的方式填写“评估会展项目反馈表”，最后通过对该反馈表中各项内容的统计分析，得出对会展项目评估的定量结论。这种方法一般分为以下三个步骤。

1）设计问卷。包括设计问题并对每个问题提供程度不同的答案。按会展的性质、种类、规模、功能、主题等不同要求，选定评估内容并拟定答案。

2）组织与会者填写问卷。在会展结束前，以无记名的方式，组织与会者填写问卷。

3）对问卷回答结果进行统计分析，计算出各种答案的百分比，得出对会展项目评估的调查结论。

这种方法主要适用于对规模较大、会期较长的重要会展的评价。由于采用无记名的方式，可消除与会者对会展评价有不同意见的思想顾虑，能够比较真实地反映与会者对会展的评价，所得出的统计结果一般是比较可靠的。

4. 跟踪反馈调查法

所谓跟踪反馈调查法，就是会展结束之后，对本次会展产生的影响、所起的作用和取得的成效进行跟踪反馈调查。这种调查可用书面的形式，要求与会者在会后一定时间内写出书面汇报，也可在会后一定时期内请与会者座谈汇报，还可组织抽样调查。尤其对会后有继续工作任务的会展进行跟踪反馈评估，既可通过评估了解会展的项目，也可以起到督促检查的推动作用。其评估的主要内容可参照会展善后阶段项目评估的要求。

5. “感受—期望”评估方法

针对项目质量的“感受—期望”差异理论，派拉索拉曼等三人对评估项目质量做了进一步研究，提出“感受—期望”评估框架，其主要内容围绕着可感知性、可靠性、反应性、保证性、移情性五大项目质量属性，以及与之相关的各因子，计算出感知项目质量。

（1）可感知性

可感知性是指项目产品的“有形部分”，如各种设施、设备及项目人员的外表等。由于项目产品的本质是一种行为过程，而不是某种实物，具有不可感知的特性，因此与会人员只能借助这些有形的、可视的部分，来把握项目的实质。可感知性从两个方面影响对项目质量的认识：一方面，它们提供了有关项目质量本身的有形线索；另一方面，它们又直接影响到与会人员对项目质量的感知。

（2）可靠性

可靠性是指会展企业能够准确无误地完成所承诺的项目。许多以优质项目著称的会展企业，都是通过“可靠”的项目来建立自己的声誉的。可靠性实际上要求会展组织单位尽力避免项目过程中出现的差错。因为项目差错给会展项目带来的不仅是直接的经济损失，而且可能意味着失去许多潜在客户。在项目过程中，最令客户恼火的是会展失信。例如，当前我国出现诸多会展不能如期举办的现象，这不仅造成了会展组织单位在经济上的损失，而且严重破坏了会展组织单位在客户心目中的形象。在这种情况下，即使向客户道歉都无法挽回损失。

（3）反应性

反应性是指会展组织单位的项目人员应该随时准备为客户提供快捷、有效的项目。对于客户的各种要求，会展组织单位能否给予及时的满足，将表明其项目导向是否把客户利益放在第一位。同时，项目传递的效率则从一个侧面反映了主办单位的服务质量。研究表明，在服务传递过程中，客户等候服务时间的长短是关系到客户的感觉、客户印象、服务企业形象，以及客户满意度的重要因素。所以，尽可能地缩短客户的等候时间，提高服务传递效率，将大大提高其服务质量。

（4）保证性

保证性是指服务人员的友好态度与胜任工作的能力，它能增强客户对会展组织单位服务质量的信心和安全感。当客户同友好、和善且学识渊博的服务人员打交道时，他会认为自己找对了公司，从而获得信心和安全感。友好态度和胜任能力两者不可或缺。服务人员缺乏友善的态度，自然会让客户感到不快。若对专业知识不精通，也会令客户失望。尤其是在服务产品不断推陈出新的今天，服务人员更应该拥有较高的知识水平。

（5）移情性

移情性是指无论企业领导还是服务代表，都需要站在客户的角度，设身处地为客户着想，只要能够满足客户的期望，企业都应该为之努力，给予更多的关注。同时，服务时间要尽可能地考虑客户的需求。

9.3.2 会展项目评估的分类

1. 组展商会展项目评估

（1）对会展项目的整体情况评估

对会展项目的整体情况的评估主要包括组展商的前期筹备工作、会展现场管理工作，这些情况可以通过对参展商、展台工作人员及参观者进行调查获得。例如，对参展商进行调研，从而了解参展商对展馆环境、组展者的组织管理工作是否满意，展览效果是否达到，客户接待情况、客户质量、展览期间的成交情况等。再如，通过对展台工作人员进行调研，可获得展出者对组织工作的评价、接待新老客户情况、实际成交额、成本效益比等。对参观者进行调研，可获得其对组织工作的评价情况，如参观者是否在会展上获得相应的信息，是否实现参展的目的等。会展项目整体情况的评估可以说是组展商通过相关主体的反馈，来了解自身工作情况的一种方法。

（2）对参展商的评估

对参展商的评估主要是，评价参展商在行业中或参展企业中的地位，通过这项评估可以使组展商了解所举办会展的档次、规模，是否有行业内的知名企业参展，参展商在行业内的影响程度等。

（3）对观众的评估

对观众的评估主要是了解国外的观众比例及专业观众的比例。对参展商和观众的评估结果是组展商工作效果的间接反映。一般来说，组展商实力越强，会展的品牌效应越强，越能吸引到高质量的参展商和观众。

（4）对新闻媒体报道的分析

对新闻媒体报道的分析可以从两个方面进行：一方面是媒体报道的次数，这里所讲的次数应当包括展览会举办地的媒体、高一级行政区域单位乃至国家级的新闻媒体、展览会专业媒体等进行的报道，媒体报道的次数可以说明该展览会项目的影响力；另一方面是媒体报道的评价，正面或负面报道、正负报道的程度，都依赖于展览会的结果和对社会的影响。对新闻媒体报道数据的收集与分析工作量较大，专业性也较强，因此可以请专业的媒体监控组织来进行，当然这样会带来较高的成本，但相对来说宣传的效果也会更好。

2. 参展商的会展评估

参展商参加会展是要付出成本的，因此，每次参加完会展之后，参展商都会对当次会展进行评估，计算成本收益，决定今后是否继续参展。如果继续参展，就可以利用评估结果，对未来参展提出建设性的建议。参展商对会展的评估主要集中在会展工作、展出质量和展出效果三个方面。通常情况下，评估工作是由参展公司独立完成的，但有时也会委托给专业评估公司。

3. 会展工作的评估

对会展工作的评估有定性分析与定量分析，评估的主要目的是了解会展工作的质量、效率和成本效益。主要评估工作包括会展的前期筹备工作和现场管理工作。对会展前期筹备工作的评估内容，主要包括会展所确立的展览目标是否合适、会展宣传是否到位、展台人员的工作态度、展台整体工作效率、展品的制作运输情况、管理工作情况等。

1）有关展出目标的评估。参展公司依据本公司的经营方针和战略、市场条件、展览会情况等，评估展出目标是否与自身情况相符。

2）有关展出效率的评估。展出效率是会展整体工作的评估指数。评估方法有多种，其中一种是会展人员实际接待参观客户的数量，在参观客户总数中所占的比例；另一种是会展总开支除以实际接待的参观客户数量之商。后一种方法也称作潜在客户的平均成本，这是一种非常有价值的评估指数。只要有足够的开支，参展公司可以接触到所有潜在客户。但是要注意，应当用最少的开支达到这一目的。这一指数可以直接用货币值表示，如接触一个潜在客户的开支为 200 元。

3）对有关会展人员的评估。会展人员的表现包括工作态度、工作效果、团队精神等方面，这些不能直接衡量，一种方法是通过询问参加过展览的观众来了解和统计，另一种方法是计算会展人员每小时接待观众的平均数。美国会展调查公司曾做过一项调查，该调查指出，如果一个会展单位的评估结果显示，表现不尽如人意的会展人员超过工作人员总数的 6%时，就应当采取措施提高会展人员素质。

4）对其他人员评估。对其他人员评估包括会展人员组合安排是否合理，效率是否高，言谈、举止、态度是否合适，会展人员工作轮班时间是否过长或过短等。

5）有关设计工作的评估。定量的评估内容包括展台设计的成本效率、展览和设施的功能效率等。定性的评估内容包括公司在会展上的形象如何，会展资料是否有助于展出，展台是否突出和易于识别等。

6）有关展品工作的评估。这项评估工作的内容包括展品策划是否合适，市场效果是否好，展品运输是否顺利，增加或减少某种展品的原因等。这种评估结果对市场拓展有一定的参考价值。例如，通过评估可以了解哪种产品最受关注，在以后的展出工作中，就可予以更多的重视。相反，对不受关注的展品，则应考虑不再展出。

7）有关宣传工作的评估，包括宣传和公关工作的效率、宣传效果是否比竞争对手吸引更多的观众，会展资料散发的数量等。另外，对新闻媒体的报道也要收集、评估，包括刊载（播放次数、版面大小、时间长短）、评价等。

8）有关管理工作的评估，包括会展筹备工作的质量和效率，会展管理的质量和效率，工作有无疏漏，尤其是培训等方面的工作。

9）有关开支的评估。对于绝大部分参展公司，展览只是营销过程中的一个环节。因此，展览直接开支并不是会展的全部开支，会展的隐性开支可能很大，要清楚地计算比较困难。但即便这样，参展开支仍要进行评估，因为这是计算参展成本的基础，表 9.1 为展出成本详表。

表 9.1　展出成本详表

项　目	展出成本
展出目标	包括成效、接待客户等
	接触潜在客户的平均成本
	与潜在客户建立联系的平均成本
	签订合同的平均成本
非展出目标	包括扩大影响、提高形象、市场调研等
	散发资料（包括直接发函）或用品的平均成本
	音像放映、表演的平均成本
	新闻报道平均成本（可以以每一次报道或每千字为单位）
	广告平均成本（可以以报刊面积或电视、电台的播放时间为单位）

续表

项　目	展 出 成 本
非展出目标	研讨会出席人员平均成本
	了解竞争对手情况平均成本
	参加（展览会组织者劳动保险展览单位组织的）研讨会的平均成本
	调研报告的平均成本

10）对展览记忆率的评估，能反映整体参展工作效果的专业评估指数是展览记忆率，它指的是参观客户在参加会展后的 8～10 周，仍能记住会展情况的比例。展览记忆率与展出效率成正比，反映了参展公司给参展的客户留下的印象和影响。记忆率高，说明会展形象突出、工作好；反之，则说明会展形象普通、工作一般。记忆率低的原因主要有会展人员与参观客户之间缺乏直接交流、后续联系，参展公司形象不鲜明，所吸引的参观客户质量不高，等等。

4. 展出质量的评估

1）参展企业数量，这是一个比较直观简单的定量内容，所需数据可以从组展商处获得。

2）参展企业质量，这是最重要的参考因素。参展企业质量与展出效率呈正比，即参展企业质量高，展出效率就高。

3）平均参观时间，这是指参观者参观整个展览会所花费的时间，该指数与展览会效果呈正比。

4）平均参展时间，这是指参展企业参加每次展览会所花费的平均时间。利用这个指数，参展企业可以安排具体展览工作。例如，规定操作示范的时间不宜超过多少分钟，以便留有时间与参展企业交流。

5）人流密度指数，这是指参加展览会观众的平均数量。如果每 10 平方米有 3.2 个参观者，指数就是 3.2。一般来说，综合性的消费展览会观众人数多、密度大。

美国一项研究结果显示，美国参展公司对会展常使用 34 种评估标准，其中 15 项被普遍认为非常重要。这 15 项标准可以归纳为四类，即参展企业质量、参加数量、展出位置和展出管理，如表 9.2 所示。

表 9.2　贸易展览会评估标准

种　类	项　目	重要性排序
参展企业质量	参展决策者的比例	1
	目标市场观众的比例	2
	展览会的专业性	8
	潜在客户的数量或比例	9
	筛选参展企业	14
参加数量	参展企业数量	3
	展览会组织者的宣传规模	5
	展览会参观者在往届的数量	6

续表

种　类	项　目	重要性排序
展出位置	展出位置	4
	可以策划展出面积/位置等	7
	走道观众流量	13
展出管理	可预先登记程序	10
	安全保卫	11
	展品运进、返出的手续	12
	运进、运出设施	15

5. 展出效果的评估

展出效果的评估既是对该届会展的总结，也可为企业下一次参展提供借鉴。有关展出效果评估的争议比较多，主要是对工作项目与工作成果之间关系的理解不同。因此，效果评估工作比较难。但是参展企业应尽力做好展出效果评估，不要将评估结果绝对化，以免以偏概全。对展出效果评估的内容包括以下几方面。

1）参展效果优异评估。如果参展接待了 70%以上的潜在客户，客户接触平均成本低于其他展览的平均值，就表明展出效果优异。

2）成本效益比评估。成本效益也可以称作投资收益，其评估因子较多，范围较广。评估时可以用此次展览的成本与效益相比，用此次会展的成本与前次类似会展相比，用效益与前次类似会展相比，也可以用展出成本效益与其他营销方式相比等。一种典型的成本效益比是用会展的总开支与会展成交总额相比，要注意的是这个成本不是产品成本而是展出成本。这个值越大，说明展出效果越好。另一种典型的成本效益比是用开支建立新客户关系数。贸易成交比较复杂，用会展开支比会展成交额不容易准确计算，而与潜在客户建立关系是展览的直接结果。由于与客户建立关系意味着未来成交，因此，可以把与潜在客户建立关系作为衡量会展投资收益的基础。

3）成本利润评估。成本利润评估是从另外一个角度对展出效果进行评估的方法。这种方法认为对展出效果的评估不应该只局限于对成本和成本效益的计算，还应该计算成本利润。例如，签订买卖合同，先用会展的总开支除以成交笔数，得出每笔成交的平均成本；再用会展的总开支除以成交总额，得出成交的成本效益；最后，以成交的总额减去会展的总开支和产品总成本，得出利润，会展成本比利润即成本利润。利润、成本利润的值越高，展出效果越好。这种方法得出的结果可以作为参考内容，却不可以作为评估的主要内容。如果某企业以建立新客户关系为主要出发点参加会展，则不存在利润或利润很少。因此，成本利润法不能作为单独的评估依据。

4）成交评估。成交分为消费成交和贸易成交。消费性质的展览会以直接销售为展出目的，可以用总支出额与总销售额相比。然后将预计的成本效益比与实际的成本效益比相比较，这种比较可以反映展出效率。贸易性质的展览会以成交为最终目的，因此，成交是重要的评估内容之一，也是会展评估矛盾的焦点之一，许多参展商喜欢直接使用会展成本与会展成交额相比较的方法，来计算成交的成本效益。这是一种不准确、不可靠的方法。因为有些成交是由于展出而达成的，而有些成交无须展出也能达成，更多的成交可能是展出之后达成的，所以要慎重做出评估并使用评估结论。对成交评估的内容一般有销售目标是否达到、成交额、成交笔数、实际成交额、意向成交额、与新客户成交额、与老客户成交额、展览期间成交额、预计后续成交额等，同时这些数据可以交叉统计计算。

5）接待客户评估。这是贸易展览会重要的评估内容之一，主要包括参展的观众数量，这一数量可以进一步细分为接待参展企业数、现有客户数和潜在客户数。参展的观众质量可以参照会展组织者的评估内容和标准，分类统计观众的订货决定权、建议权、影响力、行业、地域等，并按自己的实际情况将参展企业分为“极具价值”“很有价值”“一般价值”和“无价值”四类；接待客户的成本效益，尤其是与新客户建立关系的成本效益是最重要的评估内容。它是此次会展与前次会展相比较、展出方式与其他推销方式相比较的重要标准。计算方法是用会展总支出额除以接待的客户数或所建立的新客户关系数三部分。

6）调研评估。这种方法是参展商在展出后针对市场和产品进行的调研，即通过会展对新产品或市场是否有新的了解，是否有更明确的发展和努力方向等，来对会展效果进行评估。

7）竞争评估。是指在会展工作和展出效果方面与竞争对手相比较的情况。

8）宣传、公关评估。对这方面的评估工作比较困难，因为其中的定性内容比较多，评估技术比较复杂、困难。具体评估内容包括宣传、公关效果；效率、效益；是否需要增加投入以提高单位形象；企业形象与实际成交之间的关系等。表 9.3 是主观评价指标体系的统计含义，表 9.4 是客观评价指标体系的统计含义。

表 9.3　主观评价指标体系的统计含义

项　目	评价指标	统计含义
满意度	参展商满意度	对会展不同满意程度的参展商在全体参展商中所占的比例
	专业观众满意度	对会展不同满意程度的专业观众在全体专业观众中所占的比例
	普通观众满意度	对会展不同满意程度的普通观众在全体普通观众中所占的比例
目标实现度	参展商目标实现度	参展目标不同实现程度的参展商在全体参展商中所占的比例
	专业观众目标实现度	参展目标不同实现程度的专业观众在全体专业观众中所占的比例
	普通观众目标实现度	参展目标不同实现程度的普通观众在全体普通观众中所占的比例
持续参展率	参展商持续参展率	继续参加展览的参展商在全体参展商中所占的比例
	专业观众持续参展率	继续参加展览的专业观众在全体专业观众中所占的比例
	普通观众持续参展率	继续参加展览的普通观众在全体普通观众中所占的比例

表 9.4 客观评价指标体系的统计含义

项 目	评价指标	统计含义
展位面积	出租的展位面积	租用作展览或特殊展出的面积；为参展商和（或）观众提供公共服务的行政管理机构、协会和组织所占用的面积不计为出租展位面积；出租的展位应被划分为室内和室外展出面积，还应被划分为国内和国外展出面积
	特殊展位	在会展（包括消费类和贸易类）上，尤其是消费类会展上，组织者会安排额外的空间用作特殊展示（通常是和某些组织合作），如设计展示、研究成果、工艺展示、专业培训信息或其他一些内部专题展示
	总面积	包括所有用于展览的面积，如展位面积、走廊、休息厅面积等，但不包括诸如饭店、办公室等辅助设施。出租的展位面积与总面积的比例一般为 50%～60%
参展商	参展商数量	凡是作为独立单元支付展位费用，并在整个展览持续期间完全由自己雇佣人员以自己或他人的名义来提供产品或服务的个体就被称为参展商；支付展位费但未能参加展览的企业不被计为参展商；联合展出的企业也应被计为参展商，只要参展商是以自己的人员和产品展出即可，即使没有形式上的分离，但只要独立性是明显的即可，在展商登记方面必须能表现出展商的独立性。如果联合展出的展商登记时不能表现出独立性，它们将被作为一个展商反映；如果一个展商占用一个以上展位，应当被当作一个展商来记录
	外国参展商的数量	这是国际展的重要指标。来自举办国以外的其他国家参展商的个数
	被代理企业数量	委托其他企业代为展览本公司产品的企业。一般代理商只能被记作一次，多次记录的规则与参展商一样；记录参展商的规则同样可被用于记录代理商；当公布参展商总数时，代理商的数量不能记在内
	参展商所代表的国家数量	参展商所代表的国家数的总和
观众	观众的数量	第三个重要指标。（国内和国外的）观众的绝对数量是观众分析评价的基础，这些数据都能从组织者处获得。观众人数也就是入场券的数量，一般可以通过观众入场系统或单天票数及多天票数乘以最小使用频率来计算
	专业观众的比例	出于商业/专业目的参加展览的观众在观众总量中所占的比例
	国内专业观众的地区分布	国内专业观众在本地区和全国范围的分布
	国外专业观众的地区分布	国外专业观众在本地区和全国范围的分布
	专业观众行业分布	专业观众在各行业的分布
	专业观众对购买/采购决策的影响力	专业观众对所在公司/组织采购决策的影响力
	专业观众的职位	专业观众在所在公司/组织的职位
	责任范围	参展商能意识到专业展不仅由负责采购的技术人员或管理人员参加，消费类会展也不完全由购买者参加。尤其是在大型公司或大额采购中，往往会有特殊部门来参加。消费类会展通常也有一些寻求销售灵感的个人销售者或市场专家。参展商应该特别注意和这些观众建立联系，因为他们对参展商的产品进入市场有重要影响
	参展频率	在一个已举办过的展览上，平均有 20%～40%的观众第一次参展。也就是说，参展商有大量的机会和第一次参加展览的公司或者是经常来参加展览的公司的新员工建立联系
	专业观众的公司规模	指专业观众的公司规模，一般以公司雇员多少来表示
	专业观众停留时间	专业观众在会展上停留的天数

续表

项　目	评价指标	统计含义
观众	普通观众比例	一般的消费类会展普通观众的比例超过80%，在特殊的消费类会展上这个比例可能会更低一些。还有些会展会有两类观众参加：专业观众和普通观众。普通观众比例一般为30%～70%
	普通观众的地区分布	普通观众在国内外的地区分布
	年龄	普通观众的年龄
	职业	普通观众的职业
	家庭净收入	普通观众的家庭中每个成员净收入的总和
	购买或预定活动/展后采购活动	普通观众在会展上及会展后的购买/预定活动
媒体	媒体的数量	对会展进行报道的媒体的数量
	国内媒体的比例	国内媒体在媒体总量中所占的比例
	媒体所代表的国家数	媒体所代表国家数的总和

知识链接

2006杭州世界休闲博览会项目管理（试行）办法

为了做好2006杭州世界休闲博览会（以下简称休博会）项目申报、立项、管理工作，特制定本办法。

一、项目分类

（一）正式项目和培育项目

1. 正式项目

1）已经与世界休闲组织达成协议，计划在2006休博会期间举办的国际性休闲类会展活动和教育培训项目。

2）杭州市创办的具有品牌知名度的休闲类项目。

2. 培育项目

根据休博会的主题进行设计或公开征集，实行动态筛选管理的休闲类项目。

（二）正式项目和培育项目的分类

1）休闲旅游类项目。达到一定的规模、有特色、有影响的旅游节庆、休闲主题活动等休闲旅游活动。

2）文体活动类项目。具有较大影响的艺术、表演、体育、康乐、保健及休闲娱乐类赛事和评选活动等。

3）展览类项目。各类休闲产品专业性展览和综合性展销会。

4）会议（培训）类项目。围绕休闲及相关主题进行的各类高层次专业会议、教育培训和学术交流活动。

二、项目条件

（一）共性条件

1）围绕“休闲——改变人类生活”的宗旨和要求专门组织的会展或活动，特色鲜明，名称规范。

2）确定于2006年4月22日～10月22日期间在杭州市举办。

3）项目具有独特性，主题和范围与休博会已定项目不构成重复或交叉。

4）项目方案完整、规范并具可操作性。

5）主办、承办、协办单位落实，项目承办单位（包括合作承办单位）资信良好，具备经营资质、运作业绩、经济实力和承担风险的能力。

6）按规定需要办理审批的项目，应获得必备的批准文件（或前期筹备文件），与举办场馆签订场地租用协议或意向书。

7）达到休博会项目立项标准与条件，举办项目预期能产生良好的经济效益和社会效益。

8）有举办业绩，经费自筹有保障。

9）培育项目原则上应于2006年度以前进行培育性举办。

10）涉及休闲及相关题材的西博会项目，可在西博会立项的同时报名列为休博会培育项目。

（二）专业条件

1. 休闲旅游

1）旅游观光活动。有特定的主题，在举办期间开展专门的促销活动，参观人数在10万人次以上，其中国内外组团游客参观人次在1000人次以上。吸引媒体关注，影响较大。

2）公众商贸活动。与日常生活消费和文化消费相关的大众参与性活动，一般在广场、街道等城市公共空间或服务场所举办，包括小吃、美食、庙会、特色街展示等活动。参观人数5万人次以上，成交额500万元以上。媒体关注，影响较大，经济效益和社会效益明显。

3）文博展示活动。一般在博物馆、图书馆等文化经营场所举办，具有较高艺术水准的文化艺术品包括文物品、收藏品、邮品、字画等的展示活动。展出面积1000平方米以上，参观人数达到三万人次以上。吸引国际媒体关注，影响较大。

2. 文体活动

1）文艺活动。有知名艺术家和演艺人员参加，吸引国际媒体关注，影响较大。观众在5万人次（单场在2000人次）以上。

2）赛事活动。

① 体育类赛事由省级以上体育机构、国内外专项体育协会或其他权威机构参与主办，有知名选手参赛，达到一定规模，吸引媒体关注，影响较大。

② 其他赛事由由资质的单位主办；有知名选手参赛，评委等邀请嘉宾有知名度；吸引媒体关注，经济效益和社会效益良好，影响较大。具体标准根据实际情况确定。

3. 展览

在专业展馆内或特定场地内举办。展览名称有“国际”字样的，境外参展商参展面积应不少于 20%，境外参观商占专业观众比例不少于 20%。不得展示展销与会展名称和主题不符的商品。

1）贸易类、技术类展览会。主要面向专业客商，以品牌和技术展示、洽谈、订货和批发交易为主，可兼有部分零售。展览面积在 6000 平方米以上，工艺品、美术作品展、珠宝饰品等特殊展品展览面积不少于 4000 平方米，其中特装展位面积不少于 20%。参观人数三万人次以上，其中专业客商比例不低于 15%。成交额三亿元以上。

2）消费类展销会。主要面向消费观众，零售休闲类消费品，兼营批发。室内展销面积达到 6000 平方米以上，工艺品、书画、珠宝饰品等特殊商品展销面积不少于 4000 平方米，参观人数五万人次以上，成交额 5000 万元以上。

4. 会议（培训）

会议名称有“国际”字样的，境外代表应不少于 50 人。

1）休闲专业研讨会（包括论坛、培训活动）。由国际性或全国性、区域性权威机构参与主办，会期两天以上，正式参会代表 100 人以上，有知名人士参加，发表论文 50 篇以上，引起媒体关注，在本行业、本专业领域有较大影响。以演讲、主题报告会形式的论坛会议，论文数量可不做要求。

2）著名休闲品牌推广会。由跨国公司和知名企业组织举办的休闲类新产品推广或品牌发布会议，会期半天以上，正式参会代表 300 人以上，有知名人士参加，引起媒体关注，产生较大影响。

3）其他会议。参会人数 500 人以上，有知名人士参加，会议主题符合休博会的宗旨和要求，引起媒体关注，产生较大影响，对杭州市社会和经济发展促进作用明显。

三、项目立项

休博会项目立项必须通过报名、受理、确认、签订合同等程序。

（一）报名

1）报名单位先与休博会执委会办公室做前期沟通，并提供所申报项目举办（包括培育举办）的有关资料。

① 批准文件。凡有明确规定需要办理审批的项目，应按规定提供以下批文：国际性项目须有国际性组织或国家指定审批机构的批准文件；项目名称中冠以“中国”字样的，须有国家有关主管部门的批准文件；文化、艺术和体育等专业项目须有国家专业管理部门的批准文件；其他项目须有各级政府或上一级具备审批资格的政府授权部门的批准文件。没有规定需要办理审批的项目除外。

② 主办、承办、协办、支持单位合作确认函。相应的国内外机构作为主办、承办、协办、支持单位的正式确认文件，或上述单位合作举办项目的合同或协议。协办、支持单位待定的，确认文件可后期提交。在获得上述单位正式确认前，不得在对外宣传中使用上述单位的名称。

③ 承办单位资质和业绩证明。包括承办单位举办项目的资质证书、法人证明和法人代码证等有关资料。项目承办单位已承办项目的简介，最近一次会展的业绩证明材料（含招

商招展函及会刊资料等）。曾经举办过中国西部国际博览会（西博会）同类项目的单位，可免交该项目的业绩证明。

④ 举办项目的场地租用（使用）协议或意向书（承诺书）。

⑤ 方案。包括项目规模和举办目标、招展招商（邀请与接待）安排、宣传推广计划、资金预算和筹资计划、子项目实施方案、公共卫生方案、安全保卫方案等内容，方案要求具体、周密、完整、有创意并具有可操作性。

⑥ 子项目实施方案。项目中包含与主项目密切关联但又相对独立运作的子项目，项目总体方案中应包括子项目的内容并按规定履行申报程序。子项目作为主项目的补充，其主题必须与主项目主题相一致。凡不符合主项目主题的，不得以子项目办理立项。子项目主承办单位和举办时间、地点与主项目不一致的，应参照立项申报有关规定单独办理申报或审批手续。

2）休博会执委会办公室预审后，发给“2006 年杭州世界休闲博览会培育项目报名表”，由报名单位逐项填写并同时提交以上项目的报名材料，进入受理程序。

（二）受理

展览、会议（培训）项目由休博办会展管理处受理，休闲旅游和文体活动项目由休博办节庆活动管理处受理。程序如下。

1. 工作人员预审

项目单位按规定到受理处室提出立项报名，提交有关材料，并就项目举办设想进行洽谈。符合基本要求的，发给“2006 年杭州世界休闲博览会项目报名表”，由报名单位逐项填写并同时提供报名材料，项目受理人员进行预审。报名材料齐全的，受理人员填写“2006 年杭州世界休闲博览会培育项目受理单”，对材料的内容进行核实，对项目方案进行可行性分析，三个工作日内提出预审意见。

项目单位要求项目受理人员对立项程序和规定内容予以说明、解释的，受理人员应当说明、解释，提供准确、可靠的信息。如提交材料不全的，受理人员三个工作日内一次性书面告知需补充的材料。逾期不告知的，自收到报名材料之日起即为受理。

2. 处室内审

项目受理人员经过预审可行的项目，由休博办项目受理处室进行内审。发现提交材料不完整的，提出需补充完善的意见。内审时限为三个工作日。通过内审的项目，提交休博办初审。

3. 初审

经处室内审后签署内审意见的项目，由休博办组织初审，初审时限为五个工作日。在初审中发现有关事项需要进一步核实的，由受理处室负责在五个工作日内完成核实。

4. 会审

经休博办初审通过的项目，由休博办组织会审。会审可邀请有关部门参加，或征求有关部门意见。在会审中发现有关事项需要进一步核实的，由受理处室负责在五个工作日内完成核实。

5. 受理意见

1）可以作为正式项目或培育项目立项的，由休博办拟写确认文件报执委会领导审定。

2）不立项，请休博办领导在受理表上签署意见。

3）其他，请休博办领导在受理表上签署意见。

受理意见由项目申报受理经办人员通知项目报名单位。对经审定同意立项的项目，由休博办与项目单位签订《2006年杭州世界休闲博览会项目实施合同》《2006年杭州世界休闲博览会培育项目实施合同》（或《实施责任书》、《项目备忘录》），正式发书面通知予以确定。

6. 不立项条款

1）项目的主题内容不符合休博会办会宗旨和要求的，或与已定正式项目、培育项目雷同、交叉的。

2）项目不符合立项条件，或规模、档次和影响力达不到标准的。

3）主承办单位举办项目资质、信誉、业绩等条件达不到标准的。

4）举办项目业绩不理想，质量不高或发生事故、受到重要投诉的。

5）经费缺乏保障的。

7. 受理工作其他条款

1）内审、初审、会审中发现项目材料不完备的，可提请项目单位加以补正，补正材料所需时间不计入受理时间。

2）休博办认为有必要时，可要求项目单位就有关项目举办事项，提供切实、有效的担保证明。

3）休博办工作人员在项目立项管理工作中，不得索取或收受项目单位的财物，不得谋取其他不正当的利益。

（三）项目合同（责任书、备忘录）

1）项目经审查通过后可以立项的，由休博办通知项目单位签订休博会培育项目合同（或责任书、备忘录），完成休博会项目立项手续。合同一经订立，应严格遵守、认真履行。

2）项目单位应按照合约规定，以休博会项目名义开展项目工作。

3）休博办和执委会工作部门受休博会执委会委托，依据项目合同对项目举办情况进行考核、评估、表彰。

四、项目管理

1. 管理要求

1）休博会培育项目实行优胜劣汰的动态管理，逐年筛选。培育项目于2006年前在杭州市培育性举办，并接受休博办的考评。通过考评的，可列为正式项目，并予以公布。但在筹备或培育性举办过程中发生严重违反项目合同（或责任书、备忘录）约定的，或者质量、档次未能达到预期要求的，休博会执委会有权根据约定取消其作为休博会项目的资格。

2）项目完成立项后，休博办对项目在宣传、促销、市场推广等方面给予支持。

3）项目立项后，当年不再接受同类项目的申报；如有两个以上主体申报同类项目，优先策划规模大、效益好、承办单位实力强的项目。经评估具有同等举办资格和实力的，可采用竞争申办的方式择优确定项目举办单位。

4）从外地引进项目立项后，当年不再接受同类项目的立项或申报。为了吸引国内外权威机构和著名展览公司到杭州举办大型会展活动，对引进国内外高档次会展活动的单位和个人实行鼓励政策。

5）西博会项目同时申报作为休博会项目的，其受理、立项程序按照西博会项目管理办法执行。由休博会执委会委托西博办与项目单位签署项目合同（或责任书），明确有关责任。

6）为加强对培育项目的扶持，培育项目在2004年、2005年期间暂不收取立项宣传费。

7）直接报名作为2006年举办的项目，由休博办收取相应的立项宣传费。

2. 收费事项

对休博会正式项目、培育项目收取立项宣传费，用于休博会品牌使用和支付项目评估、宣传和表彰奖励等工作的部分开支。

1）立项宣传费。直接申报休博会正式项目和培育项目经考评确定为正式项目的，立项宣传费为5000元。立项宣传费在项目单位与休博办签订《休博会项目实施合同（责任书）》后的五天内支付。

2）西博会项目同时申报作为休博会项目的，其立项宣传费或注册费按西博会项目管理办法执行，不再重复交纳。

3. 特别条款

以下休博会项目可区别不同情况，分别给予减免立项宣传费。

1）中央和国家机关在杭州举办的非商业性会展活动。

2）市委、市政府举办的关系杭州城市经济社会发展全局和城市形象的重要会展活动。

3）市委、市政府、休博会执委会引进并做出相关承诺的重要会展活动。

4）休博会执委会或执委会工作机构举办的公益性和宣传性活动。

5）政府部门举办的使用财政资金的特殊非盈利性会展活动。

6）国内外权威机构在杭州举办的项目。

五、项目考评

休博会项目考评、表彰办法另行公布。

思考与练习

1. 会展项目管理的概念与特征是什么？
2. 会展项目管理的过程如何？
3. 绘制甘特图与责任矩阵。
4. 会展项目管理的趋势是什么？
5. 会展项目规划阶段的内容是什么？
6. 简述会展项目评估的内容。

实　　训

1．每年 9 月，大学新生入学时往往需要采购大量生活用品。分组策划并举办一次校园迎新展，假定一起竞标迎新展方案的还有市场营销专业的学生等。应考虑如何做好策划方案并实施，能否考虑到校外拉赞助，以及争取学校支持。本门课程的学习已经到了后期，在教师指导下写出完整可行的方案。

2．每年 6 月，应届大学生即将走上工作岗位，他们有很多剩余品可以利用，分组策划举办一次换物展。假定参加换物展的有校外人士，应重点考虑如何保证项目的安全进行。

第 10 章　会展品牌与创新管理

❖ 主要知识点

1. 会展品牌的概念与标准；我国会展品牌的现状。
2. 会展品牌的创立、经营。
3. 会展创新管理的内容与流程。

❖ 学习目标

1. 了解会展品牌的概念和特征。
2. 掌握我国会展品牌的竞争力。
3. 熟悉会展品牌战略管理。
4. 理解会展品牌识别系统的规划。
5. 掌握会展品牌经营的具体内容。

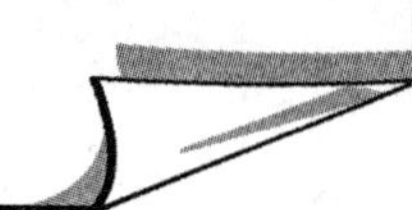

10.1　中国会展品牌竞争力分析

10.1.1　会展品牌的概念

品牌不仅仅是一种名称、术语、标记、符号或设计，还代表产品属性与功能、企业理念与文化、顾客期望与情感。任何一个希望持续发展的企业，都必须有一套理性的品牌战略规划。品牌战略规划是融策划、行销、管理、培训四位为一体的总体谋略。

会展品牌是主体对会展形成的一种心理共识、支持与赞同，参展商对会展品牌的满意与忠诚（认知空间）会形成会展品牌的无形价值和核心能力（能力空间），最终为会展企业的发展搭建一个平台（资源空间）。

随着全球化竞争的越发激烈，中国会展业从数量型走向质量型，走品牌化的健康道路是可以预见的。

10.1.2　我国会展品牌的现状

1. 龙头会展品牌已初具国际竞争力，中国一线会展城市已跃居世界前列

我国会展业在地域上集中于长江三角洲、珠江三角洲、环渤海等三地。从会展品牌角度而言，上海、广州、北京、深圳等一线城市的会展业发展最为迅速，尤其上海已经成为会展经济、会展品牌的中心。我国的龙头会展品牌已具备较强国际竞

争力。一些起步较早、发展迅速的会展项目，通过多年的摸索积淀与开拓创新，在面积、规模、举办次数高速上升的基础上，逐渐发展出极具自身特色的会展项目品牌与企业品牌。但整体而言，我国独具的成长性优势主要体现在场馆的扩张速度和商业展会项目的规模提升上，然而至今缺乏强有力的品牌组展商，成为我国会展业发展的软肋。

知识链接

我国的品牌会展

创办于1957年春季的中国进出口商品交易会即广州交易会，每年春秋两季在广州举办，至2014年已成功举办百余届，有57年的历史，是中国目前历史最长、层次最高、规模最大、商品种类最全、到会客商最多、成交效果最好的综合性国际贸易盛会。

广州国际照明展为世界规模最大、最具影响力的照明及LED行业盛事，2013年会展观众数量超过116000人，展览总面积达220000平方米。会展同期举行120场高端论坛及交流活动，探讨最新照明技术及设计新思维，拓展合作机会，首届举办的“广州国际照明展览会——阿拉丁神灯奖”成为照明展行业的一盏孔明灯，指引着行业发展的方向。

有着20多年历史的北京国际汽车展览会至今已连续成功举办了十二届，是全球汽车业界在中国每两年举办一次的重要展示活动。作为世界百强会展，北京车展依托中国巨大的汽车消费市场和快速发展的中国汽车工业，在展览规模、国际化水准、展品质量及在全球的影响力逐届提高，受到中外汽车界、新闻界和社会各界的高度关注。

2. 二线城市会展品牌意识逐渐觉醒，但发展步伐不一致

就个体而言，我国会展品牌已初步具备了国际竞争力；就整体而言，我国目前的品牌会展举办地仍高度集中在经济发达的上海、广州、北京、深圳地区，依托当地经济、政策、场馆优势，引入先进的观念，展览发展迅速，品牌效应形成效果明显。然而，其他地区的会展业仍处于发展相对迟缓的状态。虽然随着政策的调整，会展经济逐步摆脱了依托政府“供血”的状态，但观念、经济实力、管理水平的相对落后仍使我国品牌会展凤毛麟角，会展品牌整体水平较为落后。近年来，由于品牌观念的缺乏，关于会展乱象的报道层出不穷。

知识链接

挂羊头卖狗肉，展销会乱象遭媒体曝光

2012年7月底在贵阳举办的“贵阳奇石珠宝博览会”上，原本想在会展中“掘金”的各地参展商却遭到“冷遇”。交齐参展费之后，原本宣传会有大量观众前去参观的场

地竟然无人问津。会展邀请函上未标明主办方和承办方，给参展商开具的收款收据上也没有任何公章。

据《中国贸易报》报道，以精品、投资、升值为主题的“2012 第十三届北京国际珠宝展览会”不仅有高档奢华的珠宝饰品，廉价仿制的装饰性工艺品也来“凑热闹”，原本专业的珠宝展变成了“杂货铺”。

“2012 广东 · 佛山文化产业博览会”更是如同一场闹剧，在争议声中草草收场。主办方承诺的由佛山市政府协办，宣传材料上并没有相关字样。经调查，会展竟然未得到相关部门的批准。在未告知参展商的情况下，在会展同期举办了“性文化节”，使得文博会现场观众难觅。

2013 年秋季，“长沙秋冬服饰展销会”吸引会展参与商家超过 100 家，市民普遍认为“规模大，商品质量应该有保证”。然而观众事后却反映，大部分展销商品多为低档次过时商品，在宣传单上却是“时尚”商品。虽以服装为主题，但羊肉串、饰品、电饭煲、海味、药材等也充斥其中。每个展位之间以简易泡沫板隔开，一家干货店隔壁是卖足浴保健品的展位，摊主正给十多名市民免费泡脚。事后会展收到的关于产品质量、食品安全的问题层出不穷。媒体认为这只是这段时间长沙举办的众多问题展销会的其中之一，便以《会展成了假货倾销地》报道了这一乱象，这对长沙的会展产业造成了不小的打击。

因为品牌观念缺失，会展市场鱼龙混杂，许多假冒伪劣产品充斥其间，给消费者带来巨大的损失。在当下的中国，品牌观念的缺失已经制约了会展业的发展，大型会展已到了非转型不可的时候，沿袭原有的操作手法一定会被市场所淘汰。

10.1.3 制约我国会展品牌发展的错误观念

当前我国会展的发展呈现出强劲的增长势头，在会展巨大经济效益的诱惑下，会展企业和业界人士盲目乐观的评价致使人们对会展经济效益的认识产生了某些误区，对会展的承办存在着错误观念，从而制约了我国会展业的健康发展。这些观念误区主要表现为以下几个方面。

1. 单一追求合同金额

我国往往习惯于以交易金额的大小来评价会展的效益与规模。实际上，会展的效益和规模并非与合同金额的大小成正比，还体现在树立和保持良好品牌形象、密切老客户的联系、结识新客户、显示市场参与、推介新产品、巩固现有产品的市场价额和收集信息等方面。

2. 盲目攀比展馆面积

在错误观念的误导下，全国各地掀起了修建大型会展场馆的狂潮。事实上，场馆面积只要能满足相关行业的市场需求即可。企业追求的是比较优势规模，并非盲目扩张规模。例如，德国纽伦堡的玩具展，慕尼黑的建材展、激光展和高科技展，展览面积实际上都不大，有的小到仅几千平方米，但因其品牌和地位被认为是行业会展的风向标。

3. 一味强调客户流量

从主办方来看，在我国会展发展的初级阶段，参展商的展位费是会展公司的主要收入来源。为此，不少会展主办公司为了眼前利益，不管参展商的资质、展览会的定位无限制地招商。事实上，如果没有行业内的主要合作伙伴和大客户的参与，招再多参展商也无法提高会展的效益、提升会展的知名度。从参观者来看，办展企业不应一味地追求观众的数量，而应追求观众的质量。真正具有实力的专业客商和买家，才能有助于参展企业参展目的的实现。

4. 过分担心客源流失

过分担心竞争者利用空档期插入同类会展，抢走客户。在这种错误思想影响下，一些办展企业有时不得不违背办展规律，加大办展时间的密度。实际上，一方面，会展的时间安排必须与市场需求相一致；另一方面，会展主办者只要密切监测市场变化，就会拥有培养客户忠诚度的资本。

10.2　会展品牌战略管理

10.2.1　会展品牌的标准

1. 权威协会和行业代表支持

在国际上，政府一般不干预企业办展。会展的成功与否多取决于整个行业和企业对其的认可。会展企业若能得到权威行业协会和该行业内主要代表的支持与合作，就增加了该会展的商业信誉和可信度，使之规模不断扩大，并带来巨大的宣传效果和影响力。

2. 代表行业的发展方向

代表行业的发展方向是品牌会展的重要特征。能代表行业发展方向的会展，就会有明确的目标市场和目标客户，就能提供几乎涵盖这个行业的所有信息。会展提供的信息越全面、专业，观众就越积极，参展企业也就越踊跃。

3. 提供专业的会展服务

专业会展服务要求会展业的整个运作过程迅速高效、服务周到。从市场调研、主题方向、寻求合作、广告宣传、招展手段、观众组织、活动安排、现场气氛营造、会展服务，甚至包括会展企业对外文件、信函的格式化、标准化都须具备较高的专业水平。

4. 配合强势的媒体宣传

新闻媒体宣传是塑造品牌的一个重要环节。一个好的会展虽然在行业本身有一定的知名度，但频繁的新闻报道和适当的“炒作”更能促进会展宣传，以此形成良性互动，使会展更具吸引力。世界上几家著名的贸易展览公司如 Miller Freeman 和 Reed 集团同时都经营着世界上著名的商业出版社。这些得天独厚的条件为其会展的品牌提供了竞争优势和条件。

5. 获得“UFI”的资格认可

国际展览业联盟（Union of International Fairs，UFI）对申请加入其协会的展览项目和主办单位有着严格的要求及详细的审查程序。由于有了这套较为成熟的资质评估制度，UFI 资格认可和 UFI 使用标记就成了名牌展览会的重要标志。

6. 坚持长期的品牌战略

培养一个品牌会展并不容易，必须有长远眼光，要敢于投资、敢于承担风险、精心呵护、耐心培育。会展企业必须确立长远的品牌发展战略，从短期的价格竞争转向谋取附加值、无形资产的长期竞争，用先进的品牌营销策略与品牌管理技术抢占会展市场的制高点。要培养我国会展业的品牌会展，首先就是经营与管理者要树立牢固的品牌观念，认识到走品牌化的发展道路，才是中国会展业持续、健康发展的唯一途径，并从场馆的设计、主题的选择、会展的规划、会展的组织与管理等方面，来具体实施会展业品牌化发展。

10.2.2 会展品牌的创立

1. 会展品牌的形象定位

（1）特色定位

特色定位即根据会展某些鲜明的特色来定位。此种特色应该是参展商和观众所关注的，并且能为他们带来利益。例如，义乌小商品博览会的特色定位就是以会展举办地“小商品的海洋，购物者的天堂”为宣传特色，效果十分鲜明。

（2）利益定位

利益定位即把会展能带给参展商和观众的主要利益作为会展定位的基础。例如，在上海举办的跨国采购洽谈会就是将参展商和观众所获得的主要利益作为定位的源泉。

（3）功能定位

功能定位即根据会展的主要功能来定位。例如，对会展成交、信息、发布和展示四大主要功能进行分类与统计，使这四大功能在同类会展竞争中突显品牌优势，从而将会展品牌提升到产业发展的平台。

（4）价格定位

价格定位即将会展品牌形象定位为“高质高价”或“高质平价”，是一般会展组织者经常采取的方法。从某种意义上说，在进行价格定位时，会展的品质就已经表现出会展组织者所提供的服务品质。

（5）类别定位

类别定位即将本次会展与某些特定类别的会展联系起来，可以将会展市场细分为若干个细分市场，如出口型的会展、国内成交型的会展、地区型的会展等，可以对照某会展品牌的实际情况进行归类。

2. 会展品牌的识别系统

（1）会展品牌的理念系统

会展品牌的理念系统（mind identity，MI）是品牌最核心的内容，是在对目标受众的文化特征、消费心理需求分析的基础上，对会展品牌进行观念和口号的提出、个性的塑造及价值观的提炼，为未来的品牌建设与延伸奠定基础。

（2）会展品牌的视觉识别系统

会展品牌的视觉识别系统包括会展 LOGO 的设计、产品的包装设计、环境的设计及会展企业形象的设计。具体包括会徽、招商手册、参展指南、广告牌、车体广告、会刊、资料袋、邮寄信封、网站、宣传礼品、开幕式背景、展厅布置、促销广告、工作人员服饰等。

知识链接

2010 年上海世界博览会会徽

2010 年上海世界博览会（世博会）会徽如图 10.1 所示，会徽中三人合臂相拥的图形形似美满幸福、相携同乐的三口之家；也可抽象概括为“你、我、他”的全人类，表达了世博会“理解、沟通、欢聚、合作”的理念，洋溢着崇尚和谐、聚合的中华民族精神，体现了 2010 年上海世博会以人为本的积极追求。会徽图案形似汉字“世”，并与数字“2010”巧妙组合，相得益彰，表达了中国人民举办一届属于世界的、多元文化融合的博览盛会的强烈愿望。会徽以绿色为主色调，富有生命活力，增添了向上、升腾、明快的动感和意蕴，抒发了中国人民面向未来、追求可持续发展的创造激情。汉字书法的“世”字与 2008 年北京奥运会会徽——篆刻的“京”字交相辉映，有异曲同工之妙，寓意着 21 世纪初两项超大型国际活动在中国举办，倾诉着中国人民在融入世界的同时，弘扬传统文化的不懈努力。

图 10.1　2010 年上海世博会会徽

（3）会展品牌的行为识别系统

会展品牌的行为识别系统（behavior identity，BI）包括会展品牌的延伸计划、传播行为与规范、品牌的输出行为、禁止行为及相应管理规范等。例如，对与国内外会展代理机构的联系、与政府和行业协会的关系、对外公众形象、客户的价值回报等方面进行的系统规划。

3. 会展品牌的规划过程

（1）品牌的建立阶段

会展品牌的建立阶段主要是运用组织系统对品牌的识别要素，加以实体性视觉化表现的过程。其中的工作包括品牌名称、视觉表现系统和品牌标识语等创建。

1）品牌名称的建立。一个好的品牌名称是至关重要的，因为品牌的名称其实就是整个品牌营销大战的序幕——序幕越精彩，越能吸引人，就越能为以后的品牌整合传播提供更为坚实、广阔的发展空间。

2）视觉表现系统的建立。视觉表现系统主要分为基础系统和应用系统。基础系统包括标准字、标准色、标准图案等。应用系统则包括办公用品应用、包装用品应用、交通工具应用、指示应用、销售应用、促销用品应用、产品标志应用、服饰应用等。

3）品牌标识语的确定。品牌标识语是与品牌的整体推广密切相关的，必须从视觉识别中独立出来，加以充分地重视。

（2）品牌的推广阶段

1）推广品牌识别，主要运用媒介系统对品牌进行整合营销传播，在实践中建立品牌的四个识别要素：品牌核心价值、品牌定位、品牌理念和品牌个性。

2）推广品牌形象，主要通过丰富多彩的媒介形式和营销组合，实施视觉表现系统，组织展览展示活动，真正把品牌形象做到消费者的心目中。

3）累积品牌资产，主要包括品牌知名度、品牌认知度、品牌美誉度、品牌联想、品牌忠诚度及其他专属财产。

4. 品牌的管理阶段

1）品牌的有效延伸决策，主要是指评估各阶段的营销状况，判断是否有必要引入颇具竞争力的新商品，以加强品牌的活性化，满足消费者的最新需求。

2）品牌资产长远的科学规划和管理，主要是指品牌知名度、品牌认知度、品牌美誉度、品牌联想、品牌忠诚度，以及其他专属财产等的长远规划和管理。

3）品牌的改善和创新，主要是根据市场环境和竞争对手的变化，进行品牌的产品、技术、传播、通路、组织、管理等方面的检讨和创新决策。

4）品牌的长期传播规划和管理，主要是指未来五年的广告投放策略、促销组合方案、整合传播决策方案等。

10.2.3 会展品牌的经营

1. 会展品牌的经营原则

（1）市场导向原则

市场导向原则即从会展目标参展商和观众的需求出发，通过会展品牌经营来促成目标参展商和观众对会展的认同，促成会展与参展商及观众之间建立一种共赢共荣的关系。

（2）确定目标原则

确定目标原则即通过会展品牌经营，使会展在业界为人知晓，赢得目标参展商和观众对会展品质的认知，提高他们对会展品牌的忠诚度，促使他们产生积极的会展品牌联想，最终在市场上形成品牌产权。会展品牌经营要围绕上述目标进行。

（3）系统规划原则

系统规划原则即会展品牌建设本身是一个富有层次性的系统工程，会展品牌经营要具有全局的视野、多层次的协调、多角度的长远规划。

（4）针对明确原则

针对明确原则即会展品牌经营的主要对象是会展的目标参展商和观众、会展的服务商及办展机构的员工，是极具针对性的。

（5）履行诚信原则

会展最终失败的重要原因之一就是未实现自己最初对市场做出的“承诺”。一旦市场发现自己被某会展所欺骗，市场就会“抛弃”该会展，该会展在市场上遂无立足之地。

2. 会展品牌的经营过程

（1）形成会展品牌产权

会展品牌经营的主要目的，是通过对会展进行品牌化经营，来提高会展的影响力和市场占有率，并努力使本会展在该题材的会展市场上形成相对垄断，也就是形成“品牌产权”。

某个会展一旦在市场上形成品牌产权，就能在激烈的市场竞争中占据有利地位，就会拥有品牌知名、品质认知、品牌忠诚、品牌联想四大核心资产，这些资产是会展展开市场竞争最有力的武器。品牌代表着一种被市场认可的品质，它不仅可以用来宣传会展，更是会展用来吸引参展商和观众，进而拥有该题材展览市场的法宝。

（2）提升会展的品牌知名度

会展知名度分为以下四个层次。

1）无知名度，即会展的目标参展商和观众不知道该会展及其品牌。

2）提示知名度，就是经过提示后，被访问者会记起某个会展及其品牌。

3）未提示知名度，即不必经过提示，被访问者就能够记起某个会展及其品牌。

4）第一提及知名度，就是即使没有任何提示，当一提到某一种题材的会展时，被访问者就立即记起某个会展及其品牌。

提升会展品牌知名度，就是要使会展品牌逐步从无知名度走向第一提及知名度。这样，会展才会被其目标参展商和观众作为首选的对象。

（3）扩大会展的品质认知度

会展品质认知度是指目标参展商和观众对会展的整体品质或优越性的感知程度，它使参展商和观众对会展的品质做出“好”与“坏”的判断；对会展的档次做出“高”与“低”的评价。品质认知度对于会展发展具有重要意义。

（4）创造会展的品牌联想度

会展品牌联想是指在目标参展商和观众的记忆中与该会展相关的各种联想，包括对会展类别、会展品质、会展服务、会展价值和顾客在会展中的利益等的判断和想法。会展品牌联想有积极联想和消极联想之分。积极的会展品牌联想有利于强化会展的差异化竞争优势，它可使目标参展商和观众对会展的认知更趋于全面，并可帮助目标参展商和观众进行参展（参观）决策选择，促使他们积极参加会展。会展品牌经营的任务之一就是要通过营销等各种手段，努力促使目标参展商和观众对会展产生积极的品牌联想。

（5）强化会展的品牌忠诚度

目标参展商和观众对会展品牌的忠诚度越高，就越倾向于参加该会展。否则，他们就有可能放弃该会展。品牌忠诚度可以分为以下五个层次。

1）无忠诚度。参展商和观众对该会展没有感情，可能随时抛弃该会展而转投其他会展。

2）习惯参加某会展。参展商和观众基于惯性而参加某会展，他们处于一种可以参加该会展，也可以参加其他会展的状态，容易受竞争会展的影响。

3）对该会展满意。参展商和观众对该会展感到基本满意，不太倾向于参加其他会展。对他们而言，参加其他会展存在着较多的时间、财务和适应性等方面的转换成本。

4）情感参加者。参展商和观众发自内心地喜欢该会展，对该会展表示由衷的赞赏，有着深厚的感情。

5）忠诚参加者。参展商和观众不仅积极参加该会展，并积极向他人推荐该会展。

提升目标参展商和观众的品牌忠诚度，就是要不断扩大会展情感购买者和忠诚购买者的队伍，使该会展成为行业的旗帜和方向标。拥有较多的、具有较高品牌忠诚度的参展商和观众的会展，必将成为最著名和最具影响力的会展。

3. 会展品牌的经营策略

（1）制定品牌战略

培育我国会展业的品牌会展，关键是经营者与管理者要树立会展品牌现代化，才是中国会展业持续、健康发展的唯一途径的观念，并在场馆的设计、主题的选择、会展的规划、会展的组织与管理等方面，贯彻实施会展品牌化的战略。

（2）提升品牌质量

提升品牌质量主要从会展的硬件和软件两方面入手。会展硬件设施是影响品牌质量的重要因素。国际上著名的品牌展览会所使用的设备往往是最先进的。因此，会展公司要实现会展品牌质的飞跃，必须加大资金投入，不失时机地更新会展的硬件设备。会展的软件服务，一方面要求会展企业加大专业人才的引进力度，另一方面会展企业应积极加入国际性的会展组织，通过这些途径实现会展服务与国际的接轨。

（3）拓展品牌空间

会展品牌的拓展空间具有三维性，即时间、空间和价值。时间是指品牌的影响力，随着时间的延续而不断发散和扩张。一般来说，会展时间越长，参展商与专业观众之间的交流就越充分，会展的效果也就越显著。国外会展的展出时间约为10天，而我国的会展往往仅为3～5天，这对于会展品牌的拓展是远远不够的。空间指品牌在地域上的扩张。例如，德国汉诺威展览公司通过在上海举办的汉诺威办公自动公展（CEBLL），成功地迈出了世界性扩张的第一步。价值则指品牌作为会展企业的无形资产，其经济价值的含量是可以增加的。品牌价值的提升为会展业品牌在时间上和空间上的拓展创造了条件。

（4）打造品牌网络

如今，网络在人们的日常生活中已成为第二空间。我国会展业应该充分利用网络信息资源，打造出知名的中国会展网络品牌。网络品牌的建立有赖于企业网络形象的塑造、网络会展的建设及网络营销的开展等。借助网络优势可开发出形象、生动、交互性能良好、功能强大的网络会展平台。

（5）扩大品牌宣传

在网络世界，品牌的推广可以通过各种渠道实现。其一，将网络资源登录到国内外知名的搜索引擎上，便于人们建立相关的链接，对于这种专业性比较强的行业来说，该方式可能是较为有效的。其二，与网民展开互动型的公关活动，可以达到网络品牌推广的目的。

知识链接

会展“晚市”

在会展业发达的香港，主办方或参展商为激发民众的参与热情，经常会以吸引人的噱头制造轰动的效应，提升舆论的价值。首先，为顾及香港上班一族的作息时间，很多展览都增设“晚市”，让白领也可以感受热闹的气氛，同时将比较优惠的商品带回家。其次，商家为扩大知名度，不惜下重本来吸引公众的视线，如“一元钱铲鲍鱼”由于话题劲爆，整个片区挤满了人，成为那几天香港人茶余饭后都提及的话题，也成为会展的免费推广手段。

10.3　会展创新管理

10.3.1　会展创新的背景与意义

会展专业化、规模化、品牌化是未来会展发展的重要趋势。当今世界会展业发达的地区均形成了相对固定的品牌会展，会展的配套活动丰富多彩，一方面深化了会展自身品牌，另一方面也强化了会展城市的个性特色。在品牌管理中，顺应国际会展业发展的潮流，探索国内外会展业的发展趋势，大力创新，增强我国会展业的竞争力，成为一项摆在会展业面前的紧迫任务。

10.3.2　会展创新的内容

1. 观念创新

促进会展品牌的创新，必须牢固确立“自主创新”的观念，摆脱以往人有我有、以短期经济效益为导向的落后思想。充分了解会展管理与服务的机理，认识会展经济的运作原理，积极借鉴并吸收国内外的先进经验，使各个方面的资源互动起来，形成会展品牌发展的联合动力机制，打造具有自身特色与优势的服务、管理体系与特色。整合资源，强强联手，将会展办好、办大、办久。

2. 主题创新

21 世纪，社会进入以感性为主导的个性化时代，随着会展业市场的日益成熟，一题多展的乱象将不会受到消费者乃至全行业的青睐，会展将形成更为市场化、透明化的环境。价格、规模的透明化及同类会展的激烈竞争，使市场对价格的敏感度降低，但相应地，市场对会展的质量与主题特色的重视程度也会大大提升。

在这种环境下，主题将成为吸引参展商与观众的重要筹码。根据时代需求、企业个性设置会展个性主题，是会展企业增强核心竞争力的有效途径。

3. 技术创新

随着科技的发展，在作为行业风向标的会展行业中引入先进的技术作为创新亮点，已经是行业日渐兴起的潮流。

线上，随着大数据、云计算、物联网等趋势的兴起，会展运营将告别以单一的线下沟通、销售、服务、售后的“冷兵器时代”。线上技术将在一定程度上取代原有冗长的工作流程，为企业进行客户关系管理与甄选、营销策略制定、服务流程监控等一系列工作。

线下，3D 打印等各类技术将在会展的搭建、安保、个性化体验等一系列实际操作流程上为企业节省空间，并满足参展商、观众的个性化需求。

知识链接

香港会展业与电子科学技术

香港会展业与电子科学技术结合紧密，大会每年都会推出新的元素刺激行业发展。例如，2013 年美食博览，组委会就将移动端 APP 进行了升级，方便不熟悉会展中心的参展商和观众免费下载。使用者只要输入想到达的场地代码或客户名称，这个 APP 就会显示出使用者现在的位置与目的地之间的最佳路线图，而且自带立体效果。此外，这个 APP 也会提示当天会展的最新安排的注意事项，让参展商和观众都不会错过大型表演、比赛、试吃等活动。

4. 管理创新

互联网的冲击使企业与顾客的接触面大大增加，这对会展企业在传统的市场部门、服务部门的架构与设置上提出了创新的要求。一方面，企业要在各部门加大互联网技术的投入与应用。另一方面，市场部门、服务部门一对多的传统模式将难以令顾客满意。企业须设身处地地根据顾客的特征选择合适的切入面，进行具有人情味的个性化一对一服务。同时，以销售业绩为主的传统企业制度需要更改，对技术革新敏感的触觉将成为市场部门必不可少的竞争力。

5. 产品创新

随着互联网时代的到来，市场与顾客之间购买商品、了解信息的成本大大降低，商家通过参加会展得到宣传与销售的意义将会降低。会展企业在提供传统的展位服务的同时，也应该整合自身技术，利用互联网与自媒体，适时为顾客提供各种渠道的展示平台，进行配套活动、线上营销活动。将简单的展位产品打包为高附加值的整合营销服务产品，提高顾客满意度，顺应潮流。

10.3.3　会展创新的流程

尽管在会展行业中创新的形式多种多样，各环节创新的手段不尽相同。但是从各企业的创新经验中，总结出会展创新的具体流程有以下几个。

1. 了解需求，找出落差

创新的源动力是对现状的不满意，会展企业通过市场专员或外部机构从自有或其他会展中了解顾客的需求，或自身在办展中出现的难题，再结合企业资源了解现有需求与现状的落差，找到可以改进、创新的突破口。

2. 整合资源，客观判断

在了解现有问题后，企业应整合现有内外部资源，了解该问题产生的原因和解决方案及成本，初步确定该问题是否具有改进的可操作性。

3. 寻找技术，解决问题

会展行业中，产生问题的主要原因通常为技术的落后及管理的纰漏。如果该问题具有改进的可操作性，在整合资源并了解问题症结后，企业可启动解决此问题的技术或自身改进方案。

4. 评估效果，汇总归档

实施创新举措的过程中，应记录此举措所产生的效果与问题，以便在实施后评估该措施的实际效果。评估后，应将资料存档，为日后沿用或改进该方案提供指导。

10.3.4　会展创新最常见的问题

会展企业创新中通常会遇到类似的问题，即创新的举措高度透明化，极易被竞争对手抄袭和模仿。且不管会展企业在创新中投入资源的多少，创新一旦被消费者接纳，将很快被人们认为是行业的标杆。企业若在以后不能沿用此举措，将会引起消费者极大的不满。企业若脱离经济效益，盲目投入创新中，有可能导致严重的亏损与企业人力、物力的损耗。

因此，企业应在创新与增加经济效益两者之间选择双赢的方案，根据自己的实际情况决定可以进行创新的方面，以及把工作重心放回基础管理的时机。这两者的度并没有绝对的标准答案，企业可以通过对自身的测算及国内外经验的参考得出结论。

知识链接

ISPO CHINA 如何走品牌营销之路

慕尼黑国际体育用品贸易博览会（简称 ISPO）是世界上规模最大的体育用品博览

会，每年冬夏两届在德国慕尼黑举办，迄今为止已经举办了62届。2005年3月14～17日在上海新国际博览中心举办了首届亚洲国际品牌体育用品及运动时尚博览会（ISPO CHINA），这是德国会展公司将成熟的国际品牌会展又一次移植到中国举办的案例。

1. ISPO的发展历史

每年两次的ISPO有着悠久辉煌的历史。ISPO是目前世界上体育用品及运动时装行业最大的综合博览会，它的展品涵盖体育产业的所有重要类别。ISPO Munich（ISPO慕尼黑）是西欧及东欧体育用品的贸易中心，其影响力辐射多达四亿终端消费者。对于专业人士来说，它更是一次重要的盛会，品牌商、零售商、分销商、设计师、媒体及运动员共同组建成国际运动界的专业平台。ISPO起初只在每年春季举办一次，1970年春季第一届ISPO拉开帷幕，在占地45000平方米的贸易博览会上汇集了来自24个国家的828家参展商，以及来自35个国家的10770位参观商。为适应瞬息万变的市场及对展示夏季体育用品日益增长的需求，直到1979年——ISPO成立十周年的时候，开始增加"秋季ISPO"。当年，约80000平方米的展馆面积被1000多家参展商占满，接待了来自56个国家的25000位参观商，之后这些数字持续增长。1986年，占地110000平方米的春季ISPO，1358家参展商总共接待了34500位参观商；而同年秋季ISPO上，120000平方米的展览会上，有1542个品牌产品，更是吸引了37000位参观商参展。自1995年起，国外展台面积已有2倍以上的增长。

随着ISPO的不断壮大，慕尼黑展览中心尽管增建了不少展厅，但无论从建筑学还是技术标准上看，都难以满足会展组织机构的要求。展览空间的需求仍远远滞后于展览规模的迅速增长，因此，慕尼黑展览中心在郊区觅得一块新地建造最现代化的展览场馆。同时考虑到季节的变化，在春季ISPO和秋季ISPO都在日期上向前做出调整，成为现在众所周知的冬季ISPO和夏季ISPO。

1997年12月，展览会的所有设备都被运往新址，这是一座具有12个巨大空间并配有先进基础设施的全新展馆。如今，在160000平方米的展馆里，ISPO可接待约55000位参观商和17000位参展商，同时它还在不断建造新的展馆、开拓新的空间。在2004年夏季和冬季ISPO，国外参展商和贸易参观商领略了这一新的规模与视眼，参展商与贸易商数量稳步增长。

2. ISPO CHINA的理念

ISPO的办展理念是始终向客户承诺提供"更多"：更多的论坛；更多的活动；向零售商提供更多附加值的服务，如社团高峰会议、特别活动策划、专题讨论、评奖、开业计划、行业聚会活动等，以市场驱动型为核心内容。ISPO CHINA理念源于其在德国慕尼黑长期主办ISPO的经验，以及德国慕尼黑展览公司与中方合作者在本土的丰富资源，遵循专业指导方针以推动体育用品市场的积极健康发展。

3. 展览LOGO设计与子品牌开发

ISPO展览LOGO设计的基本原则：简洁、易记、象征意义。夏冬两季ISPO的LOGO主图设计分别为"太阳"与"雪花"，夏季LOGO为红白两色且带着跳动火焰的太阳图案，容易使人联想到跳跃的青春、澎湃的激情和永远的希望；冬季LOGO为蓝白两色六边形雪花图案，使人联想到纯洁、理性、运动的乐趣，产生幸福的感觉（西方人认为雪花是幸福的象征)。

4. ISPO及ISPO CHINA经营的主要模式

1)唯品牌参展。ISPO CHINA对参展产品的高质量高度重视,对参展品牌精挑细选,严格把关。ISPO CHINA为求质舍弃求量。为确保参展运动品牌和产品都是精品,ISPO CHINA只允许原创品牌、正牌运动产品及特许经销商参展。参展商须是原创品牌、正牌产品的持有者,杜绝外包公司、制造商及仿制品鱼龙混杂的情况,从而保障了品牌展览的质量。在ISPO CHINA中,ISPO CHINA为参展商及贸易观众提供下季产品的第一手信息,让客户紧跟时尚脚步,同时规定各品牌与其同行及竞争者一起参展,各品牌的展出面积严格限制在150平方米以内,以控制不当竞争的行为发生。

2)工作氛围。ISPO CHINA紧扣信息与业务交流环节,在展位设计、交流区域、讲座和分主题论坛中着重体现这一清晰的定位。参展商通过展览可以结识众多的零售商,也可参加专题论坛和研讨会以优化参展商的产品营销。展馆具有六个独立的运动主题区域,并集中管理参展商不协调的背景音乐,使得和谐的音乐创造一种特别的工作氛围。ISPO CHINA开放前三天为贸易日(trade day),只对零售商、分销商及媒体开放。第四天为public day,展览对公众开放,让公众感受运动用品领域的新技术及国际知名品牌的风采。

3)六大主题区域。ISPO CHINA品牌和产品分为六个主题:①雪类/户外运动;②板类运动/青年时尚;③团体运动;④健身/健美;⑤运动时尚;⑥高尔夫。这些分类反映了当今运动用品市场中最具活力、最重要的几个方面。在这四天的展期中,体育用品界将把目光投向中国,而上海则成为体育用品品牌与产品的展示中心,成为亚太地区体育用品市场最重要的专业平台。

4)创新造就品牌。ISPO经历了多年的发展历程,创新是其保持长久不衰并做成体育用品行业世界最大品牌展的秘诀。创新首先体现在展品范围及题材的不断调整和补充上。ISPO虽然属于专业展,但涵盖面很广,其分项目一直处于变化之中,近年来已明显趋向于按运动项目分类。新项目也越来越时尚,如滑板(运动)、滑道(运动)、户外(运动)等。为了统一形象,各分项目后缀了ISPO,如running-ispo(跑步ispo)、sportwear-ispo(运动服ispo)、beachwear-ispo(沙滩装ispo)、fitness-ispo(健身ispo)、boad-ispo(滑板ispo)、outdoor-ispo(户外ispo)、inline-ispo(滑道ispo)、teamsports-ispo(团队ispo)等。其实,每个项目都是一个专业展。例如,跑步ispo从专用服装、跑鞋到五花八门的跑步器械无所不包。

5. ISPO网络营销

ISPO注重在线服务,在展览网站(www.ispo.com)建设方面不遗余力,网站月更新高达四次,参展商和专业观众可通过网站完成预约登记。网站还将每一分区做成独立网页,类似小网站,配备专人负责与社区成员在线沟通,倾听客户声音,提供专业服务,从而使社区成员形成强烈的"归属感"。基于中国内地与中国香港是ISPO最大参展群体,2/3以上的体育用品产于中国,ISPO网站提供多语言版本,包括中文在内的高达八种语言。ISPO强大的在线服务功能建设也促成了ISPO卡的成功发行。

思考与练习

1. 目前国内会展的品牌观念误区有哪些？
2. 品牌会展的标准是什么？
3. 如何创立会展品牌？
4. 会展品牌形象定位如何界定？
5. 进行会展品牌识别系统规划时应该注意哪些方面？
6. 发挥想象力，提出会展活动创新的新举措。

实　　训

1. 茶叶展、美食博览节、书展的参展观众非常多，甚至需要限制人流。分组分析以上3种会展的国内知名品牌，选取最具代表性三个品牌进行汇报。

2. 搜索我国最知名的会展场馆与会展项目的相关资料，分析其创新点。

第 11 章　会展风险管理

❖ 主要知识点

1. 会展风险的类型；会展风险管理机制。
2. 会展安全考察；会展风险识别与规整；会展风险衡量与评估、监控。
3. 会展风险的控制与处理程序、方法。

❖ 学习目标

1. 了解会展风险管理的意义。
2. 了解会展风险的类型。
3. 掌握会展预警评估的过程。
4. 掌握会展风险的控制与处理。

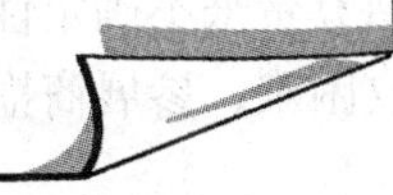

11.1　会展风险管理概述

11.1.1　风险与安全

风险是指可能发生的危险；安全是指没有危险，不受威胁，不出事故。风险管理是识别、确定、控制和最小化风险，并平衡采取这些措施所获得的收益与所花费的运行成本、经济成本之间关系的一个过程；安全管理是指建立和维护保护措施，以确保处于一种不被敌对行为所影响或侵犯的状态。通过以上四个定义的解释，风险与安全、风险管理与安全管理的异同点如下。

风险与安全：风险与安全都涉及危险性问题，风险系数的可能性为 0～100，当风险系数为零时，则是安全状态。因此，风险是动态的，而安全则是静态的。

风险管理与安全管理：它们的目的是相同的，即防止危害和事故；采用的手段也基本相同，即通过预测、计划、控制等方式。但在目标程度上有差异，安全管理的目标是完全消除危害和危险，而风险管理的目标是尽可能最小化危险，因此风险管理是一种动态的安全管理方法学。例如，对于设备和工程建设一般会用安全管理，也就是说，设备或工程建设管理的目标是不出现设备损坏或人员伤害。对于项目投资一般会用风险管理，即项目投资的目标是把可能带来的投资损失降到最低。当然，其中的界限并不明显，有时也会把投资风险管理说成投资安全管理，因此在不少文献中，安全管理和风险管理的概念是混用的。

11.1.2　会展风险的类型

1. 经营风险

经营风险指因会展办展方内部问题造成的风险。例如，办展方对宣传的失误导致入场观众少，招商不力、服务环节缺漏导致参展商罢展等一系列事件。但由于经营风险的原因大多来自企业本身，故很多经营风险其实是可以避免的。

2. 不可抗力风险

不可抗力风险指个人及企业难以抗拒的，会对整个行业造成打击的风险，如自然灾害、战争、瘟疫、金融风暴等。一般来说，企业或个人只能通过一定措施尽力降低不可抗力因素造成的损失而不能克服不可抗力风险。

3. 财务风险

财务风险指会展运营、筹备过程当中，由于企业投入自有资金或贷款举办会展给财务结算带来不确定性而造成的风险，财务风险具有摧毁会展的可能性。例如，广告费用追收困难、参展商拖欠费用等问题都可能造成办展方出现财务危机。

4. 技术风险

随着科技的进步，会展对各类技术的依赖加强。技术风险则是指由于设备故障、技术人员操作失误造成的风险。例如，产品展示期间，用于展示的计算机失灵造成的顾客对产品的第一印象降低。

5. 人员风险

人员风险指的是会展的组织者、参展商、会展的兼职人员在会展中由于突发意外、薪资问题、内部矛盾等原因发生伤亡或不得不离开岗位的情况。由于会展人员成分构成复杂，展馆成了人员风险的高发地。人员风险会造成会展工作人员的不足及使主办方陷入医疗、法律的一系列纠纷中。

6. 合作风险

合作风险指办展方与各合作单位、场馆、服务商、中介商之间在办展目标、方式、报酬、条件上可能出现的不协调，对会展产生不良后果。合作风险常出现于联合办展之中，一旦出现，办展方内部沟通、协调成本会大大增加。

11.1.3　会展风险管理的意义

展览、会议或大型活动在选择举办地时，很重要的一个方面是其安全环境，该城市或该地区能否提供足够的安全保障，能否有效地规避可能遇到的风险，在以往的活动过程中是否发生过安全事件，当地发生自然灾害的频率如何，当地的社会治安状况如何等，所有这些考察内容都与风险规避有关，如果某个地区在安全环境方面有优势，则对于会展业的发展会带来促进作用。考察会展业发达的城市，如德国汉诺威、杜塞尔多夫市和慕尼黑，法国巴黎，新加坡，中国香港等，这些国家和城市可能不是经济最发达的地区，却是安全事故发生频率很低的地区，良好的自然环境及严密的安全管理，使得它们成为会展城市中的佼佼者。因此，会展的安全和风险管理对于推动行业的发展、提高城市形象有着重要的意义。

11.1.4 会展风险管理的机制

1. 设立风险预警与处理机构

在会展筹建之初，办展方应在项目组内设立会展风险分析和风险管理机构，将风险分析与风险管理的职责落实到风险管理机构内。

2. 建立体系，预测风险

建立风险预警与处理机构后，通过机构对会展进行全方位调查、监控，找出所有可能对会展产生不良影响的风险，对所找到的风险进行预测与评估。

3. 认识风险，评定认证

在对会展存在的风险进行初步的认识与了解后，对所收集到的风险进行分类、排序，根据排序确定风险出现时处理的先后顺序。通过对风险的划分与定级，制定适用于不同风险等级、种类的应急策略。

4. 演练与培训

制定应急策略后，由风险管理部门牵头，组织相关人员进行风险发生的演练与培训。通过在演练中发现应急机制问题，予以修改。在制定合理的预案后，对全体人员进行应急培训，提高全体人员对风险的认识、敏感度与处理的熟练度。

5. 监督与实操

在实际会展中，风险管理部门运用日常培训的机制对存在的风险进行监督与预测，纵观全局，结合人员与技术，建立成熟的观测系统与反应机制，一旦风险变成危险正式出现时，快速应对，减少损失，阻止危险进一步扩大。

6. 总结与评估

险情解决后，应由办展方领导牵头，危机管理部门主抓，迅速成立危机调查组，分析危险出现的原因，了解原有机制出现的问题。立即摸查暗藏的类似风险的隐患，对制度、风险预警制度进一步进行优化，逐步形成具有指导意义的风险管理机制。

11.2　会展风险的预警评估

会展风险的预警评估是风险管理的重要基石，通过预警评估，办展方才能找到会展可能面临的风险，建立预警机制，对风险进行必要的控制。

11.2.1　安全考察

在进行风险识别前，安全考察是不可或缺的一个重要环节，只有对现场环境充分了解之后，风险分析才会有根据。安全考察的内容包括以下几个主要方面。

1）场馆的面积和建筑物的承受程度。包括场馆的跨度、各场馆的净高、支撑柱之间的距离、地面的承受能力、建筑屋顶的承载能力等，这些数据对于风险的识别和衡量极为重要。

2）通道和出口的大小、数量，出口和距出口最远点的距离。这些数据的采集主要是用于分析风险发生后可能带来的危害，是风险衡量的重要参数。

3）消防设施的完备和工作状态。了解现有消防设施的配置状况，是否按照建筑规范配备消防设施，消防设施是否按期检查和维护，保证其随时处于工作状态。

4）安全监控设备的可靠度。安全监控设备主要包括场馆监视器、安检门、安检输送带等，在进行安全考察时，要了解安全监视器的数量及安放位置，保证重点防范区域都在被监控的范围之内。同时要完整地保存安全监控资料，以便在需要时能及时查找。

5）交通条件。交通条件包括场馆内部的人流通道，也包括场馆外部（包括周边的）交通条件。内部的人流通道主要考虑人流的流向及疏散路线，场馆外部（包括周边）的交通条件主要考虑车流。

6）会展设备的安全状况。在进行安全检查时，还需检查会展过程中所需使用的设备和设施的安全状况，如中央空调（通风）系统、电梯、通信设施、广播系统、音像系统等，一方面要检查其是否存在安全隐患，另一方面要保证其处于正常的工作状态。

7）安全管理职能。除了考虑以上硬件因素外，安全和风险管理机构及职能也是安全考察的一个重要内容，运作高效和经验丰富的安全管理队伍是安全与风险管理的重要保证。因此，在安全考察中要重点考察场馆安全保障机构、安全保障的组织职能和分工，还要考察保卫力量的配置和素质等。

11.2.2　风险识别

识别风险是风险预警的第一步，也是风险控制管理的第一步。识别风险具有减少不确定性、照顾风险源、确定风险后果的作用。

识别实施过程中可能遇到的风险源。通过一系列反复的持续性的操作，运用客观数据、风险记录加上感性认识与经验进行判断，找出风险源。头脑风暴法、德尔菲法、访谈法、问卷调查法等是日常运用的识别风险的重要手段。

识别风险需要明确风险源并对风险进行必要的分类。分类完成后，应对风险源进行必要的量化。

知识链接

会展风险识别的方法

风险识别一般采用的方法是定性方法，这与其他问题的定性分析方法相同，主要包括头脑风暴法、访谈法、情景分析法、因果分析法、保单对照法等。

1）头脑风暴法。这种方法对于风险的识别非常有用。该方法是将有关的专业人士、管理人员和一般场馆工作人员聚集在一起，就某项活动可能涉及的安全风险进行开放式的讨论，大家在会上畅所欲言，激发灵感，用创造性的思维来寻找安全和风险信息。这种方法在操作时既要人们开怀畅谈，又要控制主题。

2）访谈法。访谈法是对在会展工作的各阶层员工进行访谈，了解其在会议、展览或活动过程中曾经出现过的问题或者潜在的隐患。在访谈过程中应该让员工尽可能回顾发现的问题，即使是细节也不要忽视，只有这样才能列明风险类型。

3）情景分析法。该方法是模拟可能发生的事故，通过这些事故了解场馆设施和场馆管理方面可能出现的问题。例如，可以在场馆内模拟出现了恐怖袭击，这时可了解对于场馆设施来说是否有足够的逃生通道，是否有紧急照明装置，广播系统是否能开启，事故现场能否及时沟通和控制等。通过对多个重要场景的模拟和分析，可以对场馆可能存在的总体风险进行识别。具体来说，情景分析法可以是现场模拟，也可以通过会议讨论，还可以利用计算机软件进行模拟。

4）因果分析法（故障树法）。这种分析方法是从活动过程中可能出现的风险后果出发，反推出在哪些地方和方面会出现不安全隐患，采用的是倒推的方法。例如，假设在某酒店举办一个珠宝展销会，在对其进行风险评估时，就可从人员风险、珠宝风险、酒店设施风险等方面来考虑。具体来说可以采用画鱼骨图或树状图的方式。

5）保单对照法。保单对照法是由保险公司将其现行出卖的保单种类与风险分析调查表相结合，以问卷的形式制成表，企业风险管理人员依据此表格与企业已拥有的保单加以对照比较分析的一种识别风险的方法。

11.2.3　风险规整

通过各种途径对风险进行识别之后，得到的是杂乱无章、支离破碎的可能的安全隐患和风险隐患，为有效地管理这些已识别的风险，需要将之进行归纳整理。

第一，需要分析所有已识别的风险隐患，根据它们的特点和性质将之分成若干个类别。例如：可以根据风险性质来分，如自然风险、人群风险、设施风险等；或者按风险可能发生的区域或部门来分，如机械设备风险、消防风险、场馆建筑物风险、场馆外围风险等。

第二，将所识别的各个风险隐患根据所采用的类别进行归类。这里可能涉及某个风险不只是归于一个类别，还可能涉及其他风险问题。这一方面要求类别界定应定义明确，另一方面要在归类时将这种情况予以说明。

第三，对每一类风险隐患都要进行风险来源分析，主要分析产生的原因、可能发生的时间段、可能带来的后果等。例如，对于场馆火灾的风险来源分析，发生火灾的原因有以下几个。①电线短路，发生的时间段主要集中在展位搭建阶段和撤展阶段，展中阶段也有可能产生用电负荷过大而发热造成火灾；②吸烟引起易燃物燃烧，主要发生在展中阶段；③摩擦带来的火花，主要发生在搭建阶段和机械设备演示时，可能带来的后果有设备烧毁、人员伤亡等。

第四，对每类风险隐患进行风险预兆说明。风险预兆说明是指在风险发生之前一般会出现的现象。在风险控制时，管理人员一旦观察到这种现象便可以采取相应的措施。例如，电线短路的预兆可能表现在电压不稳定、电线发出难闻的气味或者冒烟等方面。

第五，将以上内容整理成一份正式的风险识别文件，以便进行风险衡量工作。

知识链接

风险规整表格

风险规整表格如表 11.1 所示。

表 11.1　风险规整表格

风险名称		记录人		审阅人	
项　　目		判 定 结 果		备　　注	
风险源是否存在					
风险是否已经发生					
风险发生的原因					
风险是否曾经发生					
风险是否指向我司					
风险影响规模					
审阅人意见：					

11.2.4　风险衡量与评估

识别风险之后，在此基础上，办展方应结合定性分析与定向分析，对风险发生的概率、范围、严重程度、时间及其对本企业的影响进行预测。确定风险范围、可接受程度，从而分析出风险原因，排查风险源。通过对不同风险的类型进行排序，衡量对风险控制的力度。

风险衡量是指对单个风险发生的可能性及风险可能带来的损失后果进行评估，

而风险评估是对单个风险综合起来后的风险状况进行评定。通常情况下，经营者在识别管理中所面临的各种风险之后，应分别对各种风险进行衡量，从而进行比较，以确定各种风险的相对重要性。之后对整个风险进行综合评价，为制定风险管理计划提供依据。

风险衡量与风险评估是风险管理的重要方面，它为风险管理者进行决策提供依据。风险管理者根据专家的衡量和评价结果，将对会展项目活动的重大事项进行决策，如活动的场所是否恰当，活动过程中是否存在致命的缺陷，举办活动所带来的收入和成本决策等。同时风险衡量和风险评估可以成为风险管理者的行动指南，为风险计划制定提供科学依据。风险衡量和评价还能减少安全事故发生的不确定性，降低会展的风险。

衡量和评估风险时应考虑两个方面：发生安全事故的可能性概率和由此可能带来的损失的严重性。通常情况下，安全事故发生的可能性概率与安全事故发生带来损失的严重性一般成负相关，即后果严重的安全事故一般发生频率较低，而后果轻微的安全事故发生频率较高。故会展风险衡量中对损失严重性的衡量比对安全事故发生的可能性的衡量更为重要，如果会展中出现一次严重的爆炸事故，其影响力是巨大的，造成的损失可能是致命的，而现场偷盗事件虽然发生得较为频繁，但对会展活动带来的影响可能稍小些。

一般来说，数学统计是现有最接近确定性的风险评估方法，具有较强的实践价值和操作价值。常见的风险分析和评价方法有打分法、模拟法、随机网络法、风险影响图等。

11.2.5　监控风险

监控风险就是对风险管理的全过程——识别、规整、评估处理进行监督和控制，力求使风险能在办展方的监控下得到控制。

监控风险是一个长时间不间断的过程。通过对风险控制过程制定可以量化、定性的标准，追踪监督项目风险管理的情况。通过监控风险，办展方可以知道风险管理是否出现异常，哪些风险有出现的苗头，哪些风险发生的概率正在升高。通过会展风险监控，各部门赢得了充足的反应时间，及时提出降低风险的措施。

监控风险的关键在于建立可测量的指标体系，通过简明易懂的标准使全体人员能自动而准确地参与日常的风险监控，使风险监控可靠而全面。

11.3　会展风险的控制与处理

11.3.1　会展风险的控制与处理程序

在进行风险管理实施和控制时，首先，要成立现场风险管理的机构，从制度上保证所有的风险都有人管理；其次，要编制风险计划预案，在细节上全面考虑风险的控制办法；再次，要对全体工作人员进行安全培训，必要时进行风险模拟演练，提高工作人员在风险事故发生时的应变能力；最后，在出现安全问题时，对事故现场进行及时的处理和控制，最重要的是保证人员的安全。

1. 组建风险与安全管理机构

组建风险与安全管理机构的一个重要原则是保证出现安全事故前和事故后能有一个快速反应的机构，给出明确的和迅速处理的方案，并通过相关工作人员进行快速处理。因此该机构的设置应涵盖会展工作的各个部门。

2. 编制安全计划预案

安全计划预案是指将可能发生的突发事件及其处理方法以简单、形象、清晰的方式编写成文。在制定预案时要让相关的风险管理者加入预案的讨论，使预案更加可行和有效。

3. 进行安全培训

在制定安全计划后，还有一个非常重要的环节不能被忽视，那就是安全培训。安全培训应该是全员（包括临时工作人员，如活动志愿者、实习学生等）参与的培训，通过培训使现场服务的工作人员树立安全意识。当然对于肩负不同安全和风险管理责任的工作人员，所要求的培训内容会有所差异。

对于一般工作人员来说，他们所需接受的安全及风险培训内容包括：①职业道德、礼貌礼节的教育、培训，以及大会各项规章制度的学习；②熟悉会展场馆的情况，包括所有楼层、通道、紧急出口；③熟悉会展场馆消防、防盗设施的配置、位置、数量、使用方法；④熟悉会展安全规定，做到“三勤一快”。“三勤”即勤查、勤看、勤说，勤查即查安全隐患，勤看即看可疑人员，勤说即说违规现象（阻塞交通、注意防盗），“一快”即发现问题、处理问题要及时、迅速。

对于安全负责人，除了要培训以上内容外，还需要接受以下相关培训：①熟悉自身的安全管理职责和工作内容，清楚指定管理范围内可能出现的安全或风险事故的类别及处理方法；②能熟练操作风险和安全管理时所需使用的安全设备和器具，并且知道这些设备和器具使用的前提条件；③充分掌握防火、防爆、防抢、防伤害、防骗、防盗“六防”常识和技能，尤其是用电防火安全务必掌握，因为消防事故绝大多数是由于电器故障或质量问题，或使用不当而造成的；④能熟知安检器材和设备的使用及操作方法，能够辨别各类带来安全隐患的物品；⑤根据安全预案的内容，参与可能发生各类事件或事故的安全模拟演练，如反恐、消防演练等，务必做到在安全事故发生时，能冷静、迅速、有效地防止和处理事故。

4. 对事故现场进行控制和处理

（1）处理的工作程序

在安全和风险事故发生时，安全管理小组人员要按相关安全保卫工作程序处理风险和安全事故。主要的安全保卫工作程序包括：①治安事件处理流程；②重大恐怖袭击处理程序；③火灾事件处理程序；④重要领导人安保程序；⑤食品中毒紧急处理程序；⑥流行性传染病预防程序；⑦其他。

（2）保卫工作的重点

对于会展活动来说，安全保卫工作应根据会展活动的各个阶段来制定，在会展的不同阶段，安全保卫工作的重点不同。例如，对于大型交易会，安全保卫工作可以分为筹展阶段、开幕阶段、展中阶段和展后阶段四个部分，各阶段的保卫工作重点如下。

1）筹展阶段的安全保卫工作重点：制作证件；对参与会展安全保卫工作人员进行培训；配备相关的安全防护设备，建立防护系统；组织安全检查。

2）开幕阶段的安全保卫工作重点：指导思想和原则；设立开幕式现场安全保卫指挥部；主要工作部署；展馆保卫力量部署；广场保卫力量部署；外围保卫力量部署；机动力量部署。

3）展中阶段的安全保卫工作重点：经济的、知识产权的纠纷和侵权行为；治安和刑事案件的防范；场馆通道、出入口管理及疏导工作；政治和暴力恐怖事件的防范；门卫验证及安检工作。

4）展后阶段的安全保卫工作重点：加强偷盗犯罪的防范；保证场馆通道的疏导和出入口管理；加强对公用设备的保护；做好闭幕仪式的安全防范工作（同开幕阶段的安全保卫方案）。

（3）处理的原则

一旦发生安全和风险事故，在进行风险控制和处理时，要遵循以下几个原则。

1）人员安全优先的原则。无论发生任何事故，首先要考虑的是如何保护人员安全，其次考虑设备或物资的安全，因为生命是无价的。

2）及时迅速处理的原则。对于发生的事故要及时并迅速地处理，有效地阻止危险扩大，从而将安全损失降到最低。例如，对于火灾的监控，一旦发现了火灾的苗头，要立刻关闭附近的电闸，并采用合适的手段扑灭火苗，同时将周围的物品移开。如果火苗不能被及时有效地扑灭，其后果是不堪设想的。

3）降低影响面的原则。由于人流密集，当人们被传知有危险情况时，在人群中很容易造成不必要的恐慌情绪，因此在处理小的安全危机时，应将危险控制在较小的范围内，防止出现大规模人群骚乱，影响会展活动的正常进行。

11.3.2　会展风险的控制与处理方法

风险得到确认后，办展方及风险管理部门应采取行动来改善事态的发展。在会展业界，风险处理的机制“PETA”法是相对完整的风险应对机制，包括阻止、回避、转移、接受四种措施。

1. 阻止

阻止（prevent）即根据危机预警，在危机发生前采取有效的措施阻止事态的发生。如果此措施成功，可以彻底消除风险，保证会展的顺利举行。风险阻止是目前办展方预防危机的常用有效手段。

但由于风险因素的复杂性，风险组织在使用过程中有一定的局限性。在较为严重的风险如金融风暴、自然灾害等不可抗力风险前就显得无能为力。

2. 回避

回避（evade）即在预警发出后，办展方在风险出现前主动远离风险，避免风险造成更大损失的策略。回避策略通常在风险较大且难以控制的情况下使用。回避可被理解为失败，意味着会展不能举办，可被视为办展方为保存最后实力的下策。

3. 转移

转移（transfer）指办展方通过合理的途径，将风险或风险可能造成的损失转移给其他方面承担的一种策略。这是在办展方对风险发生概率无法确定，回避策略损失太大时选择的合理策略，如让物流公司承担运输的风险、酒店承担住宿的风险，更多的办展方通过投保获得财务上的安全。

转移策略只能转移风险给企业带来的经济损失、效率低下，但不能转移风险发生时对会展本身造成的不利影响。

4. 接受

由于预警延迟、风险发生过于迅速、无法组织、风险来不及转移等原因，办展方无法避免风险的发生，此时若办展方采取回避策略会对企业形象造成极大的负面影响，勇敢地接受（accept）风险不失为良策。办展方应主动采取措施来降低风险发生的可能性并降低发生风险时的不利影响。

知识链接

中国香港会展风险管理模式

1. 应对台风

2013 年 8 月 15 日，深受人们关注的美食博览如期而至，茶展和中医药展同时在香港会展中心举行。与此次会展“不期而遇”的是台风“尤特”。8 月 14 日凌晨，当美食博览正筹备之时，香港天文台发出 8 号热带气旋警告信号；上班族放假，学生不用上课，港铁等公交系统调整运营时间，这种半瘫痪状态对大型会展的主办方来说是非常大的危机。

据会展组委会介绍，8 月 13 日，组委会就收到关于台风将到来的通知，但台风的等级与威胁均是未知数。根据过往经验，组委会立即成立快速应对机制对未来可预见的风险进行研判。例如，提前通知参展商提前进驻布展；启动与展馆的沟通，要求提前完成基础展位的搭建；组委会启动了临时应急机制，所有部门立刻分头联系对接部门、参展商及其他相关企业。经过组委会的努力，8 月 13 日下午，整个场馆已经进入“临时备战”状态。由于不少参展商、志愿者也已经有了成熟的预案，因此虽然会展承受着台风的威胁，但所有参与者依然有条不紊地工作。

政府相关部门与组委会的良好关系，场馆、组委会、参展商成熟的合作应对机制是美食博览会不受台风影响的重要筹码。

2. 应对拥挤

香港的展览业发达，群众基础极高，大众类会展可以吸引超过百万的人流。场地密度大，观众人数多，也让会展场馆的安全成为影响会展进程的重大风险。因此，疏导客流、避免发生意外成为组委会的重要事务。

美食博览当天，在紧靠香港会展中心的湾仔地铁站有醒目的标志提醒民众到达会展中心的线路图，在地铁到展览入口的一公里，已经有警员摆放铁马维持秩序。据组委会介绍，由于香港会展业的成熟，市民与组委会均没有陷入太大的紧张之中，铁马是为了引导喜爱美食的香港消费者们。为应对下午 6～7 时的高峰拥挤阶段，除了有警员和志愿者维持秩序外，组委会已和当地写字楼达成协议，借用空间绕道，降低行进的拥挤感。同时，高峰时期，组委会和场馆联系增加了会场的出口个数，将意外发生的概率大大降低。

香港会展业的专业与效率均是世界闻名的，以以往经验为基础，香港会展业充分与政府、参展商、其他企业、市民达成了良好的合作关系，一旦风险出现，全体人员就能配合组委会做好风险的阻止、排除工作。

11.3.3　险情发生时的处理与应变

当险情发生时，不管是风险管理部门还是企业领导，都应承担起应有的消除险情并降低损失的责任。以下是险情发生时，企业应采取的措施。

1. 简化问题，解决原点

风险刚出现时一般不会造成太大的影响，应及时对风险产生的原因和根源予以处理，阻止风险的进一步扩大。若风险被发现时已经扩大并引起了连锁反应，办展方应保持冷静，从根本原因入手，找出风险原因、核心危机与关键事件，先集中力量解决导致险情产生的核心问题。

2. 信息通畅，重视沟通

在风险的处理中，迅速发布信息与外界沟通尤为重要。迅速而坦诚地就发生的问题对外界进行信息公开能初步打消外界的疑虑与猜测。否则，一旦错过了信息公开的时机，将导致谣言泛滥、企业声誉受损等一系列问题。

在险情出现时，沟通十分重要，大量的信息需要得到迅速传递，并且办展方应结合实际充分考虑沟通的执行情况。在渠道选择上，办展方应选择具有代偿性，能抗干扰、符合现状的沟通渠道，使用规范化的沟通方式，提高沟通的效率。同时，在险情出现后，迅速公开地与媒体及相关利益群体沟通，巧用媒体，降低险情带来的损失。

3. 以人为本，迅速维稳

险情一旦爆发，办展方应特别注意对人的管理与爱护。人员伤亡造成的结果比企业经济损失要严重得多。因此，保障人的生命安全是处理险情的第一前提。对于办展方内部的人员，更应冷静沉着，充分调配手上资源及人员，拯救险情。

通过充分调配人手，确保危险得到有效控制后，办展方就应该恢复会展秩序，维持会展的稳定。

4. 行业合作，调配资源

对于重大的险情如地方暴动、台风、洪水等不可抗力因素，办展方务必依托手中的资源，纵观全局，配合政府进行抢险救助工作。充分调配资源，通过其他各行各业的协助，使风险对会展的损失降低。

知识链接

会展场馆风险管理中容易犯的错误

场馆的风险管理是一个系统工程，包含风险识别、衡量、评估、实施、控制和效果评价等诸多环节，每一个环节都是风险管理不可或缺的组成部分。同时，场馆和场地风险管理需要考虑会展和大型活动的性质及内容。各类活动所要关注的安全防范重点是不同的，因此作为场馆或场地的风险管理者，要深入了解会展和大型活动的性质及内容，按照风险管理的程序，有计划、有步骤地进行全面的安全管理策划和控制。在会展及大型活动的场馆和场地风险管理过程中，还须特别注意防止犯以下的错误。

1）场馆内所采取的技术安全防范薄弱。在场馆开始建设时，设计、施工、管理等部门就对展馆内部安全管理考虑不全。例如，电子监控设施只集中安装在各展馆的出入口、楼梯通道和会展中心广场上，展馆内部各展区没有安装监控设备，在技防上存在安全盲区，无法实现展馆整体的技术监控防范。因此，场馆的安全管理应从场馆的设计施工开始，强化对各展馆内部区域的防火防盗等安全监控能力，形成完整的电子监控网络。

2）主观臆断，不按科学方法对风险进行预测和评估。当风险管理者缺乏系统的风险管理知识时，他们往往凭主观做出决策，或者凭借以往的经验进行简单的决策，不能针对政治环境和科学技术的变化而采取科学的方法对场馆的风险进行预测、评估和控制。

3）风险管理只注重某些方面，而忽视其他方面。不少场馆风险管理者在谈到场馆风险管理时较多注意的是火灾风险、人群风险等，而忽视其他风险，如偷盗风险、疾病风险等。另外，场馆风险管理者过于强调宏观风险的控制，而不重视细节方面的处理。香港警方在WTO会议期间的做法非常值得借鉴。

对于偷盗风险，一般可以采取以下措施。一是加强现场广播宣传。在展馆现场通过广播滚动宣传，提醒参展客商提高防盗意识，随时保管好自己的财物。二是警示提醒。制作警示提醒语，张贴在参展客商展台上；或制作安全防范宣传资料，逐一发放给参展客商，提醒参展客商做好安全防范工作。三是对贵重物品集中保管或登记造册。由组委会出面，可将参展商展出或使用的贵重物品提交组委会集中保管。对于特别贵重的物品，要加派人手看管，同时加强巡逻、侦察，有针对性地做好防范、打击工作。四是安装金属的计算机防盗链。通过登记造册，掌握使用计算机客商的数量，主动上门服务，提供金属的计算机防盗链或制作计算机使用专用台桌，把计算机和台桌固定起来。五是现场巡逻督促。加强现场巡逻，一边开展安全防范宣传教育，一边提醒参展客商自觉保管好自己的财物，防止被盗或丢失，确保随身携带的重要物品的安全。

思考与练习

1. 会展风险的类型有哪些？
2. 如何理解会展风险管理的意义？
3. 如何进行会展风险的控制？
4. 简述会展风险的处理程序和方法。

实　　训

1. 分组搜索近三年知名的会展风险案例，分析如何避免类似事件发生。

2. 分组模拟组展企业会展风险事件发生后的处理方式，如展位坍塌、工人遇险、火灾、财务遗失等。

第 12 章　会展行业管理

❖ 主要知识点

1. 国内外会展管理机构与管理方式。
2. 会展行业自律机构；国内外主要会展行业协会及运作模式。
3. 会展企业部门设计；会展企业运营管理；政府会展机构管理职能。
4. 会展行业协会职能；会展企业管理职能。

❖ 学习目标

1. 了解政府、地方会展管理机构的具体状况。
2. 掌握会展管理机构的职能。
3. 了解国内外主要会展行业协会（商会）的运作模式与功能。
4. 理解会展企业运营管理的特点、内容。
5. 了解会展企业运营管理的业务流程。

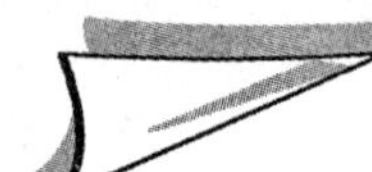

12.1　会展管理机构

12.1.1　政府会展管理机构

1. 国外政府会展管理机构

国外部分国家会展管理机构的状况，如表 12.1 所示。

表 12.1　国外部分国家会展管理机构状况

范　围	名　称	性　质	主要职能
全球	国际展览局	政府性质	维护世界博览会秩序
德国	德国贸易发展部	政府性质	贸易促进、展览宣传
法国	法国海外展览委员会技术、工业和经济合作署	国家贸易促进机构	贸易促进、展览宣传
美国	美国会议旅游署	政府性质	贸易促进、展览、旅游宣传
意大利	意大利对外贸易协会	国家贸易促进机构	贸易促进、展览宣传
西班牙	西班牙外贸协会	国家贸易促进机构	贸易促进、展览宣传

续表

范　围	名　称	性　质	主要职能
日本	日本贸易振兴会	国家贸易促进机构	贸易促进、展览宣传
新加坡	新加坡商务会展奖励旅游司	政府性质	协助、配合会展公司开展工作
泰国	会议展览局	政府性质	政府会展管理专门机构

2. 中国政府会展管理机构

随着改革开放的不断深入、会展业的快速发展，政府主管部门对会展的管理逐步走向系统化和科学化，并确定了会展在经贸发展中的地位和作用，从而使得会展作为一种经济活动日益突显其重要地位和良好的发展前景。

我国一直未设立统一的、有权威的会展业行政管理机构。2003年前，国内展先后由商业部、内贸部、国内贸易局、国家经济贸易委员会归口管理；国际展由对外经济贸易部、科技部、中国国际贸易促进委员会负责审批；出国展审批权归对外经济贸易部。2003年内外贸合并，新的商务部成立，展览业行政管理纳入商务部的职能范围，由对外经贸司负责，其职能是指导境内、出国对外经贸交易会、洽谈会等贸易促进活动，拟订相关管理办法，指导外贸促进体系建设；管理赴境外非商业性办展活动并监督实施。但事实上现在仍有多个部门具有部分审批权，国内展、国际展和出国展的审批部门有商务部、中国国际贸易促进委员会、科技部、科学技术协会等。除这些行业主管部门外，海关总署、国家工商行政管理局、公安部等部门实际上也参与了相关行政管理。另外，中国国际贸易促进委员会则代表国家参加国际展览会的活动，主办、参加世界博览会，赴国外主办中国贸易展览会和参加国际贸易博览会；负责全国赴国外举办经济贸易展览会，或参加国际博览会的归口协调及相关的管理、监督工作；安排和接待国外来华举办的经济贸易或技术展览会，主办国际专业性或综合性展览会，组织并主办国际博览会；协调国内有关方面接待外国来华经济贸易与技术展览会。

12.1.2　地方会展管理机构

1. 非常设机构和常设机构

1）非常设机构——会展领导小组。由于会展业和会展涉及众多政府行政管理部门和服务部门，需要有效整合会展资源，各地一般采取成立会展发展协调小组或会展领导小组等非常设机构，建立统一的协调管理机制。会展领导小组虽是非常设机构，但由政府主导的展览会或大型活动都由会展领导小组统一协调。同时政府主导的展览都有组委会，组委会也相应地具备这方面的功能。有的会展领导小组的组长由市长亲自担任，如青岛市、昆明市；有的由常务副市长担任，如厦门市、长春市、宁波市；一般由主管的副市长担任召集人，相关部门负责人作为成员。以昆明市为例，2002年，为了推动昆明市会展经济的发展，昆明市成立了由以市长为组长，分管副市长为副组长，市属相关部门负责人组成的昆明市人民政府会展工作领导小组及昆明市人民政府大型会展办公室。长春市成立会展工作领导小组由常务副市长任组长，相关副市长任副组长，成员由宣传、公安、工商、财政、旅游、技术监督、城管、文化、体育等部门的主要领导组成。领导小组定期或不定期召开工作会议，指导、协调、督促和检查会展工作。

2）常设机构——会展管理办公室。2003 年，商务部成立，标志着我国内外贸分割历史的结束和内外贸一体化管理体制的建立，但这只是从组织上解决了中央一级内外贸分割的问题，地方内外贸行政管理部门大部分还未统一，经济贸易委员会、对外经济贸易委员会、商务厅等部门同时存在，会展业的行政管理归属也不同。在一些地区特别是展览业相对发达的城市，当地政府设立了专门的展览管理机构。例如，在商务厅（局）下设对外贸易发展处、商业发展处等管理展览业。有的责成有关部门负责会展管理工作。对此，专门调查了国内 29 个城市的会展管理机构的设置情况，其中包括四个直辖市、15 个副省级城市和 10 个地级中心城市。

2. 各地政府会展管理机构分析

各地政府会展管理机构设置有四种情形：一是设置专门机构的，如沈阳、大连、青岛、南京等城市；二是由会展行业协会行使管理职能；三是由贸易促进会负责会展管理工作；四是责成对外贸易发展处、贸易发展局等部门负责会展管理工作。在专门会展机构中包括属于政府行政编制和事业单位编制两种。从行政级别上看，各地不同，差别大，包括局级、副局级、处级、科级。从隶属关系上看，包括完全独立的、隶属于市政府办公厅、隶属于商贸委及商委和商务局、隶属于贸易促进会。各地政府会展管理机构无论如何设置，主要职能都是在会展活动中承担行业管理工作。

12.1.3 中国现行会展管理体制的主要缺陷

1. “条块分割”造成国内会展管理不统一

中国会展市场的特点是“条条块块”分割明显，“条条”就是系统或行业部门，“块块”是指地方。这种体制使我国缺乏系统全面、科学统一的全国性宏观展览政策、法规，现有的国家级展览政策出自不同部门，大多数针对面窄，甚至彼此相互矛盾、冲突，其政策效用大打折扣。各省市的地方展览政策也千差万别，多数地方政府缺乏对本地展览行业的总体规划与宏观管理，展览相关法规政策不配套。这种政出多门、多头审批、多头管理的体制不能体现公开、公正、优胜劣汰的竞争原则，是造成中国展览市场混乱无序的重要原因之一。

2. 政府错位造成会展产业化严重滞后

中央一级政府的管理错位体现在：一方面过多介入会展审批或直接介入会展的举办；另一方面未能履行应有的宏观调控、行业整体规划、法律法规体系建设的职能，行业标准和市场准入标准缺失，造成越位与缺位现象同时存在，难以适应会展市场化、产业化的要求。许多地方则只重视和热衷具体的展览活动，缺乏对本地会展行业的总体规划与宏观管理，相关的法规政策不配套。地方会展行业协会或没有建立，或不能发挥积极作用。

12.2　会展行业自律机构

12.2.1　国外主要会展行业协会

1. 国外会展行业协会的运作模式

（1）水平运作模式

水平运作模式是一种主要以会展企业自发形成和自愿参加为特点的行业协会（商会）模式。以美国为代表，它具有较强的民间性，在管理上自由放任，规范宽松。其最大的特点就是企业自主推动，如美国国际展览管理协会（商会）（International Association Exhibition Management，IAEM）。会展企业在发展过程中遇到了价格相互倾轧、产品质量等问题，会展企业组织出于维护自身利益和市场秩序的需要，被迫组建行业协会（商会），尝试用行业自律的方式规范市场秩序。其他的因素，如政府提供帮助或指导仅仅是动力源的外部因素。

（2）垂直运作模式

垂直运作模式是一种政府行政作用参与其中、大型会展企业起主导、中小型会展企业广泛参与的行业协会（商会）模式。以日本和德国等国家为代表，其突出特点是强调政府的推动作用，对内是政府机构，对外是民间团体。从政府职能中剥离出一些职能转交给行业协会（商会），政府与行业协会（商会）是一种合作协调关系，如德国贸易展览业协会。

（3）综合运作模式

综合运作模式以法国、瑞士、中国香港为代表，不像企业自主推动和政府主导推动那样单一，而是指在市场的推动下，政府参与管理，是企业和政府合力推动的产物。行业协会（商会）与政府的关系非常密切。例如，香港会议展览协会（商会）的主要职责是配合政府宣传、提供业务培训、为会员单位制造商机、增强会员之间的联络、代表行业向媒体和政府表达统一意见等。

2. 国外主要会展行业协会种类

（1）全球展览业协会

全球展览业协会（The Global Association of the Exhibition Industry，UFI）成立于 1925 年，是为了扩大国际性交易会/展览会在世界经济中的影响，促进国际经济交流而产生的非政治组织，总部设在巴黎。UFI 是世界展览业重要的国际性组织之一，经 UFI 认可的会展是高品质展览会的标志。

（2）国际展览管理协会

国际展览管理协会成立于 1928 年，总部设于美国达拉斯。该协会与 UFI 在国际展览界均享有盛誉，被认为是目前国际展览业最重要的行业组织，两者现已结成全球战略伙伴，共同促进国际会展业的发展与繁荣。国际展览管理协会以促进国际展览业的发展与交流为己任，每年定期举办国际展览界的交流合作会议、短期提高课程及专题会议，出版相关刊物和买家指南，提高展览组织者的管理水平。

（3）贸易博览会国家参加组织者协会

该协会成立于 1955 年，成员主要是受国家或者商业机构委托组织集体展出（包括组织单独展览会、参加国际博览会和展览会等）的展览公司、团体、部门。该协会的目的是加强成员之间的信息交流和技术合作，不断提高集体展出的水平，并形成统一的声音与政府、新闻界、其他机构和展览会接触。该协会每年开会一次。会议选举主席和秘书长，日常事务由秘书长处理。该协会的规模不大，办公地点通常由在任秘书长决定。

（4）国际展览运输协会

该协会总部设在瑞士，代表展览运输者的利益。1985 年由来自五个国家的七个公司发起成立，1996 年增加到 36 个国家和地区的 73 个成员。到 2001 年 3 月，该协会已经发展成为拥有 96 家、范围遍及 42 个国家和地区的大型国际组织。协会设立标准和职业道德委员会、海关委员会、组织者委员会、新闻委员会和会员委员会。该协会是在会展业不断发展、会展越来越专业的形势下成立的。协会的目的是使会展运输业专业化，提高会展运输的效率，更好地为会展组织者和展出者服务。此外，为会展运输业提供一个交流信息的论坛，向海关及其他部门施加影响。该协会发行了一种电子手册，登载不同国家海关的有关规定，定期更新。

（5）国际大会及会议协会

该协会创建于 1963 年，简称 ICCA，是全球国际会议最主要的机构组织之一和会务业最为全球化的组织。在全球拥有 76 个成员国家，其首要目标是通过对实际操作方法的评估以促使旅游业大量地融入日益增长的国际会议市场，同时为他们对相关市场的经营管理交流实际的信息。作为会议产业的领导组织，ICCA 为所有会员提供最优质的组织服务，为所有会员间的信息交流提供便利，为所有会员最大限度地发展提供商业机会，并根据客户的期望值提高和促进专业水准。为进一步推进中国会议市场发展，吸引招徕更多的国际大会和协会会议来华举办，上海市旅游局联手北京市发展委员会以及国内其他 ICCA 会员单位，以北京奥运会和上海世博会成功举办为契机，于 2010 年 9 月 21 日成立 ICCA 中国委员会，并设规划工作组，负责委员会工作目标的具体执行。

（6）德国贸易展览业协会

德国贸易展览业协会是由参展商、购买者和博览会组织者三方面力量组合而成的联合体，成立于 1907 年，总部设在科隆，是德国展览业的最高协会。为了确保德国博览会的透明化，德国贸易展览业协会制定了许多规章制度，并根据目前会展数量、质量、技术手段、目的、要求的改变进行调整、改进。在德国贸易展览业协会的统一调控下，德国各博览会的目标非常明确，会展重复现象极少。德国贸易展览业协会还是政府和展览业之间沟通的桥梁。例如，在世界各地对会展进行考察，并写成报告，为德国政府赞助本国企业出国参展提供建议和参考。

12.2.2　国内主要会展行业协会

（1）中国会展经济研究会

该研究会由商务部研究院中国会展经济研究中心与国务院发展研究中心市场所等

研究机构发起，2005 年 8 月由国家民政部批准筹备成立，2006 年 2 月正式成立，是一个全国性的会展经济学术研究团体，主管部门为商务部。研究会的主要任务为研究、交流、咨询、评估、培训。组织会展研究人员参与会展经济政策、会展发展规划及有关法律、法规的研究，为各级决策部门提出合理化建议；举行会展经济研究成果的评审，促进会展科研成果的开发转化和推广运用；组织开展与会展经济研究相关的各类调研、咨询、评估、培训、考察活动，组织会展领域的国际学术交流与合作；组织开展与会展产业发展相关的继续教育和职业培训，开展信息交流，为会展科研工作者更新知识、提高研究水平服务。

（2）中国展览馆协会

该协会成立于 1984 年 6 月，是国家一级社团，也是 UFI 的国家级会员，业务主管单位为国务院国有资产监督管理委员会，主要由会展主办机构、会展场馆、会展中心、会展工程公司、会展运输公司、会展媒体、高等院校、会展科研机构，以及与会展行业相关的且具有法人资格的企事业单位自愿组成。目前，会员单位近 1400 家，分布在 29 个省、70 多个城市，会员单位业务涵盖整个会展产业链。内设立组展专业委员会、会展工程专业委员会、会展理论研究委员会及展示陈列专业委员会。

（3）香港展览会议业协会

该协会前身为香港展览业协会，于 1990 年 5 月由 10 家主要展览会主办机构创立，作为行业的喉舌，旨在与政府及法定机构协商，促进会员的商业利益。该协会成立以来，以统一的声音，代表行业向政府部门、立法及法定机关、传媒及公共机构争取应有的权利及保障；通过精心策划的培训及教育课程，以提升从业人员的专业知识和操作水平；作为行业的咨询机构，与其他相关团体组织紧密合作，从而促进和提高会展行业的声誉及地位，并推动香港成为亚洲及全球主要的国际展览及会议之都；加强会员间的沟通，协助收集和发行行业内咨询和数据，以促进会员间的商业利益。2006 年，会议展览业协会联合贸易发展局、旅游局、香港会议展览中心、亚洲国际博览馆推托毕马威企业财务有限公司，分析及评估展览对香港整体经济的贡献，并对会员进行网上调查，以了解各会员对业界现行状况的意见。此调查结果将有助于执委会制定有关香港地位及协会的发展策略。

（4）上海市会展行业协会

该协会于 2002 年 4 月正式成立。其主要职能包括行业协调，项目申报代理，制定行规行约，制定中长期发展规划，进行行业统计，为会员提供信息、咨询、培训、认证、评估、招商、年审等服务。协会现有会员单位 1135 家，业务范围基本涵盖会展及与此有关的各个方面。该协会成立以来，本着遵守国家法律、法规，积极发挥“服务、代表、协调、自律”的四大职能，在上海市有关职能部门的指导下，协助政府从事行业管理，就保护会员的合法权益、提高行业整体素质、规范行业统计、加强行业自律机制、行业认证、培训、组织国际交流与合作等方面做了多方面的工作，同时致力于为会员单位提供优质服务，体现行业协会的广泛性和代表性，构筑了政府与企业之间沟通交流的和谐平台。为加强专业管理，协会先后成立了展示工程专业委员会和展览主（承）办机构专业委员会。该协会拥有年鉴《上海会展业发展报告》、内部刊物《上海会展资讯》和专业的上海会展网等。

（5）北京国际会议展览业协会

该协会于 1998 年成立，2001 年由原来的北京国际展览业协会正式更名为北京国际会议展览业协会。现有会员单位近 200 家，选举产生理事单位 44 家，占会员总数的 25%，其中常务理事单位 20 家。协会注重吸纳会员单位的广泛代表性，成员单位中既有企业、事业单位，也有新闻媒体、大专院校、研究机构、行业协会和社会团体；既有会议和展览的组织者，也有运输、设计装修、广告、旅游、咨询等会展服务机构；有中央在京会展机构，也有北京所属会展企事业，还有少数京外会展机构。协会成员中有国营、民营，也有外商投资企业经济成分。协会 200 家会员单位中包括中央在京会展机构 76 家、市属机构七家、外商投资企业 9 家、教育机构三家，其余为民营企业。会员单位在北京会展行业中的覆盖率为 10%左右。

（6）深圳市会议展览业协会

该协会成立于 1989 年，现有会员 138 家，由深圳展览、会议业的主办机构及各相关服务公司组成。协会经过多方努力，建立了 6 个专家委员会：展览策划专家委员会、展览装修专家委员会、会展人才培训专家委员会、参展企业专家委员会、会议策划承办专家委员会、展览资料统计分析专家委员会。目前协会成立了新闻中心，下设一报一刊一网站。2003～2004 年，深圳市会议展览业协会创六个全国第一：2003 年出台了全国第一个会展业行规；2003 年创建了全国会展协会的第一个网站；2003 年实行了全国第一个展览装修招标；2004 年出台了全国第一个展装企业、设计、施工资质评审标准；2004 年成立全国第一个展览服务联盟；2004 年研发出全国第一套具有国际一流水平的会展管理系统。

12.3 会展企业运作机构

12.3.1 会展企业部门的设计

会展企业的职能部门划分是依据参展商在会展期间的活动类型，会展企业所做的相应具体安排进行的。这种划分应该既考虑部门划分的科学性，又兼顾会展服务的质量与效率。

1. 主要职能部门

1）策划部。策划部是会展企业的基础部门，其主要工作是企业策划和展出策划两部分。企业策划主要是对整个会展企业形象的策划、组织的包装等。展出策划则是指制定展览工作方案，主要是列明工作事项，安排人员的责任范围，安排工作进程、费用支出等。

2）项目部。项目部的主要职责是招展，即招徕和联系参展商。其具体工作包括招展宣传、选择参展商、组织参展团。招展宣传包括宣传和联络两种方式，宣传对象是全体潜在参展商，而联络的主要对象是已知参展商或重要的潜在参展商。对申请参展的公司，要依据会展企业所规定的参展标准进行选择，并与参展商签订合同。项目部还负责展品运输、展台设计与施工等工作；制定年度销售计划；根据市场变化，对价格政策的制定和修正提出建议；审核参展单位的资质；签订场馆出租合同；执行合同收款；负责有关展览会的报批手续等。

3）对外联络部。其主要负责招商、新闻宣传、广告策划实施、协调与各社会团体或政府的关系等，包括查发信函、登门拜访、电话联系、媒体广告、印发资料等。对外联络部的另一项重要工作是公关，主要争取政府机关、新闻媒体、协会等影响力较大的单位的认可与帮助。

4）信息部。信息部负责展览会的通信、网络数据的租赁业务，会展企业信息系统的规划、建设与维护，应用软件、办公计算机、耗材的采购与管理，还负责企业内部的通信系统与网络的建设及保障工作等。

5）会务部。其包括对展台准备工作的管理、展台后续工作的管理及会展整体评估工作的管理等。会务部的主要工作任务是在展中与展后，尤其是展台工作的组织与安排，这是整个展览活动中最核心的环节，会务部也成为关键的部门之一。

2. 主要配合部门

1）行政部。行政部主要是对财务和人力资源进行管理。一方面，协助会展企业经营者搞好企业经营核算，控制企业经营费用，使企业获得最佳经济效益。另一方面，负责企业员工招聘、培训、考核、激励等工作。

2）保安部。保安部的主要职责是维护会议或展览的良好秩序，确保会展安全，它是举办会展活动时不可或缺的部门之一。但一般会展主办机构本身不设保安部，而由展览馆设立。

3）公关部。公关部承担各种类型展览会的组织和接待工作，并通过对项目的再策划，不断提高管理和服务水平，为参展企业和广大用户提供优质服务。

4）工程部。一般为展览馆设立，主要负责展览馆机电设备的日常管理工作，保证会展期间所有服务设施，诸如水电供给系统、音响系统、空调系统、电话等的正常运行和使用。

12.3.2　会展企业运营管理的特点

1. 市场化运作机制

目前在欧洲、美国等会展业发达国家，会展主承办机构与参展商、会展主承办机构与专业观众、会展主承办单位与展览馆经营者之间，完全是按照市场化来运作的。市场化运作使会展产业链中，企业各项资源的配置诸如招展、招商、会展产品经营、会展组织、会展项目、会展方式的融合等，都可按照市场的调节来实现。市场化运作机制使会展企业经营者可以根据会展市场环境的变化、参展商或专业观众的变化等，及时对会展经营业务做出调整，如业务领域的扩展、转移或退出等。

2. 专业化发展方向

会展企业专业化一方面是会展项目的专业化。随着经济的迅速发展，参展商对市场细分的需求越来越迫切，专业性的会展成为会展的主流，几乎每个行业都有自己的会展。另一方面是会展运作的专业化。从市场调研、主题立项、寻求合作、广告宣传、招展手段、观众组织、活动安排、现场气氛营造、展后服务，甚至包括展览企业所有对外文件和信函的格式化、标准化等，都须具备较高的专业水准。

3. 国际化发展趋势

会展经济是一种集体性的大规模物质、文化交流方式，一种全球性、综合性活动，具备开放性的经济形态。其会引起社会资源和要素在全国乃至于全球范围内的流动。会展业是一个跨国度、跨地区的物质流、资金流、信息流高度集聚的平台，是一个展示国家和地区经济发展水平的重要窗口，是一个高度开放性的产业。会展经济的全球化决定了会展产业的特性和内在运作规律，决定了会展企业经营必须对外开放，实行开放性、国际化运作。

4. 协作双赢发展格局

一方面，会展产业链中不仅包括会展直接部门，还包括会展相关配合部门，甚至包括政府公共职能机构。会展企业的主要经营业务的目标市场往往跨行业、跨地域。会展包括策划、组织、广告、物流、安全等多方面的实质性工作。会展企业要扩大规模、提高效益、打造品牌会展，各个层面必须通力合作。会展企业间的合作可以通过多种方式开展，通过兼并与收购形成新的会展品牌；或加强品牌合作，实现强强联合，扩大品牌影响；还可以组建股份制企业，实行合作经营。另一方面，会展业具有很强的关联效应和扩散效应，会展中不仅包含会展企业的经营行为，旅游、保险、金融、住宿、餐饮、交通、通信等多行业的企业，也具有较高的参与度。注重与相关行业企业的互动合作、协同发展，是会展企业经营管理的一大特点。

12.3.3 会展企业运营管理的业务流程

各类会展项目是会展企业的核心业务，因此，会展企业经营管理的业务流程主要是围绕会展项目进行的，一般分为展前、展中与展后三个阶段。

1. 展前阶段

（1）市场调研

市场调研是会展业务的起点，目标是捕捉市场商机，确定会展项目。会展项目建立在信息基础之上，主办者或管理者必须对会展项目所处的宏观环境、市场环境、竞争环境进行充分调研，以获得是否可以举办会展项目的各类信息。信息是会展项目运作的起点，通过调研可以对市场供需有一定程度的把握，为企业的项目决策，诸如选择会展的行业领域等提供必要的依据。

（2）会展策划

会展策划是在调研的基础上，尊重市场规律的前提下，结合企业的发展目标和市场需求，将为会展项目确定明确、鲜明而又能充分吸引客源的主题。会展策划所考虑的因素包括可行性研究（possibility study）：对外部因素的研究；可操作性研究（operation study）：对公司内部因素的研究；可持续性研究（viability study）：对内外因素的综合性研究，还要制定可行的操作方案与程序。

（3）会展实施

会展实施即有步骤、有目的地开展全方位的联络和沟通，包括会展的广告宣传和媒介投放、赞助协办和招商招展的具体措施、参会单位和专家的邀请、会场和展馆的选择与布置、会议旅游相关活动安排等。

2. 展中阶段

该阶段主要是对会展项目进行现场管理，即协调好参展商和观展者的接待、现场的服务管理，如搭建管理、会展物流管理、开闭幕式和宴会的安排等。展中阶段主要是保证会展项目、会展企业的目标在会议和展览的运作过程中得到实现，并进一步提升。

3. 展后阶段

展后阶段一方面是与客户包括参展商、专业观众、各会展相关机构及时沟通，取得他们对会展项目、会展管理与服务的意见、建议，同时做好评估，修正会展运作中的不足，以提高运作效率。另一方面则是对展中阶段收集的信息进行统计，做好展后的分析工作，以进一步总结经验，从而对会展进行提升，增加会展的附加值，为下一步的工作提供方向和指导。

12.4 会展行业的管理职能

12.4.1 政府会展机构的管理职能

1. 制定管理政策

政府要制定会展发展政策，包括会展发展规划、会展促进政策、会展财税政策、人才培育政策及市场规划措施。例如，新加坡政府主管展览的机构——新加坡贸易发展局，从发展国际贸易、提升新加坡区域中心地位的宏观角度，制定了一套扶持、服务、规范、协调和发展新加坡会展业的计划。

2. 开展整体促销

为了争取会展的举办权，国家和国家之间甚至一个国家的城市和城市之间的竞争都十分激烈。因此，国家和城市开展促销，首先是将自己的国家和城市作为一个整体来宣传推广，而不是推销单独的会议中心、展览厅或饭店，也不是各会展企业自行促销。说服公司或协会在某个国家或城市举行活动，这就是政府会展主管部门的工作。发达国家及其会展城市都设有相关会展局或会展办，担负目的地形象包装和宣传的职能，负责会议、展览、奖励旅游的组织、协调和市场开拓等工作。

3. 加强国际联系

在全球会议业专业组织中，成立于 1963 年的国际大会及会议协会影响较大。该组织在定期发给会员的资料中有许多具有价值的会议信息。全球有 140 多个国家与城市的会议观光局或设有会议局的旅游局都是该组织的成员。发达国家政府的会展管理机构，通过参加这些国际专业组织，获取国际会展业的最新发展信息和市场机会，从而更好地指导和推动本国会展业的发展，以参与国际市场竞争。

4. 提供服务协调

通常处在会展市场竞争前沿地位的政府会展主管部门如会展处、会展局或旅游局、其下属会议局或会议观光局，都会同航空公司、旅游批发商、饭店业者及其他机构合作，形成一支庞大的市场营销力量，运用综合的营销手段留住已有的客户，并不断寻找新的业务合作伙伴。政府会展管理部门收集有关会展资料，制作针对会议组织者的宣传材料，为准备举行会议和展览或组织奖励旅游的公司，提供全面客观的建议和帮助，帮助饭店和会议中心申办活动，通常还协调各个环节，争取使本地成为会议和奖励旅游者的目的地。如果会议组织者决定在某个国家举办会议，这个国家的旅游部门就应提供合适的会议场所的联系方式，或有关目的地管理公司和旅游经营商的名录，并监督和管理会议接待服务等。

12.4.2　会展行业协会的管理职能

政府、企业与行业协会（商会）构成了会展市场的主体。会展行业协会（商会）作为非营利的社团组织，作为政府和会展企业以外的“第三部门”，是维护会展经济秩序、促进会展经济健康发展的重要力量。目前，在市场经济较成熟的欧美国家和个别亚洲国家与地区，政府管理展览行业的职能已经和展览行业协会紧密地结合在一起，他们主动合作、相辅相成。会展行业协会（商会）既是展览企业的代言人，也是贯彻政府意图、执行政府政策的可靠助手。会展行业协会（商会）的具体管理职能如下。

1）制定行业规章制度，并根据目前会展数量、质量、技术手段、目的、要求的改变进行调整、改进。

2）作为政府和会展业之间沟通的桥梁。例如，对世界各地会展进行考察，为政府赞助企业出国参展提供建议和重要参考。

3）对会展的资质进行认定和评估，制定办展企业的资质标准，按照办展企业的资质高低实行市场准入制。制定行业评估标准，多方面、全方位进行综合评估。

4）相关信息的收集、整理，为政府和会展企业服务；会展行业协会（商会）服务的第一对象是会展企业，会展行业协会（商会）始终代表会员和行业的利益，这是会展行业协会（商会）的根本职能。

5）由会展行业协会（商会）制定展览行业规则，规范展览市场，避免会展主题雷同，避免恶性的、不良竞争，创建一个高度开放的、优良的、国际性的会展环境。

其中国内比较知名的会展行业协会如深圳会展行业协会、上海会展行业协会、广东组展企业协会等。

12.4.3　会展企业的管理职能

1. 会展企业的日常经营管理

（1）硬件设施管理

日常经营管理中对硬件设施的管理主要指对开展各类型会展所必需的场馆及其设

施的日常维修保养等。会展设施设备的系统运作是会展企业整体营运成本的重要组成部分，良好的维修保养除可防止设备和系统发生故障、保证会展正常运作外，也可增加设备和系统的使用效率，降低更换成本，提高利润。

（2）会展信息管理

会展信息管理贯穿于会展企业经营管理的全过程，包括国家公布的有关会展业的各项方针、政策、法令、经济计划、有关部门情况等。会展市场方面的信息包括市场产品销售、竞争者情况、消费要求变化等。会展企业内部的管理信息包括决策、计划、指挥、控制及经营销售情况等。

（3）会展人力资源管理

对会展人力资源的开发与管理直接关系到会展企业经营管理的成败。会展行业的特点决定了会展企业人员必须具备特定的职业素养，既要求有十分广博的知识面，以适应不同会展主题的需求；又要熟悉和精通会展业务的操作流程，有较强的组织、策划、公关、创新等能力。建立起完善的人才培养机制和用人机制，实现企业员工招聘、录用、培训、激励、约束各环节的科学化操作，是会展企业人力资源管理的重要内容和目标。

（4）会展财务管理

会展项目运行过程中需要大量的前期垫付资金，会展项目的收入和支出不能同步，需要会展项目管理者或主办者有较强的资金实力和经济实力。能否保证充足的资金流，是决定会展项目管理成败的关键因素。因此，加强会展项目的财务管理就成为项目管理中的重中之重。财务管理是有关资金的筹集、投放和分配的管理工作。财务管理的对象是现金（资金）的循环和周转。

（5）会展项目管理

项目是会展业发展尤其是会展企业经营管理过程中的核心内容，主要由围绕会展的策划、设计、举办，项目计划的编制、实施与控制等环节组成。会展项目实施需要大量人力、设备、材料、能源与各种设施等。其中项目团队的沟通协作是使会展企业完成项目任务，达成项目目标的关键所在。

（6）会展市场管理

会展市场管理是指企业在对市场进行研究的基础上，依据自身的发展目标、资源优势与竞争缺陷等，选定合适的目标市场，策划符合市场需要的会展产品，制定合适的参展价格和营销手段，同时采用科学的营销组合，以保证会展企业获得最佳综合效益。

2. 会展现场管理

（1）会展安全管理

会议展览活动是人流、物流、资金流、信息流的高度集中，其中会场涉及参展商、观众、演讲者、出席会议人士、嘉宾、工作人员等的进出，还包括参展商供展出的各类产品、辅助用品在活动进行期间的逗留和进出。安全管理的主要内容是保障场地使用者的人身安全与物品安全。

（2）会展组织管理

对会展现场的组织管理是保障会展正常有序运行的关键，内容包括参展商、观众的登记注册，参展商展位的分配，展台区域与参展人员环境的保卫，场馆内外交通的协调，与合作企业及展出地政府间关系的处理，展览会相应配套服务的提供，如信息服务、餐饮服务等，也包括向参展商、观众和会展相关人员提供一定的礼仪接待服务，并做好必要的信息收集、记录、展示等。

（3）会展物流管理

会展企业的物流管理主要是针对会展项目中参展商的各类物品，协调好运输、储存、装卸、搬运、包装、流通、加工、配送等环节，包括人员、展品、设备三大类。会展期间在展品运输方面必须做到人员到场，运力有保障。在物流控制方面，要保证展品、服务、与会者、参展商和观众的正常、有序流动。

（4）会展危机管理

在会议或展览现场可能会发生突然事件，如紧急的医疗事件、参展商或观展者物品的遗失等。制定危机管理计划，成立专门的危机管理机构，以便在危机发生的第一时间采取应对措施；建立有关会展各参与主体的数据库，以便危机之时做到有效沟通；建立会展业与其他负责安全保障部门，如医疗部门、消防部门、公安部门等的工作联系；建立危机管理特别基金；建立危机预警系统等。

知识链接

世界博览会介绍

世界博览会是一项由主办国政府组织或政府委托有关部门举办的有较大影响和悠久历史的国际性博览活动。它有百余年的历史，最初以美术品和传统工艺品的展示为主，后来逐渐变为荟萃科学技术与产业技术的展览会，成为培育产业人才和一般市民的启蒙教育的场所。世界展览会的会场不仅展示技术和商品，而且伴以异彩纷呈的表演、富有魅力的壮观景色，设置成日常生活中无法体验的、充满节日气氛的空间，成为一般市民娱乐和消费的理想场所。

负责协调管理世界博览会的国际组织是国际展览局，其章程为《国际展览公约》。该公约由31个国家和政府代表于1928年在巴黎签署，分别于1948年、1966年及1972年进行修正。

国际展览局的宗旨是通过协调和举办世界博览会，促进世界各国经济、文化和科学技术的交流及发展。国际展览局的常务办事机构为秘书处，秘书长为该处的最高领导。

世界博览会有综合性博览会和专业性博览会两类。按照国际展览局的规定，专业性博览会分为A1、A2、B1、B2四个级别。A1级是专业S性博览会的最高级别。

思考与练习

1. 简述我国会展管理机构。
2. 分析目前我国地方会展管理机构设置。

3. 归纳会展国家管理机构的作用。
4. 说明会展行业协会对会展发展的作用。
5. 会展企业运营管理的业务流程如何？

实　训

1. 了解知名会展项目中协会所起的作用和所扮演的角色。
2. 论述你对我国会展管理机构目前状况的认识。
3. 了解我国一线城市的相关会展管理机构、会展行业协会的相关情况。
4. 如何看待骗展现象与行业协会的作为？

主要参考文献

安昌达人，1985．展业活动的规划与导演．百科，译．北京：光明日报出版社．

保健云，徐梅，2000．会展经济：一种蕴藏无限商机的新型经济．成都：西南财经大学出版社．

博姆，2000．成功的会务组织．王健梅，译．北京：中国标准出版社．

戴光全，保继刚，2006．99 昆明世博会对昆明城市形象的影响研究．人文地理，1．

冯丹，2006．展览现场管理．北京：中国劳动社会保障出版社．

韩斌，1996．展示设计学．哈尔滨：黑龙江美术出版社．

何会文，2010．影响参会人参会决策的城市特征实证研究．旅游学刊，25（9）．

胡平，2003．会展旅游概论．上海：立信会计出版社．

华谦生，2004．会展策划与营销．广州：广东经济出版社．

靳文敏，罗秋菊，2013．城市会展业资金类政策效果评估：以广州、深圳、东莞为例．旅游学刊，28（8）．

克劳德·赛尔旺，竹田一平，2003．国际级博览会影响研究．上海：上海科学技术文献出版社．

黎菲，2014．城镇化进程下会展发展战略研究：以杭州都市圈为例．江苏商论，5．

林宁，1999．展览知识与实务．北京：经济科学出版社．

刘大可，2006．北京市参展商旅游消费支出实证分析．旅游学刊，3．

刘红霞，2011．会展实务．北京：北京师范大学出版社．

刘宏伟，2003．中国会展经济报告．上海：东方出版中心．

刘民坤，2009．会展活动对主办城市的社会影响研究．广州：暨南大学．

刘松萍，2009．会展服务与管理．北京：科学出版社．

刘松萍，2014．会展营销．重庆：重庆大学出版社．

刘松萍，李佳莎，2003．会展营销．成都：电子科技大学出版社．

刘松萍，李晓莉，2006．会展营销与策划．北京：首都经贸大学出版社．

卢晓，2012．上海会展产业集群竞争力研究．学术论坛，5．

罗杰·摩司魏克，罗伯特·尼尔森，2001．会议管理：如何创造高效率的会议．高维泓，译．桂林：广西师范大学出版社．

罗秋菊，陈可耀，2011．基于扎根理论的民营会展企业成长路径研究：以广州光亚展览公司为例．旅游学刊，26（7）．

罗秋菊，庞嘉文，靳文敏，2011．基于投入产出模型的大型活动对举办地的经济影响：以广交会为例．地理学报，4．

马勇，毕斗斗，2003．旅游市场营销．汕头：汕头大学出版社．

马勇，王春雷，2003．会展管理的理论、方法与案例．北京：高等教育出版社．

潘杰，1992．展览艺术：展览学导论．哈尔滨：黑龙江美术出版社．

沈燕云，吕秋霞，2001．国际会议规划与管理．沈阳：辽宁科学技术出版社．

王春雷，2008．上海会展业品牌发展战略研究．商业研究，11．

王春雷，2013．活动管理原理、方法与案例．北京：清华大学出版社．

王春雷，朱红兵，2014．外国游客参观 2010 年上海世博会的满意度研究：基于 Travel Blog 日志的探讨．国际商务研究，35（2）．

王起静，2004．会展项目管理．北京：中国商务出版社．

王新刚，2004．中国会展经济研究．长春：吉林大学．

魏中龙，段炳德，2003．我为会展狂．北京：机械工业出版社．

向洪，2003．会展资本：并不高深的赚钱秘诀．北京：中国水利水电出版社．

小伦纳德·霍伊尔，2003．会展与节事营销．陈怡宁，等译．北京：电子工业出版社．

徐志坚，2002．会议和活动篇：会务．广州：岭南出版社．

约翰·艾伦，等，2002．大型活动项目管理．王增东，杨磊，译．北京：机械工业出版社．

曾武佳，2006．现代会展与区域经济发展．成都：四川大学．

张敏，2013．中外会展业动态评估年度报告（2012）．北京：社会科学文献出版社．

JeAnna Abbott，Agnes DeFranco，王向宁，2004．会展管理．北京：清华大学出版社．

Anisette，Pritchard，1998．Reaching Out to the Gay Tourist：Opportunities and Threats in an Emerging Market Segment．Tourism Management．

Patrik Aspers and Asaf Darr，2011．Trade shows and the creation of marketand industry．The Editorial Board of The Sociological Review．

S H Hymer，1976．The International operations of national Fims：A study of Direct foreign investment．Cambridge：MIT Press．